中 国 教 育 发 展 出 版 工 程

上海市纪念改革开放 40 年研究丛书

全 国 高 校 出 版 社 主 题 出 版

教育现代化的中国之路

纪念教育改革开放 40 年丛书

丛书总主编 袁振国

EDUCATION

China's Path to Education Modernization

40

从高度集中到放管结合

——高等教育变革之路

荀 渊 刘信阳 著

华东师范大学出版社

年限为 8.8 年,世界排名第 119 名;2015 年预期受教育年限提高到 13.5 年,世界排名上升到第 83 名。① 中国从一个人口大国转变成为一个人力资源大国,并日益向人力资源强国迈进。

揭示中国改革开放的成功经验和原因,是学术界越来越浓厚的兴趣,更是中国学者的责任所在。美国著名中国研究学者费正清(John King Fairbank,1907—1991)70 年前出版了《美国与中国》(*The United States and China*)一书,这是西方学者第一次把中国和美国进行对比研究的专著。在这本书中,费正清说中国正在发生一场现代化运动,这场现代化运动最基本的特征是决定放弃自己国家所有的传统和制度,然后把西方所有的文明和制度包括语言作为一个对应体,所以中国的现代化就是西方不断冲击中国,中国不断作出反应的过程。在很长时间里面,"冲击—反应模式"是西方学者对中国即将开展的现代化道路的一种共识。② 可是,1991 年他在临终前两天出版的《中国新史》(*China:A New History*)一书中说:"经过 50 年的阅历和观察,我发现中国的现代化发展,很可能不是一个冲击—反应的结果,而是一个自身内在基因变革和内在发展冲动的结果。"③

诺贝尔经济学奖得主罗纳德·科斯(Ronald H. Coase,1910—2013)在他 102 岁的时候,出版了一本与其助手王宁合著的叫《变革中国:市场经济的中国之路》(*How China Became Capitalist*)的书,书中说:"中国很成功,她的发展还会得到延续,但是,中国的经济发展,不能用传统的西方经济学来解释。中国改革的成功,是人类行为的意外后果。"④

世界是一个多元的世界,现代化不是只有一条道路,更没有一条标准的道路,中国及其教育现代化的成功实践,证明了现代化存在多种通道和实现形式,充分彰显了中国现代化成功的世界意义。

---

① 数据来源:联合国开发计划署有关教育预计学历(年)http://hdr.undp.org/en/data#;1990 年数据统计的国家数为 172 个;2015 年数据统计的国家数为 191 个。
② 费正清:《美国与中国》(第四版),世界知识出版社 2000 年版,第 132—134;451 页。
③ 费正清著,薛绚译:《费正清论中国:中国新史》,正中书局 2001 年版,第 492—493 页。
④ 罗纳德·哈里·科斯,王宁著,徐尧,李哲民译:《变革中国:市场经济的中国之路》,中信出版社 2013 年版,第 1,206—210 页。

教育现代化是中国教育改革开放的一贯主题

实践表明，改革开放以来中国教育的改革发展史，就是一部教育现代化的探索史、奋斗史，是一部中国特色社会主义教育现代化的跃进史。

1983 年邓小平为北京景山学校题词，"教育要面向现代化，面向世界，面向未来"。这集中反映了中国人民对教育发展的憧憬和决心，为中国教育的改革发展确立了思想基础和战略方向。

1985 年《中共中央关于教育体制改革的决定》明确了社会主义教育现代化建设的宏伟任务："不但必须放手使用和努力提高现有的人才，而且必须极大地提高全党对教育工作的认识，面向现代化、面向世界、面向未来，为九十年代以至下世纪初叶我国经济和社会的发展，大规模地准备新的能够坚持社会主义方向的各级各类合格人才。"

1993 年中共中央、国务院印发了《中国教育改革和发展纲要》，进一步明确了我国教育改革发展的目标："再经过几十年的努力，建立起比较成熟和完善的社会主义教育体系，实现教育的现代化。"

2010 年 7 月，《国家中长期教育改革和发展规划纲要（2010—2020 年）》明确提出："到 2020 年，基本实现教育现代化，基本形成学习型社会，进入人力资源强国行列。"该纲要要求为国家基本实现现代化提前做好人力资源准备。

2017 年中共第十九次代表大会再次强调："建设教育强国是中华民族伟大复兴的基础工程，必须把教育事业放在优先位置，加快教育现代化，办好人民满意的教育。"中共十九大报告进一步强调了实现教育现代化的紧迫感。

总而言之，教育现代化始终是中国教育改革发展的一贯主题和鲜明旗帜，已经成为凝聚全国各方面的力量优先发展教育的理想追求和精神动力，其不仅为实现工业、农业、国防、科学技术的现代化提供了人才保障和智力支持，而且对建设富强民主文明和谐美丽的社会主义现代化国家具有决定性意义。

改革开放持续深化是教育现代化的强大动力

中国教育的现代化始终是和改革开放相伴随行的。教育现代化为教育改革发展确立了总体方向,改革开放既为教育现代化的实现提供了强大动力,也为中国教育现代化迅速推进指明了基本路径。

1977年恢复高考制度,派遣留学生出国,吹响了中国改革开放的号角。此后,教育改革在整个国家改革开放的背景下逐步展开并不断深化,经过1977—1985年的拨乱反正,1985—1993年的全面启动,1993—2010年的全面深化,2010年以来教育综合改革的深入推进,开创了具有中国特色社会主义教育现代化的崭新局面。

1977—1985年解放思想、拨乱反正。从20世纪50年代后期开始,由于全党工作重点一直没有转移到经济建设上来,同时因受到"以阶级斗争为纲"的"左"的思想的影响,教育事业不但长期没有被放到应有的重要地位,而且在历次政治运动中遭到频繁冲击。"文化大革命"更使这种"左"的错误走到否定知识、取消教育的极端,从而使教育事业遭到严重破坏,广大教育工作者遭受严重摧残,不仅耽误了整整一代青少年的成长,而且使我国教育事业同世界发达国家之间在许多方面本已缩小的差距又被拉大了。中共十一届三中全会以后,经过指导思想的拨乱反正,党中央对教育工作做出了一系列新的论断和决策,我国教育事业才得以恢复,重新走上蓬勃发展的道路。

1985—1993年教育改革全面启动。冰冻三尺非一日之寒。改革开放初期,轻视教育、轻视知识、轻视人才的错误观念还广泛存在,教育战线"左"的影响仍没有完全克服,教育工作不适应社会主义现代化建设需要的局面短期内还没有根本扭转。面对我国对外开放、对内搞活,以及经济体制改革全面展开和世界范围新技术革命正在兴起的形势,我国教育事业的落后和教育体制的弊端就显得更加突出。特别是在教育事业管理权限的划分上,政府有关部门对学校尤其是对高等学校管得过多、统得过死,导致各级各类学校缺乏应有活力;而政府应该加以管理的事情,又没有很好地管起来。在教育结构上,基础教育薄弱,学校数量不足、质量不高,合格的师资和必要的设备严重缺乏;经济建设大量急需的职业和技术教育没有得到应有发展;高等教育内部的学科、专业结构及办学层次比例失调。与此同时,各级各类学校都普遍存在课程内容陈旧,教学方法死板,教学手段单一,以及实践环节被严重忽视等状况,不同程度脱离了经济和社会发展的需要,落后于当代科学文化的发展。为此,《中共中央关于教育体制改革的决定》明确指出:"要从根本上改变这种状况,必须从教育体制入手,有系统地进行改革。"该决定也确立了"教育为社会主义建设服务,社会主义建设依靠教育"的基本方针,那就是要从教育体制改革入手,以简政放权、扩大学校的办学自主权为核心,相应地改革劳动人事制度,使各级各类教育主动适应经济和社会发展的多方面需要的意识和能力得到显著提高。

1993—2010 年教育改革全面深化。这一时期,经过拨乱反正和各项教育改革的逐步展开,九年义务教育开始有计划、分阶段地实施,职业和技术教育得到相当程度的发展,高等教育发展较快,初步形成了多种层次、多种形式、学科门类基本齐全的体系;形式多样的成人教育和民族教育也得到很大发展;农村基础教育实行地方负责、分级管理的体制取得了明显效果。但是,我国教育在总体上还比较落后,尚不适应加快改革开放和现代化建设的需要;教育的战略地位在实践中还没有完全落实;教育投入不足,教师待遇偏低,办学条件较差;教育思想、教学内容和教学方法不同程度脱离实际;学校思想政治工作存在明显薄弱环节;教育管理体制及运行机制显得还比较僵化。为此,中国共产党第十四次全国代表大会明确提出,"必须把教育摆在优先发展的战略地位,努力提高全民族的思想道德和科学文化水平,这是实现我国现代化的根本大计"。为了落实这一重大战略部署,中共中央、国务院印发了《中国教育改革和发展纲要》,首次提出"国家财政性教育经费支出(包括:各级财政对教育的拨款,城乡教育费附加,企业用于举办中小学的经费,校办产业减免税部分)占国民生产总值的比例,本世纪末达到百分之四";同时决定"教育体制改革要采取综合配套、分步推进的方针,加快步伐,改革包得过多、统得过死的体制,初步建立起与社会主义市场经济体制和政治体制、科技体制改革相适应的教育新体制"。这一纲领性文件的颁行,促进了中国教育迈上了国际化、终身化、多元化办学的新台阶。

2010 年以来教育进入综合改革新阶段。经过 30 多年的艰苦奋斗,我国教育体制逐步完善,办学水平不断提高。21 世纪第一个十年,城乡免费义务教育全面实现,职业教育快速发展,高等教育进入大众化阶段,教育公平迈出重大步伐。但是,面对经济全球化深入发展,科技进步日新月异,人才竞争日趋激烈的新形势,以及面对经济升级和社会转型对教育提出的新要求,中国教育还面临一系列重大挑战,存在诸多深层矛盾。主要表现在:教育观念相对落后,内容方法比较陈旧,中小学生课业负担过重,素质教育推进困难;学生适应社会和就业创业能力不强,创新型、实用型、复合型人才极其紧缺;教育体制机制不完善,学校办学活力不足;教育结构和布局不尽合理,城乡、区域教育发展不平衡,贫困地区、民族地区教育发展相对滞后;教育投入不足,教育优先发展的战略地位尚未得到全面落实。为此,需要通过深化教育综合改革,特别是重点领域和关键环节的改革,以立德树人为根本任务,以改革创新为强大动力,以促进公平和提高质量为战略重点,以推进考试招生制度改革和深入推进管办评分离为重要抓手,着力培养创新型、复合型、实践型和国际性人才。对此,2010年由中共中央、国务院颁布的《国家中长期教育改革和发展规划纲要(2010—2020年)》作出了全面部署,也由此开启了从教育大国迈向教育强国、实现内涵式发展的新征程。

新时代为教育现代化开辟了更加广阔的前景

2017年中国共产党第十九次全国代表大会胜利召开,开启了中国特色社会主义新时代。大会作出了我国社会主要矛盾已经转化为人民日益增长的美好生活需要和不平衡不充分的发展之间的矛盾的历史判断,提出了分两个阶段的奋斗目标:即从2020年到2035年,在全面建成小康社会的基础上,再奋斗十五年,基本实现社会主义现代化;从2035年到本世纪中叶,在基本实现现代化的基础上,再奋斗十五年,把我国建成富强民主文明和谐美丽的社会主义现代化强国。

中国未来发展、中华民族伟大复兴,关键靠人才,基础在教育。强国必先强教,中共十九大报告明确提出,建设教育强国是中华民族伟大复兴的基础工程,强调要把教育事业放在优先发展位置,加快教育现代化,办好人民满意的教育。这为新时代中国教育改革发展确立了新方位,提出了新目标,指明了新路径。面向2035乃至2050年,教育必须坚持全面深化改革,坚决破除一切不合时宜的思想观念和体制机制弊端,突破利益固化的藩篱,吸收人类文明有益成果,尊重教育规律和人才成长规律,在教育结构和教育布局优化上作出更大努力，在教育公平和教育质量提升上迈出更大步伐，在激发教育活力上采取更有力的措施，系统创新人才培养模式，全面提高个性化、多样化、高质量教育服务的供给能力，坚持中国特色社会主义教育道路，不断推进教育治理体系和治理能力的现代化。

总结经验，面向未来，走向世界

改革开放40年来中国教育发生的巨大变化，提高了全民素质，增强了综合国力，造福于亿万人民。回顾中国教育改革开放的历史进程，分析各重要历史阶段面对各种复杂问题的解决之道，总结教育破浪前进的成功经验，深刻认识蕴藏于现象后的规律性特征，对丰富和发展中国特色社会主义教育理论体系，坚定中国特色社会主义教育道路自信具有不可替代的重要意义。为此，我们组织编写了这套"教育现代化的中国之路——纪念教育改革开放40年"丛书，并列为上海社科"改革开放40年"研究系列项目重点课题。丛书以中国特色社会主义教育现代化为价值引领，以历史进程为经，以重大事件为纬，分为10卷，为总结各级各类教育理论创新、制度创新、政策创新和教育事业跨越式发展的成就和经验进行系统尝试，为构建具有中国特色的教育理论体系和话语体系作应有的努力。

理论研究的任务不仅是为了认识世界，更是为了改造世界。认识规律的最终目的是为了引领实践。中国教育已经完成了从教育弱国向教育大国的转变，如何从教育大国向教育强国迈进，任务更艰巨，事业更伟大。面对信息化、网络化、数据化的扑面而来，面对充满了不确定的未来，加深对教育规律的认识，加强对人才成长成才规律的认识，才能够继往开来，加快教育现代化步伐，办更加公平、更高质量、更具活力的教育，沿着中国特色社会主义的正确道路不断前进。

中国教育的成就不仅造福于中国人民，而且为世界的教育创新作出了自己的贡献。实现教育现代化没有可以照抄照搬的路径和模式。中国教育改革开放40年来，我们坚持积极学习借鉴世界先进理念和成功经验，坚持尊重教育规律，坚持扎根中国大地办教育，成功地开辟了一条在一个人口众多、发展不平衡、整体发展水平很低的国家，跨越式发展实现教育现代化的道路。总结40年教育改革开放的历程，可以为世界实现教育现代化提供中国经验和中国智慧,也可以为加快我国教育现代化,日益走近世界舞台中央、不断为人类作出更大贡献添薪助力。

丛书总主编袁振国

2018 年 5 月

序　言

习近平总书记在致信庆祝清华大学建校105周年时强调："办好高等教育,事关国家发展、事关民族未来。"党的十九大报告明确提出："建设教育强国是中华民族伟大复兴的基础工程,必须把教育事业放在优先位置,深化教育改革,加快教育现代化,办好人民满意的教育。"高等教育改革与发展正站在一个新的历史起点上,必须加快从高等教育大国向高等教育强国迈进,积极应对我国经济社会发展进入新常态、日益激烈的国际人才竞争和增强国家软实力的迫切需要。值此纪念改革开放四十年之即,回顾四十年来中国高等教育的改革与发展,对于新时代建设高等教育强国具有重要的意义。

在改革开放的四十年里,为建立与社会主义市场经济体制相适应的高等教育体系与制度,体制改革始终是高等教育改革发展的重中之重。为了改变以中央政府为主高度集中的管理体制,党和政府通过多种形式的权力下放,持续扩大省级政府的管理权限和高校的办学自主权,逐步形成了中央政府放管结合、省级政府统筹为主和高校自主办学相结合的新体制。从"文革"结束到1985年,高等教育体制改革的重点是恢复、重建"文革"前"统一领导、分级管理"的高等教育管理体制,在明晰中央与地方高等教育权限和扩大高校办学自主权上作了初步的探索。1985年5月颁布实施的《中共中央关于教育体制改革的决定》全面启动了高等教育体制改革的宏伟进程,开始推行中央、省(自治区、直辖市)、中心城市三级办学体制,逐步扩大了省级政府的高等教育管理权限和高校办学自主权,并开始在全国试点高校校长负责制。在1993年至1999年间,以《中国教育改革和发展纲要》颁布实施为契机,确立了中央与省(自治区、直辖市)分级管理、分级负责的管理体制,进一步扩大高等学校的办学自主权,逐步确立和全面实施了党委领导下的校长负责制。1999年至2010年间,以《高等教育法》的实施为标志,确立了中央和省级人民政府两级管理、以省级人民政府管理为主的新体制,对高校的法人地位作出了明确的规定,对高校的办学自主权进行了详细说明,从法律层面保证了高等学校办学自主权的有效落实。2010年至今,开始深入推进管办评分离、扩大省级政府教育统筹权,以行政审批权下放为抓手突出地方政府对高校的统筹管理,强调在高等教育管理过程中的管办评分离与放管服结合,高校办学自主权进一步扩大,初步构建起了以章程建设与实施为核心的现代大学制度,确立了高校面向社会自主办学的基本格局。与之伴随的是政府管理高等教育方式的变革,强调政府的宏观管理和通过立法、评估、监督等手段的间接管理;高等学校办学法人地位得以确立,积极推进以高校章程为核心的现代大学制度建设,推进高校治理体系与治理能力的现代化。同时,高校招生、就业与国际化等领域都发生了与之相适应的变革,高校在自主招生、国际合作办学、汉语国际推广等方面取得了显著的成绩。

本书是协作研究的成果。荀渊主要负责第一章、第二章、第三章、第四章及第八章的撰写,刘信阳主要负责第五章、第六章、第七章的撰写。最后由荀渊统稿,并由丛书主编袁振国教授审定。

本书能够列入"教育现代化的中国之路——纪念教育改革开放 40 年"丛书,特别要感谢华东师范大学教育学部袁振国教授。从规划这套丛书中的高等教育卷,到本书主题、章节内容主线、撰写风格的确定,袁振国教授都给予细致的指导。倘若本书尚有能够称道之处,无疑是因其凝结着袁振国教授的无私提点与襄助。

在撰写过程中,我们借鉴了许多学者的研究成果,无法一一注明,在此谨向给予我们启示与灵感的国内外专家表示感谢!本着抛砖引玉的目的,怀着诚惶诚恐的心情,期待着各位专家、学者批评指正。

目 录

第六章

从统一考试与录取、统包统分到自主招生、自主择业 / 185

第七章

从封闭统一到多元开放的高等教育国际化 / 209

第八章

迈向高等教育强国：经验、挑战与展望 / 249

第一章

改革开放40年高等教育发展成就与体制改革的基本特征

习近平总书记在 2016 年 12 月 7 日至 8 日召开的全国高校思想政治工作会议上强调:"高等教育发展水平是一个国家发展水平和发展潜力的重要标志。实现中华民族伟大复兴,教育的地位和作用不可忽视。我们对高等教育的需要比以往任何时候都更加迫切,对科学知识和卓越人才的渴求比以往任何时候都更加强烈。"①党的十八大以来,以习近平总书记为核心的党中央团结带领全党全国各族人民毫不动摇坚持和发展中国特色社会主义,创立了习近平新时代中国特色社会主义思想,统筹推进"五位一体"总体布局、协调推进"四个全面"战略布局,推进党的建设新的伟大工程,推动党和国家事业取得了历史性的成就。

以习近平新时代中国特色社会主义思想为指导,回顾改革开放 40 年高等教育改革与发展,梳理 40 年来的发展经验与不同发展阶段的关键特征,对于落实教育优先发展战略、建设社会主义现代化教育强国和办好人民满意的教育,具有重要的意义和价值。在改革开放 40 年的高等教育发展历程中,为了适应社会主义计划经济体制向社会主义市场经济体制转型的需要,高等教育体制进行了卓有成效的改革:从以中央政府集中统一管理为主的高等教育管理体制、办学体制、投资体制、招生就业制度,逐步走向中央与地方两级政府举办、管理高等教育和社会、市场多主体参与高等教育治理的新体制;高校办学自主权逐步扩大,通过推进内部管理体制,初步构建起了以章程建设与实施为核心的现代大学制度,以及在循序渐进地推进人才培养、科学研究、社会服务等方面的改革中,形成了面向社会自主办学的基本格局。

---

① 《把思想政治工作贯穿教育教学全过程,开创我国高等教育事业发展新局面》,http://www.moe.edu.cn/jyb_xwfb/s6052/moe_838/201612/t20161208_291306.html,2016 - 12 - 8(阅读时间:2017 年 12 月 15 日)。

一、 改革开放 40 年高等教育的发展成就

中华人民共和国成立初期,为了积极应对社会主义工业化和工商业社会主义改造、农业合作化改造与手工业合作化改造对高层次人才的需求,急需建立与经济社会发展相适应的社会主义高等教育体系与制度。在接收、改造旧中国的高校与建立社会主义高校的基础上,借鉴苏联计划经济体制下高等教育发展经验,通过 1952 年至 1957 年间的院系调整,确立了以中央政府举办高等学校和统一领导、计划管理为主要特征的高等教育管理体制。1950 年 7 月,政务院通过《关于高等学校领导关系的决定》,提出"全国高等学校以由中央人民政府教育部统一领导为原则",强调各大行政区人民政府"均有根据中央统一的方针政策,领导本区高等学校的责任"。[①] 此后,为了解决高等教育集中过多和教育大革命中地方大量举办规模较小、质量不高的高校等问题,1961 年起,以"调整、巩固、充实、提高"八字方针和 1963 年颁布实施的《关于加强高等学校统一领导、分级管理的决定(试行草案)》(高教六十条)为指导,中央政府开始向省级政府放权,并由此建立起了统一领导、两级管理的高等教育体制。[②] 总体而言,新中国成立后的前十七年的高等教育发展,不仅取得了巨大的成绩,为我国社会主义建设培养了一大批建设者,为 1978 年后改革开放的推进作了人才资源的储备,还为我国高等教育发展积累了丰富的经验:一是确定了共产党领导下以马克思主义为指导的社会主义高等教育的基本性质,明确了高等学校为党的政治路线服务(即大学要向工农开门,为以工农联盟为基础的广大人民服务)和为社会主义建设服务;二是通过 1952 年到 1957 年的院系调整,扩大了高等教育总规模,调整了高等教育的结构,建立起计划经济指导下的新高等教育体制;三是通过学习苏联社会主义高校的办学经验,在人才培养上重视基础理论、重视实验和实习等教学环节、重视教学方法和比较严密的教学组织等;四是继承和发扬了中华人民共和国成立前解放区教育的优良传统,形成了符合我国国

[①] 《中国高校扩招三年大盘点》,http://www.edu.cn/20021106/3071663_1.shtml(阅读时间:2017 年 11 月 22 日)。
[②] 中共中央党校理论研究室:《历史的丰碑:中华人民共和国国史全鉴(教育卷)》,中共中央文献出版社 2005 年版,第 115 页。

情的高等教育特色,始终注意加强高校党的领导和党团组织建设,把政治思想教育放在首位并努力渗透到业务中去,以及注重学生全面发展、认真贯彻党的知识分子政策等。

1977 年 8 月,刚刚复出的邓小平同志主持召开科学和教育工作座谈会,决定恢复"文革"中被中断的高考制度。为落实邓小平同志的这一决策,教育部于 1977 年 9 月在北京召开全国高等学校招生工作会议,明确提出恢复全国高等院校招生考试,以统一考试、择优录取的方式选拔人才上大学。同年 10 月 12 日,国务院正式宣布当年立即恢复高考。1977 年冬,570 万考生走进了被关闭了十余年的高考考场,当年全国大专院校录取新生 27.3 万人;1978 年夏,610 万人报考,录取 40.2 万人。① 正是高等学校招生考试制度的恢复,为延续至今的高等教育体制、高校办学体制、招生与就业、人才培养模式、国际化以及研究生教育等领域的改革与发展拉开了序幕,也开启了中国高等教育规模逐步走向世界前列的征程。

改革开放 40 年来,高等教育发展取得的成就是有目共睹的:高等教育办学规模在较短的时间内实现了从精英教育到大众教育的过渡,并开始步入普及化阶段,让更多的人满足了接受高等教育的愿望;高等教育的形式、科类、层级结构更为多样,充分适应了经济社会发展对不同类型、不同层次人才的需求;高等教育服务社会的功能愈发凸显,高校开始积极参与经济、社会与文化建设;高等教育制度及法制建设更加健全,基本建成了与社会主义市场经济相协调的高等教育制度体系;高等教育办学总体水平不断提升,重点建设成效显著;高等教育开始走向世界,教学科研水平逐步被世界所认可并融入到世界高等教育体系。

(一) 高等教育办学规模不断扩大,实现了从精英阶段到大众阶段的过渡

改革开放 40 年来,伴随着经济社会发展对高层次人才需求的持续增长以及高等教育结构的调整与优化,我国高校招生数逐年增长,高等教育规模不断扩大。1978 年高校数为 598 所,在校生总数为 86.69 万人,到扩招前的 1998 年,高校数增长到 1 022

---

① 《中国高考:三十年轨迹九大变迁》,http://edu.163.com/06/0615/16/2JM2LRUC00290076.html(阅读时间:2017 年 11 月 12 日)。

所,在校生数达到了 360.76 万人。从 1999 年开始,高等教育规模进入快速发展时期,迅速实现了从精英阶段到大众阶段的过渡。仅从 2005 年到 2015 年,普通高等学校数从 1 792 所增长到 2 560 所,增长了约 40%;本专科招生数由 504.46 万人增加到 737.85 万人,增长了约 50%;本专科在校生数由 1 561.78 万人增加到 2 625.3 万人,增长了近 70%;高等教育毛入学率从 21% 增长到了 40%,全国各类高等教育在学总规模达到 3 647 万人,高等教育在校生规模跃居世界第一位,实现了由精英教育向大众教育的转变,并逐步走向普及化阶段。2016 年,全国各类高等教育在校生总规模达到 3 699 万人,高等教育毛入学率进一步提高到 42.7%。(见表 1-1)

表 1-1　1978—2016 年我国高等教育发展规模

年份	学校数 (所)	本专科招 生数(万人)	研究生招 生数(万人)	本专科在校 生数(万人)	研究生在校 生数(万人)	高等教育毛 入学率(%)
1978	598	40.20	1.07	85.60	1.09	1.55
1979	633	27.50	0.81	102.00	1.88	2.07
1980	675	28.10	0.36	114.40	2.16	2.22
1981	704	27.90	0.94	127.95	1.88	2.16
1982	715	31.50	1.11	115.40	2.58	1.96
1983	805	39.10	1.56	120.68	3.72	2.09
1984	902	47.52	2.32	139.57	5.76	2.37
1985	1 016	61.90	4.69	170.30	8.73	2.91
1986	1 054	57.20	4.13	188.00	11.04	3.56
1987	1 063	61.89	3.90	185.87	12.02	3.60
1988	1 075	66.97	3.56	206.60	11.28	3.70
1989	1 075	59.71	2.86	208.21	10.13	3.70
1990	1 075	60.89	2.95	206.27	9.31	3.40
1991	1 075	61.99	2.97	204.40	8.81	3.50
1992	1 053	75.42	3.34	218.44	9.42	3.90
1993	1 065	92.40	4.21	253.55	10.68	5.00
1994	1 080	89.98	5.09	279.86	12.97	6.00

续　表

年份	学校数（所）	本专科招生数（万人）	研究生招生数（万人）	本专科在校生数（万人）	研究生在校生数（万人）	高等教育毛入学率（%）
1995	1 054	92.59	5.11	290.64	14.54	7.20
1996	1 032	96.58	5.94	302.11	16.23	8.30
1997	1 020	100.04	6.37	317.44	17.64	9.10
1998	1 022	108.36	7.25	340.87	19.89	9.80
1999	1 071	159.68	9.22	413.42	23.35	12.00
2000	1 041	220.61	12.85	556.90	30.12	12.50
2001	1 225	268.28	16.52	719.07	39.33	13.30
2002	1 396	320.50	20.26	903.36	50.10	15.00
2003	1 552	382.17	26.89	1 108.56	65.13	17.00
2004	1 731	447.34	32.63	1 333.50	81.99	19.00
2005	1 792	504.46	36.48	1 561.78	97.86	21.00
2006	1 867	546.05	29.79	1 738.84	110.47	22.00
2007	1 908	565.92	41.86	1 884.90	119.50	23.00
2008	2 263	607.66	44.64	2 021.02	128.30	23.30
2009	2 305	639.49	51.09	2 144.66	140.49	24.20
2010	2 358	661.76	53.82	2 231.79	153.84	26.50
2011	2 409	681.50	56.02	2 308.51	164.58	26.90
2012	2 442	688.83	58.97	2 391.32	171.98	30.00
2013	2 491	699.83	61.14	2 468.07	179.40	34.50
2014	2 529	721.40	62.13	2 547.70	184.77	37.50
2015	2 560	737.85	64.51	2 625.30	191.14	40.00
2016	2 880	748.61	66.71	2 695.84	198.11	42.70

数据来源：中华人民共和国统计局官方网站，http://data.stats.gov.cn/easyquery.htm? cn = C01（阅读时间：2017 年 11 月 10 日）。

（二）高等教育结构不断完善，形成了层次、类型完整的高等教育体系

在高等教育规模拓展的同时，高等教育结构也发生了诸多变化，逐步建立起多层次、多类型、多渠道的高等教育结构体系。在高等学校类型结构上，逐渐形成了以普通高等教育为主体,成人高等教育、高等教育自学考试、网络高等教育等多种形式为补充的高等教育体系,民办高等教育定位也从有益补充,发展到与公立高等教育共同发展的态势。其中,1990 年初开始的高等教育布局结构调整,使得高等教育类型结构发生了重大变化,一些非全日制高校通过与全日制高校合并、更名获得了开展全日制教育的资格,另一些高校通过与较高层次的高校合并,获得了开展研究生教育或本科生教育的权力。据不完全统计,自 1978 年到 2015 年底,在 1978 年前所办的 492 所公办本科院校中,共有 375 所进行了更名或合并,占总院校数的 76.2%。① 截至 2016 年年底,全国共有普通高等学校和成人高等学校 2 880 所,比上年增加 28 所。其中,普通高等学校 2 596 所(含独立学院 266 所),成人高等学校 284 所。全国共有研究生培养机构 793 个,其中普通高校 576 个,科研机构 217 个。民办高等教育不仅在数量上达到了相当的规模,而且在质量上也逐渐得到社会认可,成为了高等教育的重要组成部分。截至 2016 年 5 月 30 日,全国共有民办院校 742 所,比 2007 年 5 月的 295 所,增加了 447 所,增加了原有数量的 1.5 倍之多。此外,随着我国教育事业的发展,特别是在构建终身教育体系和学习型社会的时代背景下,非学历教育在高校也获得了充分的发展。高校由单一的学历教育逐渐走向学历教育和非学历教育并行发展的局面。

在布局结构上,高等教育地方化趋势明显,高等教育布局向下延伸,为许多地、市高等教育的发展带来了机遇。据统计,截至 2015 年 4 月,全国共有普通高校(含独立院校)2 574 所,分布在非省会地级市的高校有 998 所,约占总高校数的约 38.77%;分布在县级市的高校为 152 所,约占总高校数的 5.91%。② 此外,近年来随着高等教育规模的扩张,一些大学分校的设立,出现了一批高校设置比较集中的地、市,形成了高等教育的"亚中心"。高校布局的向下延伸,使高等教育在地级市乃至县域分布和设置增多,有力地促进了地方的经济和社会发展。在层次结构上,逐步建立起了包括专业(高职)、本科教育、研究生教育在内的多层次的高等教育体系。其中研究生招收人数从 1978 年的 1.07 万人增长到 2016 年的 66.71 万人,在校研究生也从 1978 年的 1.09

---

① 《1978 年—2015 年公办普通本科院校更名(合并)情况》,http://www.sohu.com/a/21386902_125911(阅读时间:2017 年 11 月 12 日)。

② 石猛、蔡云、王一涛:《市级行政区域高校分布的基本特征和规律》,《教育评论》2016 年第 11 期,第 9—13 页。

万人增长到 2016 年的 198.11 万人,基本上建立起了完整的研究生教育体系,适应了我国社会主义现代化建设对高素质人才的要求。在科类结构上,从学科构成的比例关系看,大众化过程中体现的是一种"存量决定增量"的原则,高等教育的科类结构变化不大。在具体学科上,工学、理学以及一些基本理论学科如哲学、历史学等的比例呈现出下降趋势,而部分应用性强的学科,如经管、法学、文学占比则呈现出上升趋势,体现着我国高等教育在适应经济社会发展过程中学科结构上的优化。

(三) 高等教育功能逐渐扩展,科学研究与社会服务功能进一步凸显

高校不仅成为培养高级专门人才的人才库、发展科技文化的创造源,而且逐步成为了知识型企业的哺育场、高科技产业的孵化器,乃至精神文明的辐射源、社会文明的导航灯。改革开放 40 年来,随着高等教育大众化的推进,我国高等教育的功能也呈现出多样化态势,且与社会联系更加紧密。依据社会需要,调整专业结构,在扩招的前三年,以 IT 技术和生物技术为代表的高新技术专业招生数年均增长率超过 100%,为平均数的 3 倍;法学、金融、贸易与工商管理等专业的招生年均增幅超过 70%。[①] 与此同时,人才培养模式也得到了改革,更加注重产学研合作,培养创新型和技能型人才。

2015 年底新修订的《中华人民共和国高等教育法》明确提出了高等教育为社会主义现代化建设服务的任务。[②] 2016 年《教育部、科技部关于加强高等学校科技成果转移转化工作的若干意见》的颁布,为高校科技成果转化提供了政策依据,极大地提高了高校科技成果转化的热情。随着对科学研究的持续投入,高校越来越成为国家科技创新的中坚力量。[③] 近年来,在"国家科技三大奖项"(即国家自然科学奖、国家技术发明奖、国家科学技术进步奖)的评选中,高校获奖比例始终维持在较高水平上(见表 1-2)。

[①]《中国高校扩招三年大盘点》,www. edu. cn/20021106/3071663_1. shtml(阅读时间:2017 年 11 月 22 日)。

[②]《中华人民共和国高等教育法》,http://www. moe. gov. cn/s78/A02/zfs_left/s5911/moe_619/201512/t20151228_226196. html(阅读时间:2017 年 11 月 22 日)。

[③]《教育部、科技部关于加强高等学校科技成果转移转化工作的若干意见》,http://www. moe. gov. cn/srcsite/A16/moe_784/201608/t20160819_275699. html(阅读时间:2017 年 11 月 22 日)。

表1-2　高校国家科技三大奖获奖数及比例

年度	2013 年	2014 年	2015 年	2016 年
高校获奖数(项)	95	180	174	172
高校获奖比例	69.3%	70.9%	74.7%	77.8%

注：根据 2013—2016 年度国家科学技术奖项目名单整理。

(四) 高等教育制度及法制建设逐步健全,管理、办学、投资体制机制不断完善

改革开放以来,冲破传统体制和不合理制度规章的束缚,探索建立促进教育发展的新体制、新机制,在实践的基础上总结经验,上升为法律和法规,逐步形成了比较完备的教育法律法规体系。① 从 1977 年到 2017 年,全国人大先后制定的涉及高等教育领域的法律法规有：《中华人民共和国学位条例》(1980 年)、《中华人民共和国学位条例暂行实施办法》(1981 年)、《中华人民共和国教师法》(1993 年)、《中华人民共和国教育法》(1995 年)、《中华人民共和国高等教育法》(1998 年)、《中华人民共和国民办教育促进法》(2002 年)、《中华人民共和国中外合作办学条例》(2003 年)、《中华人民共和国民办教育促进法实施条例》(2004 年)等。国务院制定了《学位条例暂行实施办法》、《教育督导条例》等行政法规,地方人大制定了诸多地方性法规、自治条例、单行条例。教育行政部门制定的规章和地方政府规章则有《全面推进依法治校实施纲要》、《高等学校章程制定暂行办法》等 70 余部。② 以上三个层级的法律规章基本覆盖了高等教育管理的主要方面,为我国高等教育事业的快速、健康、可持续发展提供了有力保障。自党的十八大特别是十八届四中全会确立了全面依法治国、建设社会主义法治国家的目标以来,教育法制化问题更加得到重视。全国人大常委会于 2015 年底适时修订《教育法》和《高等教育法》,即是全面推进依法治教的具体体现。

在依法治教的基础上,通过持续推进高等教育体制改革,逐步建立起了与社会主义市场经济相适应的高等教育体系与制度。首先,在办学体制上逐步打破政府大包大

---

① 瞿振元：《全面建设更加成熟的中国特色高等教育法律和制度体系》,http://www.npc.gov.cn/npc/zgrdzz/2016-09118/content_1997546.htm(阅读时间：2018 年 6 月 12 日)。

② 袁贵仁：《中国教育》,北京师范大学出版社 2013 年版,第 29—32 页。

揽的旧格局,形成以政府办学为主,企业办学、社会团体和个人办学、中外合作办学为辅的多种形式办学的新格局。其次,在投资体制上,逐步改变单一依靠财政拨款的旧体制,正在形成以财政拨款为主、多渠道筹集资金的新体制。其三,在管理体制上,通过共建共管、合作办学、学校合并、协作办学和转由地方政府管理五种形式,普通高等学校的隶属关系由以中央政府为主转为以地方政府为主。高等教育评估成为衡量高等教育的实际运行效果进而对高等教育进行质量调控、认证和评价的必要手段和途径。改革开放后,政府、大学、社会等主体共同参与的,包括国家高等教育水平评估、院校整体评估、院校教学科研等专项评估在内的,多主体、多层次的高等教育质量评估体系逐步建立。此外,高校招生制度从统考、统招逐步走向统一考试与高校自主考试招录相结合,就业制度从统包统分逐步走向高校毕业生自主择业。

(五) 高等教育办学水平不断提高,重点大学与学科建设显具成效

高等教育质量历来受到社会各界的重视。习近平总书记指出:"办好高等教育,事关国家发展,事关民族未来"[①]、"我们对高等教育的需要比以往任何时候都更加迫切,对科学知识和卓越人才的渴求比以往任何时候都更加强烈"[②]。促公平、提质量、加强内涵建设,加快建成一批世界一流大学和一流学科成为近年来高等教育发展的主要目标。通过不断深化改革,为人民群众努力构建衔接各级各类教育的终身学习"立交桥"。随着高等教育信息化、市场化、大众化、国际化趋势的推进,以及高等教育功能的日趋多样化,各方治理参与者从不同的角度对高等教育办学水平、运行效益提出了要求。40 年来,高等教育在规模、条件、师资队伍、科学研究等方面建设中均取得了显著成效,尤其是民办教育在办学条件及质量方面有了明显提高。

为了不断提高高等教育质量,各高校持续推进人才培养模式改革,推出了系列人才培养计划,如"基础学科拔尖学生培养试验计划"、"元培计划"、"卓越工程师"、"卓越医师"、"卓越法律人才培养计划"等,努力推进高校与行业、企业、科研院所之

---

① 《办好高等教育事关国家发展民族未来》,http://news.gmw.cn/2016-04/23/content_19820061.htm(阅读时间:2017 年 11 月 22 日)。

② 《关于教育,这是习近平的最新思考》,http://news.gmw.cn/2017-01/03/content_23389739.htm(阅读时间:2017 年 11 月 22 日)。

间深度合作,致力于培养高素质、高质量的应用创新型、复合型、应用型人才。教育部也积极推进与实施"高等学校本科教学质量与教学改革工程"、"985 工程优势学科创新平台"、"特色重点学科项目"等,以促进高校特色发展,全面提升人才培养质量。同时还启动了"省部共建"、"对口支援"、"中西部高等教育振兴计划"(中西部高校基础能力建设工程与中西部高校综合实力提升工程)、"双一流建设"、"地方本科高校转型发展"等项目,致力于提升中西部高等教育质量,促进高等教育均衡发展。

通过"211 工程"、"985 工程"和"双一流"建设,目前我国部分高校和学科发展已经达到世界顶尖水平。在 U.S News 2017 年对全球 65 个国家的 1 000 所大学进行排名的世界大学排行榜中,北京大学和清华大学进入国际前 100 名,复旦大学、中国科学技术大学、上海交通大学、浙江大学和南京大学进入国际前 200 名。[①] 高校世界排名的提升,是高校办学水平提升的重要彰显,标志着我国高等教育的办学质量逐步得到世界其他国家的肯定与认可。同时,高校科研能力显著增强,研究水平接近或达到了世界先进水平。据最新公布的美国基本科学指标(Essential Science Indicators,简称 ESI)数据统计,2017 年 5 月中国大学 ESI 全球前 1‰学科排行榜中,北京大学位居国内高校首位,入选学科数达到 21 个,国际排名 112 位。本次排行榜中变化幅度最大的是中国科学院大学,国际排名大幅进步 188 位,国内排名也从第 9 位上升到第 2 位。浙江大学国际排名 133 位,入选 ESI 前 1‰学科总数 18 个;清华大学国际排名 135 位,入选 ESI 前 1‰学科总数 16 个。相比 2017 年 3 月份,5 月份榜单中有 17 所高校新增学科进入 ESI 前 1‰,其中同济大学表现强势,一次新增 3 个学科进入 ESI 前 1‰。中南大学和南京医科大学各新增 2 个学科进入 ESI 前 1‰,中国科学院大学、吉林大学、哈尔滨工业大学、中国农业大学、华东师范大学、北京理工大学、华中农业大学、东华大学、第三军医大学、南方医科大学、南京师范大学、扬州大学、湘潭大学和深圳大学等 14 所高校各新增一个学科进入 ESI 前 1‰。[②] 国际学科排名的提升,标志着我国高校

---

① 《2017 U. S. News 世界大学排行榜出炉,110 所中国高校上榜!》,http://www.sohu.com/a/117572103_508451(阅读时间:2017 年 11 月 9 日)。

② 《最新 ESI 大学综合排名百强出炉》,http://news.cyol.com/content/2017-05/15/content_16071452.htm(阅读时间:2017 年 11 月 9 日)。

在学科建设与学科发展上已取得了显著进步。

(六) 高等教育国际化水平逐渐提高,世界影响力显著增强

改革与开放,扩大了我国高等教育国际化规模,提升了高等教育国际化水平,我国高等教育的国际影响力显著增强。在师资国际化方面,高校外籍教师数量有了明显提升。国家实行了重点外专引智项目包括"111 计划"、"引进海外高层次文教专家重点支持计划"、"海外名师引进计划"等类别。各省各高校也都制定了相应的海外人才引进计划,如东北大学的"双百计划"、四川大学的"雏鹰计划"等。在学生留学方面,无论是出国还是来华留学规模都有了大幅度提升。20 世纪末,"科教兴国"战略的提出,为我国公派留学出国规模的扩大提供了政策支持。进入 21 世纪,出国留学人数更是逐年增加。据统计,2016 年出国留学总人数为 54.45 万人,与 2015 年相比,增长了近3.9%。中国经济社会以及高等教育的发展也吸引着大量海外学生选择来华就读,2016 年来华留学生数由 2004 年的 110 844 人增加到 442 773 人。[①]

开放,不仅要"迎进来",而且要走出去。走出去,宣传中华文化,对外汉语教学一直是我国高校境外办学的主体项目。孔子学院是国家对外汉语教学领导办公室在世界各地设立的推广汉语和传播中国文化与国学教育的文化交流机构。从 2004 年第一所孔子学院在韩国设立至今,孔子学院已在全球五大洲 140 个国家开设,共计 512 所(亚洲,115 所;非洲,48 所;欧洲,170 所;美洲,161 所;大洋洲,18 所)。各国孔子学院皆举办了丰富多彩的文化活动,受众人数达 1 300 万。[②] 孔子学院成为中国及中国的高等教育走向世界的一张重要名片。

我国高等教育的发展已逐步走向世界,并得到国际认可。2016 年 6 月,中国正式加入《华盛顿协议》并成为第 18 个会员国,中国工程教育步入了国际标准时代。中国真正成为了国际高等教育规则的制定者,实现了真正意义上的与美国、英国、加拿大、日本等高等教育发达国家的平等对话。

---

① 《2016 年度我国来华留学生情况统计》,http://www.moe.edu.cn/jyb_xwfb/xw_fbh/moe_2069/xwfbh_2017n/xwfb_170301/170301_sjtj/201703/t20170301_297677.html(阅读时间:2017 年 11 月 9 日)。
② 《孔子学院年度报告》,http://www.hanban.edu.cn/report/(阅读时间:2017 年 11 月 9 日)。

二、 适应社会主义经济体制的政府管理体制改革确立了高等教育体制改革的基本方向

要回顾改革开放 40 年来波澜壮阔的高等教育变革,中国近 40 年经济社会急剧的体制性变革与高速发展是不能回避的话题。近 40 年中国经济的飞速发展得益于改革开放这一核心政策确定的发展路径,党和政府在建设具有中国特色社会主义经济体制的过程中,在优先解决国内经济社会发展问题的基础上,采取了积极融入世界经济、科技、社会、文化、教育体系的总体性战略,中国经济、社会也因此迅速发生着与世界潮流相一致或者相似的变革。由此,中国通过逐步建立外向型的现代工业体系,实现了快速的工业化,并逐步探索出了一条中国特色社会主义市场经济发展道路,使得中国在世界经济体系中越来越居于重要和核心的地位。当然,由 1986 年启动的关贸总协定的第八次多边谈判即乌拉圭回合谈判开启的新一轮世界贸易一体化,以及以信息、通讯、互联网技术为主的第四次科技革命带来的经济全球化,显然也为中国制造的各类产品走向世界提供了便利,中国在劳动力、制度、工业技术等方面的红利迅速转化成为世界范围内中国制造的产品与贸易优势。

与此同时,由于全球化为世界经济、贸易的发展带来的是资本、产品、技术、信息的快速流动以及这种流动性带来的持续的不稳定,加上地缘政治的动荡、美苏两个超级大国的冷战愈演愈烈等因素,20 世纪 70 年代末到 80 年代初是世界经济社会动荡、变革的年代。在欧洲与美国,伴随着凯恩斯主义在全球范围内带来的经济滞胀与社会动荡,秉承新自由主义并混杂着保守主义的撒切尔与里根分别在英国、美国开启了推进私有化、重建自由市场经济的改革运动,并积极推行以政府有限论和以市场解救“政府失灵”为主张的新公共管理运动,减少政府对经济活动的干预、放松对经济领域的监管,引入私有企业参与公共服务的供给从而以更低的费用、更高的效率实现公共目标。随后,欧美国家乃至苏联、东欧等前社会主义国家也纷纷于 20 世纪 80 年代中后期开启了自由市场与新公共管理改革。中国则以 1978 年召开的十一届三中全会为起点,开启了延续至今且将中国深度卷入世界经济一体化、全球化进程的经济、社会改革开放事业,在建立与完善社会主义市场经济体制的同时,也构建起了与之相适应的政府

管理经济、社会、教育与文化的新体制与新机制。

可以说，"中国奇迹"的取得是对外开放与分权改革形成良性互动的结果。[①] 一方面，对外开放为分权改革提供了广泛的运作空间，把地方政府间竞争引入到一个更为健康的发展轨道之中，使中国经济社会逐渐走出了"一放就乱、一收就死"的恶性循环；另一方面，对外开放使国人认识到国内外发展差距，为国内发展提供了可资学习借鉴的机会，促成了改革发展的动力，直接推动了中国经济社会改革发展进程。没有对外开放，中国不可能用 40 年走完别国用几百年才走完的现代化道路。十八届三中全会用"以开放促改革"定位改革和开放的关系，以开放倒逼改革，是新时期推动经济社会发展的重要举措。习近平总书记在中央全面深化改革领导小组第十六次会议上强调，"改革和开放相辅相成、相互促进，改革必然要求开放，开放也必然要求改革。要坚定不移实施对外开放的基本国策、实行更加积极主动的开放战略，坚定不移提高开放型经济水平，坚定不移引进外资和外来技术，坚定不移完善对外开放体制机制，以扩大开放促进深化改革，以深化改革促进扩大开放，为经济发展注入新动力、增添新活力、拓展新空间。"[②]改革是开放不断扩大的过程，开放是改革全面深化的印证，改革不停顿，开放不止步，关起门来搞建设是行不通的。

（一）社会主义市场经济体制的确立与完善对高等教育体制改革提出了要求

在马克思看来，"生产以及随生产而来的产品交换是一切社会制度的基础"[③]，因此社会及其治理变迁的根源要从经济发展变革中找寻。1949 年新中国成立后，借鉴苏联社会主义模式，建立起了以社会主义公有制和高度集中的计划经济为核心特征的国民经济体系，一个强大的中央政府主要以指令性计划统管全国经济与资源配置。计划经济"集中力量办大事"的优势，使新中国在第一个五年计划后迅速恢复了被战争破坏的国民经济体系，实现了初步的工业化。与此相适应，一个典型的部门社会、单位社

① 孙景宇、何淳耀：《论对外开放与分权改革的互动》，《当代经济科学》2008 年第 6 期，第 1—9 页。

② 《中央全面深化改革领导小组第十六次会议召开》，http://www.gov.cn/xinwen/2015-09/15/content_2932105.htm(阅读时间：2017 年 11 月 12 日)。

③ 中共中央马克思恩格斯列宁斯大林著作编译局：《马克思恩格斯选集(第 3 卷)》，人民出版社 1972 年版，第 424—425 页。

会以人民公社、工矿企业、事业单位等形态呈现出来,配给制、工分制、医疗与教育等公共服务免费制等一系列社会制度相继建立起来,社会与个人生活完全处于政府的组织与管理之下。在政府高度集中的指令性计划指导下,除三年自然灾害期间外,中国经济保持了较高的增长率,但"文革"时期国民经济遭到了严重破坏。在 1977 年 12 月召开的全国计划会议上,据李先念同志估计,"文革"十年在经济上仅国民收入就损失人民币 5 000 亿元,这个数字相当于新中国成立 30 年全部基本建设投资的 80%,超过了新中国成立 30 年全国固定资产的总和。"文革"期间,有 5 年经济增长不超过 4%,其中 3 年负增长:1967 年增长 - 5.7%,1968 年增长 - 4.1%,1976 年增长 - 1.6%。①1978 年 2 月,华国锋同志在五届人大一次会议上作的《政府工作报告》中指出:由于"文革"的破坏,仅 1974 年到 1976 年,全国就"损失工业总产值 1 000 亿元,钢产量 2 800 万吨,财政收入 400 亿元,整个国民经济几乎到了崩溃的边缘"。②

同时,一个不容置疑的事实是,中国经济发展水平、科技水平与世界发达国家的差距正在进一步拉大。从 1978 年初起,中国陆续派出了谷牧、林乎加、李一氓等率领的多个中央考察团,到欧洲、日本等地访问。1978 年 4 月初,国家计委和外贸部组织以国家计委副主任段云为团长的港澳经济贸易考察团前往香港、澳门进行实地考察。考察团成员目睹了港澳地区经济发展的繁荣景象,尤其是香港没有耕地和资源,却依靠引进国外先进技术、设备、资金经济发展迅速的现实使考察团成员思想受到猛烈冲击。1978 年 5 月 31 日,港澳经济考察团向中央提交了《港澳经济考察报告(汇报提纲)》。③《报告》指出,香港和澳门的经济,近十多年发展很快。主要原因是:一、有充裕的资金来源。对外汇没有管制,各国游资大量进入。二、拥有较为廉价的劳动力。三、购进原材料和技术设备比较方便。四、大力发展对外加工工业,利用外来资金和本地廉价劳动力,进口设备、原材料和半成品,加工出口。五、产品适应性强。同时,《报告》还指出,在新科技革命的推动下,美国经济高速发展,从 1961 年 1 月到 1969 年 10 月,美国

① 王战、潘世伟:《改革再出发　凝聚成共识》,上海社会科学院出版社 2014 年版,第 63 页。
② 《团结起来,为建设社会主义的现代化强国而奋斗——1978 年 2 月 26 日在第五届全国人民代表大会第一次会议上》,http://www.gov.cn/test/2006-02/16/content_200704.htm(阅读时间:2017 年 12 月 9 日)。
③ 武力:《中华人民共和国经济史(上)》,中国时代经济出版社 2010 年版,第 640 页。

经济连续上升了 106 个月,1960 年代的美国被称为"繁荣的十年"。1975 年,美国 GDP 总额达到 15 265 亿美元,是 1957 年的 3.2 倍。从 1951 年到 1971 年的 20 年间,西德 GDP 增加了 5 倍多,是除日本之外发展最快的西方国家。1951—1970 年,法国工业年均增长 5.9%,1970 年国民生产总值达到 1 409 亿美元。日本的发展尤其令人瞩目。1955 年,日本编制《经济自立五年计划》(1956—1960 年);1960 年,又实施为期 10 年的"国民收入倍增计划"。1955—1960 年,日本经济年均增长 8.5%,1960—1965 年为 9.8%,1965—1970 年为 11.8%。从 1955—1970 年,日本 GDP 增长了 7.2 倍。日本、美国、欧洲经济的高速发展一直持续到 1973 年石油危机爆发,这个时期也被称作发达资本主义国家经济发展的第二个"黄金时代"。在这期间,中国周边原来一些比较落后的国家和地区,如韩国、新加坡等,也抓住机遇快速发展,实现了经济起飞。20 世纪 50 年代,韩国的经济总量和中国的山东省差不多。但在随后的 20 年里韩国创造了著名的"汉江奇迹",到 1980 年代一改贫穷落后的面貌,经济总量遥遥领先山东。弹丸之地的香港,1977 年进出口总额达到 196 亿美元,而整个中国内地当年只有 148 亿美元。[①]

　　如果说经济体制改革为中国经济持续快速增长提供了直接的动力,那么中国经济改革的突破口就是作为对外经济考察结果之一的建立经济特区政策的形成。1979 年 4 月邓小平首次提出要开办"出口特区",1979 年 12 月 11 日,在国务院召开第一次特区筹建的专题汇报会——京西会议上,"经济特区"的概念首次正式提出。1980 年 3 月,中共中央在广州召开广东、福建两省会议,将"出口特区"定名为"经济特区"。5 月,中共中央和国务院发出 41 号文件,正式将"出口特区"命名为"经济特区",并明确提出要积极稳妥地搞好特区建设,并进一步要求将深圳特区建成兼营工业、商业、农牧业、住宅、旅游等项事业的综合性的经济特区。8 月 21 日,五届人大常委会第 15 次会议决定:批准国务院提出的在广东省的深圳、珠海、汕头和福建省的厦门设置经济特区。会议批准了《中华人民共和国广东省经济特区条例》,《条例》的通过,完成了设置特区的立法程序,标志着经济特区的正式诞生。条例宣布:为发展对外经济合作,特

---

① 《中国改革开放的历史由来》,http://www.china.com.cn/policy/txt/2008-10/06/content_16570783.htm（阅读时间:2017 年 12 月 9 日）。

在广东省深圳、珠海、汕头三市分别划出 327. 5 平方公里、6. 7 平方公里、1. 67 平方公里区域,设置经济特区。新中国从此真正打开了对外开放的窗口,迈开了走向世界的具有重要历史意义的一步。12 月 10 日,国务院又正式批准成立厦门经济特区,面积为 2. 5 平方公里。①

1. 经济体制改革:从"有计划的商品经济"到"社会主义市场经济"

1978 年 12 月,党的十一届三中全会提出把全党的工作重点转移到社会主义现代化建设上来,做出了实行改革开放的新决策,启动了农村改革的新进程,并在 1979 年开始设立的深圳等五个经济特区允许非公有制经济的发展。此时,开始于 1968 年的匈牙利的社会主义经济改革,主要是把国家的计划管理和商品生产、市场调节有机地结合起来,为中国经济社会改革提供了最初的经验。② 1984 年 10 月,党的十二届三中全会通过了《中共中央关于经济体制改革的决定》,明确提出"社会主义计划经济必须自觉依据和运用价值规律,是在公有制基础上的有计划的商品经济"③,并且指明了国有企业的所有权和经营权相分离的改革思路。1985 年 9 月,由数十位国内外顶尖经济学家参加的巴山轮会议在中国经济体制改革决策中有着重要的地位。参会的匈牙利经济学家科尔奈的经济学思想对参与中国经济改革决策的经济学家们产生了重要影响,主流的西方经济学思想也开始进入中国经济学家的视野。此后,在理论研究领域,此前为了模糊市场概念的"有计划的商品经济"的提法逐渐被"市场经济"取代。

1987 年,党的十三大提出"加快建立和培育社会主义市场体系"和"国家调节市场、市场引导企业"④,1992 年春季邓小平借南巡之机彻底解决了市场、计划的"姓资还是姓社"的问题,明确了建立中国特色社会主义市场经济的基本立场,从而消解了自由化风潮与苏联、东欧剧变给党内、国内带来的诸多争论与困惑。同年,党的十四大随即做出了"要建立的社会主义市场经济体制,就是要使市场在社会主义国家宏观调控下

---

① 钟坚:《经济特区的酝酿、创办与发展》,《特区实践与理论》2010 年第 5 期,第 22—25 页。
② 周新城:《匈牙利经济体制改革的经验教训》,《经济学动态》1987 年第 1 期,第 47—52 页。
③《中共中央关于经济体制改革的决定》,http://www. gov. cn/test/2008-06/26/content_1028140. htm(阅读时间:2017 年 6 月 9 日)。
④《沿着有中国特色的社会主义道路前进——在中国共产党第十三次全国代表大会上的报告》,http://www. gov. cn/test/2008-07/01/content_1032279. htm(阅读时间:2017 年 6 月 10 日)。

对资源配置起基础性作用"的重大决策。与此同时,为了与社会主义市场经济体制相适应,党的十四大还明确提出要"加快政府职能的转变",认为"政府的职能,主要是统筹规划,掌握政策,信息引导,组织协调,提供服务和检查监督"[①]。随后,通过引入市场手段而逐步推行的工资制度改革、公共交通改革、医疗体系改革、教育收费改革、住房商品化改革等,一系列原本由政府管控的社会事务、公共服务发生了历史性的变革,从而彻底改变了中国人的日常生活。当然,也正是借助于市场经济体制的确立,中国非公经济领域迅速发展,国有企业改革也步入快车道,通过关贸总协定和世界贸易组织多边谈判和最终于 2001 年加入世界贸易组织,借助经济、贸易全球化带来的巨大机遇,中国迅速成长为世界贸易大国和制造业大国。

2. 所有制结构调整:从公有制到以公有制为主体的多种所有制并存

改革开放以来经济发展变革也是从政府权力下放开始的,权力下放的同时,通过制定政策、法律等途径促进权力接受方提高权力运用的能力。改革开放后的经济发展大致遵循了两条基本线索:一是所有制结构调整,二是市场发育和完善。所有制结构调整的目的就是为了培育、造就经济活动的运动员;市场的发育和完善则为企业和居民从事经济活动,充当运动员角色提供一个空间和舞台,提供一个竞技场和一套经济规则,也为政府充当经济活动裁判员角色提供一套裁判规则和作用空间。[②] 围绕两条线索,开展了家庭联产承包责任制改革、兴办经济特区、国有企业改革、允许非国有经济发展、引进外资等活动,建立和完善财税、金融、劳动、社会保障等制度,社会主义市场经济体制逐步确立、发展并完善。

(1)多种所有制经济并存局面的形成

计划经济是随着经济权力的下放、市场经济的引入逐步打破的。首先,在农村,将粮食生产的权力下放到农民手里,而后逐渐采用"双轨"到并轨的方式,将粮食的分配、交换、消费等决定权都下放给农民。1978 年,为调动劳动者生产积极性,从而达到提高生产率的目的,在农村进行了"家庭联产承包责任制"改革。1985—1990 年主要是

---

① 《加快改革开放和现代化建设步伐,夺取有中国特色社会主义事业的更大胜利》,http://cpc.people.com.cn/GB/64162/134902/8092276.html(阅读时间:2017 年 6 月 11 日)。

② 胡思东:《中国经济现代化透视:经验与未来》,格致出版社,上海三联书店,上海人民出版社 2010 年版,第 95—96 页。

改革农产品流通体制,加快了政府调控向市场交易的转换力度。1991 年与 1986 年相比,由国家制定收购价的农副产品由 17 种减少到 9 种,销售价格中国家定价的产品由 14 种减少到 7 种。1996—2003 年我国开展了农村税费体制改革,主要是规范税费管理,实行税费统一。截至 2003 年底,税费改革的试点省份已扩大到 20 个,涉及农业人口约 6.2 亿人。2006 年中央政府宣布完全取消农业税,农民生产的整个过程实现了面向市场的自主管理。①

农村改革的另一项成就是乡镇企业的异军突起。乡镇企业最早由改革开放前的社队企业发展而来。20 世纪 70 年代末、80 年代初,中国商品经济物资匮乏,市场是巨大的卖方市场,加上当时乡镇企业与国有企业分工明确,拾遗补缺和配套服务的特点较为突出,乡镇企业大量使用国营企业淘汰的机器,聘用其退休技术人员。改革开放以后,在发展农村集体经济的名义下,乡镇企业迅速发展。1981 年中央明确规定,这种做法不违法,从而进一步加快了各地乡镇企业的更快发展。

中国逐渐放开了非国有制经济的发展空间,除了大力发展城乡集体经济外,当时由于下乡知青回城造成的压力等原因,城镇个体经济成为合法经营模式。个体经济和集体经济迅速发展起来,填补了长期实行计划经济造成的市场空缺。此外,改革开放一个很重要的组成部分是对外开放,吸引外资,通过创办"三资"企业的方式引进境外资金和先进技术及经营管理经验。1992 年十四大报告明确了以公有制为主体的多种经济成分并存的基本方针,"在所有制结构上,以公有制包括全民所有制和集体所有制经济为主体,个体经济、私营经济、外资经济为补充,多种经济成分长期共同发展,不同经济成分还可以自愿实行多种形式的联合经营"②。此后,集体经济和非公有制经济的发展,外商企业的引入,农村改革的全面展开,加上经济特区作为综合改革试验区的示范作用,以及国有企业自身的进展,最终使中国经济所有制结构发生了巨大的变化,市场得以发育并逐步完善。到 20 世纪 90 年代末,中国国内生产总值已经呈现出个体私营经济、外资经济和公有经济共同发展的局面。

---

① 李建新:《推进服务型政府建设研究》,湖南人民出版社 2010 年版,第 129 页。

② 《加快改革开放和现代化建设步伐,夺取有中国特色社会主义事业的更大胜利》,http://cpc. people. com. cn/GB/64162/134902/8092276. html(阅读时间:2017 年 6 月 11 日)。

（2）国有企业改革：从政企分开到建立现代企业制度

国有企业改革一直是经济体制改革的核心和难点，价格体制改革、财税体制改革、金融体制改革、劳动及社会保障等方面的诸多重要改革都是围绕国有企业改革展开的。国有企业改革的过程大致经历了三个阶段：第一阶段是 1978—1986 年间计划经济体制占主导地位前提下的放权让利改革阶段，主要目的是通过扩大企业自主权和物质刺激，调动企业的生产经营积极性，具体包括三个步骤：一是扩大企业自主权的试点改革，允许国有企业在生产计划、产品销售、资金使用等方面拥有部分权力；二是以利润分成为主要内容的经济责任制试点改革，包括技术利润留成加增长利润留成、利润包干、超计划包干和亏损包干等；三是实行利改税改革，主要内容是通过税收的形式，把国家和国企的分配关系固定下来，1984 年后彻底实现国企以税代利。第二阶段是 1987—1991 年间新旧体制并存条件下的企业承包制改革阶段，主要动机是希望通过重建微观利益机制和权利主体，使经营者对国有财产效率负起责任来。改革措施是在不改变国家所有权的前提下，按照两权分离的原则，通过利润承包的方式，将经营权完全下放给企业，主要形式有租赁制、承包制和资产经营责任制。其中，实施范围最广、影响最大的当推承包制。第三个阶段是 1992 年至今，主要是在市场经济运行机制逐渐占据主导地位的条件下，建立现代企业制度。[①] 党的十四大以后，党中央、国务院明确提出我国经济体制改革的目标是建立社会主义市场经济体制。1993 年党的十四届三中全会正式确定，把建立现代企业制度作为国有企业改革的方向和目标。2002 年党的十六大进一步提出除极少数必须由国家独资经营的企业外，积极推行股份制。2016 年，混合所有制改革稳步推进，国务院发改委在电力、石油、天然气、铁路、民航、电信、军工等领域选择 7 家企业开展混合经济试点。[②] 目前的国有资产改革主要是通过改制、重组等形式，更多地考虑资产的价值形态，而不是对企业控制权，使国家拥有资产但不一定拥有企业。[③]

[①] 李建新：《推进服务型政府建设研究》，湖南人民出版社 2010 年版，第 134 页。
[②] 季晓南：《国有企业改革 2016 年回顾与 2017 年展望》，《中国经贸导刊》2017 年第 3 期，第 25—26 页。
[③] 刘强：《对国有企业改革的思考》，《中国市场》2017 第 7 期，第 156—157 页。

3. 市场的地位与作用：从基础性作用到决定性作用

回顾党的十一届三中全会以来重要的会议报告、政策文件对政府与市场关系的认识，总体上经历了一个从计划到市场并对市场作用不断深化的过程：1978 年党的十一届三中全会提出"应该坚决实行按经济规律办事，重视价值规律的作用"；1982 年党的十二大提出要"发挥市场在资源配置中的辅助性作用"；1992 党的十四大提出"要使市场在国家宏观调控下对资源配置起基础性作用"；2003 年党的十六届三中全会提出"要在更大程度上发挥市场在资源配置中的基础性作用"；2012 年党的十八大提出"要在更大程度、更广范围发挥市场在资源配置中的基础性作用"；党的十八届三中全会审议通过的《中共中央关于全面深化改革若干重大问题的决定》提出"经济体制改革是全面深化改革的重点，核心问题是处理好政府和市场的关系，使市场在资源配置中起决定性作用和更好发挥政府作用"。

从社会主义计划经济到建立与完善社会主义市场经济是从价格体制改革入手的。从双轨制成功过渡到社会主义市场经济下的价格体制，按照价格改革的思路和重点的不同，大致经历了如下过程：一是 1979—1988 年为价格双轨制阶段。这一阶段价格改革的主线是完善计划价格体制引入市场机制价格双轨制。到 1988 年，在全国社会零售商品总额和全国农产品收购总额中，由政府定价的分别占 29％和 24％，政府指导价分别占 22％和 19％，经营者定价则分别增长到 49％和 57％。二是 1989—1991 年的价格改革的调整巩固阶段。1992—2003 年为社会主义市场价格体制的目标确立与形成阶段。这一阶段的改革措施主要包括三个方面：（一）继续放开消费品价格，包括粮食价格和工业消费品价格；（二）生产资料双轨价格逐渐转为按市场供求定价；（三）要素市场价格形成机制的改革探索，在劳动力价格、房地产价格以及资金、技术和信息价格等方面，国家都出台了相应措施加速其市场化进程。三是 2004 年至今为价格体制改革深化阶段。这一阶段，政府在资源市场化、垄断和公共产品定价机制上的改革迈出了新的步伐，推进了水价改革，深化了煤电价格改革，实施了煤电价格联动，并积极推进石油、天然气等资源产品价格改革。① 2017 年 11 月，《国家发展改革委关于全面

---

① 《国家发展改革委关于全面深化价格机制改革的意见》，http://www.gov.cn/xinwen/2017-11/11/content_5238855.htm（阅读时间：2017 年 12 月 11 日）。

深化价格机制改革的意见》明确提出，"围绕使市场在资源配置中起决定性作用，着力破除限制资源要素自由流动的价格机制障碍，加快完善主要由市场决定价格的机制，逐步确立竞争政策的基础性地位，提高资源配置效率，激发市场活力，促进社会主义市场经济体制不断完善"[①]。

在推动价格体制改革的同时，金融体制改革也逐步提上了议程。从 1990 年代推进金融机构改革，大致经历了从银行体系到银行与非银行机构并存的多元化体系，再到分业管理框架下不同金融机构明确的分工体系，以及近年来着手试验的综合经营体系这样一个变革过程。在金融体制市场化改革方面，经历了从计划管制到市场化、从试点到推广、从封闭到开放的过程，金融产品则经历了一个不断创新的过程。具体来说，我国金融体制改革大致经历了以下几个阶段：从 1978 年中国农村改革开始到随后的企业改革过程中，我国的金融体制改革基本上处于研究和探索时期，实际的改革相对滞后一些。直到 1980 年代末到 1990 年代初，金融体制改革的主要任务是建立金融机构的框架体系，逐步形成多元金融机构并存的格局。从 1990 年代中后期到 2002 年，我国的金融体制改革主要是形成分业经营分业监管的格局。监管系统发展到一行三会。在银行系统中，又成立了三大政策性银行，发展了股份制银行，建立了区域性城市商业银行。外资银行在 2001 年中国入世后也加快了进入中国的步伐，再加上农村信用社及其他存款贷款类金融机构，整个银行系统呈现出多层次相互竞争的格局。非银行金融机构也得到空前发展，出现了一些非银行金融中介。同时，随着股票市场、债券市场、外汇市场、期货市场等的建立，改变了以前我国金融体系中有机构无市场的境况。[②]

4. 财税体制改革：从放权让利到分税制

以 1994 年实施的分税制为分水岭，我国财税体制改革经历了两个阶段。1978—1993 年是第一阶段，改革的主要特征在于放权让利。其间，财政体制经历了三次改革，核心是实行财政包干的管理体制：1980—1984 年，实行分灶吃饭的财政管理体制，具体举措包括财政支出按隶属关系加以划分，明确中央和地方财政收支范围等；

[①]《国家发展改革委关于全面深化价格机制改革的意见》，http://www.gov.cn/xinwen/2017-11/11/content_5238855.htm(阅读时间：2017 年 12 月 11 日)。

[②] 李建新：《推进服务型政府建设研究》，湖南人民出版社 2010 年版，第 136—137 页。

1985—1987 年,实行划分税种、核定收支、分级包干的财政管理体制;1988—1993 年,实行的是包干财政管理体制。税收体制方面,这期间的主要改革举措是实行利改税:1983 年实施第一步利改税,主要举措侧重于在税利并存的情况下逐步扩大上交税收的比重,目的在于理顺国家与企业的分配关系;1984 年实施第二步利改税,由税利并存向完全以税代利过渡,具体举措包括发布国营企业所得税、调节税、产品税、增值税、营业税、盐税、资源税等一系列行政法规。从 1994 年至今为财税体制改革的第二阶段,主要特征在于全面改革,改革的手段具有创新性,改革的目的在于建立适应社会主义市场经济发展的新型财政管理体制和运行机制。其中,财政体制改革分两个步骤:一是 1994 年开始实行的分税制改革,中央和地方按事权范围和支出内容的界定,合理划分财政收入,并确定中央财政对地方的税收返还数额,建立过渡期的专一支付制度等;二是 1998 年确立了公共财政体系建设的改革目标,这是 1994 年后中国财政领域力度较大、范围最广的一项变革,其特征在于规范化、法治化和体制的相对稳定性。1994 年以来的税收体制改革的主要措施有:建立以增值税为主体、消费税和营业税为补充的新的流转税制度;健全和完善所得税制度,统一内资企业所得税和个人所得税;改革和完善其他税种等。[①]

(二) 政府管理体制改革为高等教育体制改革确立了基本方向

1978 年以来,与通过逐步建立与完善社会主义市场经济,从微观经济活动中退出而主要采取宏观调控的方式引导经济发展一样,政府也逐步通过制度重建引导社会机构、组织的自主管理与其所承担的社会职能的自主发展。与之相适应,政府则更关注如何增强公共服务职能与提升公共服务质量,从而切实履行政府的社会公共责任,同时通过加强民主与法制建设等举措,为市场、社会健康发展与运行提供制度保障。由此,我国政府、市场、社会等多主体共同参与经济社会治理和高等教育的新局面逐步构建起来。

回顾改革开放 40 年,突破集中统一管理的弊端,激发企业发展的动力、活力和全社会的创造力是中国社会治理变迁的主要目的和动力。改革开放前的社会管理方面

---

① 李建新:《推进服务型政府建设研究》,湖南人民出版社 2010 年版,第 139 页。

基本上是政党、政企、政社不分的局面,改革开放后,为适应社会主义市场经济发展需要在政治领域开展了一系列简政放权的改革,到目前已经进行了 7 次行政机构调整。围绕权力的下放与政府职能的转变,经历了从以政府为主导的社会建设到以政府为主、社会共同参与的社会治理的转变。

1. 从政府管理为主到创新社会治理体制

1980 年 8 月,中共中央政治局召开会议,专门研究政治体制改革,着手解决党政不分和以党代政的问题。在邓小平领导下,党和政府逐渐开始适度分离,党主要负政治领导责任,政府则主要负行政责任。随后,中共中央相继决定实行政社分开和政企分开,党和政府不再直接管理城镇企业和农村经济事务,社会组织也得到了政府的认可。不过,由于国家改革的重点是如何调整社会管理来适应改革开放初期的经济体制改革,国家一系列改革措施、方针政策都是围绕经济体制来进行的,因此社会管理国家化的总体格局并未发生显著的变化。不过,从历次政府机构调整还是可以看出,我国政府的社会管理体制已经在发生一些变化:一是开始从注重机构、人员的调整转向政府职能的转变和管理体制的创新,二是政府职能转变的趋向是从偏重经济管理职能向加强社会管理、公共服务职能辐射,三是政府与社会(市场、企事业、社会组织)的职能逐渐分化。[①]

2004 年,党的十六届四中全会正式提出了"建立健全党委领导、政府负责、社会协同、公众参与的社会管理格局"[②],标志着我国的社会管理体制开始从国家全面控制和包办代替的传统管理模式向多主体合作参与的现代治理模式转变。2006 年,党的十六届六中全会通过了《中共中央关于构建社会主义和谐社会若干重大问题的决定》,要求"坚持社会主义市场经济的改革方向,适应社会发展要求,推进经济体制、政治体制、文化体制、社会体制改革和创新"。[③] 党的十八大报告明确提出了包括社会管理体制、基本公共服务体制、现代社会组织体制、社会管理机制的社会体制改革的任务。党的

[①] 姚华平:《我国社会管理体制改革 30 年》,《社会主义研究》2009 年第 6 期,第 86—90 页。

[②] 《中共中央关于加强党的执政能力建设的决定》,http://www.people.com.cn/GB/shizheng/1026/2809350.html(阅读时间:2017 年 12 月 11 日)。

[③] 《中共中央关于构建社会主义和谐社会若干重大问题的决定》,http://www.china.com.cn/policy/zhuanti/sljlzqh/txt/2006-10/18/content_7252302.htm(阅读时间:2017 年 12 月 11 日)。

十八届三中全会《中共中央关于全面深化改革若干重大问题的决定》明确了当前社会体制改革的重点：创新社会治理体制，加快社会事业改革。党的十九大报告进一步提出要"打造共建共治共享的社会治理格局。加强社会治理制度建设，完善党委领导、政府负责、社会协同、公众参与、法治保障的社会治理体制，提高社会治理社会化、法治化、智能化、专业化水平"。同时，要"加强社区治理体系建设，推动社会治理重心向基层下移，发挥社会组织作用，实现政府治理和社会调节、居民自治良性互动"。①

2. 从集权到放权

与政府管理为主向多主体参与治理体制的转变相适应，改革开放以来，中央政府开始逐步向地方和社会放权：一是中央向地方放权。从 20 世纪 80 年代开始，中央政府逐渐向地方政府下放经济管理权、政治管理权以及人事、财政管理等权力，1982 年宪法规定了中央政府向地方政府分权的制度框架。1993 年 12 月，中央与地方分税制全面实行，地方政府拥有了财政及经济管理权。二是政府向企业放权。从 20 世纪 80 年代中期开始，中共中央决定逐步推行政企分开的体制改革。1984 年 12 月，国务院发布《关于国营企业厂长（经理）实行任期制度的通知》，决定从 1985 年开始，国营企业的厂长（经理）与其原来的行政性任命制脱钩，而实行新的任期制。1993 年 11 月，党的十四届三中全会通过《中共中央关于建立社会主义市场经济体制若干问题的决定》，明确企业是自主管理的法人治理结构，政府不再是企业的治理主体。三是政府向社会放权。20 世纪 80 年代后期，国家先后推行的农村村民自治和城市居民自治，既是中国基层民主的突破性发展，也是国家向社会放权的重要步骤。20 世纪 90 年代开始，新一轮的政府机构改革后，一些政府机构被改造为行业协会。相应地，一些原来的政府管理职能开始移交给行业管理组织，从而迈出行业自治的重要一步。自此，社会组织大量涌现，参与到国家政治经济管理中来，为经济社会发展作出了极大贡献。

---

① 《决胜全面建成小康社会，夺取新时代中国特色社会主义伟大胜利——在中国共产党第十九次全国代表大会上的报告》，http://www.gov.cn/zhuanti/2017-10/27/content_5234876.htm（阅读时间：2017 年 12 月 11 日）。

3. 从法制建设到依法治国

依法治国就是依照体现人民意志和社会发展规律的法律治理国家,要求国家的政治、经济运作、社会各方面的活动均依照法律进行,而不受任何个人意志的干预、阻碍或破坏。我国从 1980、1990 年代强调建立健全法律体系的法制建设,逐步转变为依法治国为核心的法治建设。1992 年 10 月,党的十四大报告提出要"高度重视法制建设。加强立法工作,特别是抓紧制订与完善保障改革开放、加强宏观经济管理、规范微观经济行为的法律和法规,这是建立社会主义市场经济体制的迫切要求。要严格执行宪法和法律,加强执法监督,坚决纠正以言代法、以罚代刑等现象,保障人民法院和检察院依法独立进行审判和检察。加强政法部门自身建设,提高人员素质和执法水平。要把民主法制实践和民主法制教育结合起来,不断增强广大干部群众的民主意识和法制观念。"[1]1997 年 9 月,党的十五大报告明确提出要实行依法治国,建设社会主义法治国家。1999 年 3 月,九届全国人大二次会议将"依法治国"写入宪法,从而使"依法治国"成为国家意志。党的十八大报告将"全面推进依法治国"确立为推进政治建设和政治体制改革的重要任务,对"加快建设社会主义法治国家"作了重要部署。[2] 2014 年 10 月,党的十八届四中全会首次专题讨论依法治国问题并发布了《中共中央关于全面推进依法治国若干重大问题的决定》,提出"全面推进依法治国,总目标是建设中国特色社会主义法治体系,建设社会主义法治国家。这就是,在中国共产党领导下,坚持中国特色社会主义制度,贯彻中国特色社会主义法治理论,形成完备的法律规范体系、高效的法治实施体系、严密的法治监督体系、有力的法治保障体系,形成完善的党内法规体系,坚持依法治国、依法执政、依法行政共同推进,坚持法治国家、法治政府、法治社会一体建设,实现科学立法、严格执法、公正司法、全民守法,促进国家治理体系和治理能力现代化"[3]。党十九大报告进一步明确提出,"全面依法治国是中国特色社会主义的

---

[1] 《加快改革开放和现代化建设步伐,夺取有中国特色社会主义事业的更大胜利》,http://cpc.people.com.cn/GB/64162/134902/8092276.html(阅读时间:2017 年 6 月 11 日)。

[2] 《坚定不移沿着中国特色社会主义道路前进　为全面建成小康社会而奋斗——在中国共产党第十八次全国代表大会上的报告》,http://news.sina.com.cn/c/2012-11-18/040425602996.shtml(阅读时间:2017 年 12 月 11 日)。

[3] 《中共中央关于全面推进依法治国若干重大问题的决定》,http://www.gov.cn/zhengce/2014-10/28/content_2771946.htm(阅读时间:2017 年 12 月 11 日)。

本质要求和重要保障。必须把党的领导贯彻落实到依法治国全过程和各方面,坚定不移走中国特色社会主义法治道路,完善以宪法为核心的中国特色社会主义法律体系,建设中国特色社会主义法治体系,建设社会主义法治国家,发展中国特色社会主义法治理论,坚持依法治国、依法执政、依法行政共同推进,坚持法治国家、法治政府、法治社会一体建设,坚持依法治国和以德治国相结合,依法治国和依规治党有机统一,深化司法体制改革,提高全民族法治素养和道德素质"①。

4. 从全能型政府到服务型政府

在计划经济条件下,政府通过指令性计划和行政手段进行经济管理和社会管理,政府是全能型的,同时扮演着生产者、监督者、控制者的角色,为社会和民众提供公共服务的职能和角色被淡化。1985 年颁布的《中共中央关于经济体制改革的决定》就提出了简政放权、服务社会的意见,"就政府和企业的关系来说,今后各级政府部门原则上不再直接经营管理企业。至于少数由国家赋予直接经营管理企业责任的政府经济部门,也必须按照简政放权的精神,正确处理同所属企业的关系,以增强企业和基层自主经营的活力,避免由于高度集中可能带来的弊端"。同时,必须"要坚定不移地按照为人民服务和精简、统一、效能的原则,改造机关作风,提高工作人员的素质"。② 1992 年党的十四大报告进一步提出,"政府的职能,主要是统筹规划,掌握政策,信息引导,组织协调,提供服务和检查监督。进一步改革计划、投资、财政、金融和一些专业部门的管理体制,同时强化审计和经济监督,健全科学的宏观管理体制与方法。合理划分中央与省、自治区、直辖市的经济管理权限,充分发挥中央和地方两个积极性"③。

1998 年《国务院机构改革方案》首次把"公共服务"确立为政府的基本职能④;

---

① 《决胜全面建成小康社会,夺取新时代中国特色社会主义伟大胜利——在中国共产党第十九次全国代表大会上的报告》,http://www.gov.cn/zhuanti/2017-10/27/content_5234876.htm(阅读时间:2017 年 12 月 11 日)。

② 《中共中央关于经济体制改革的决定》,http://www.gov.cn/test/2008-06/26/content_1028140.htm(阅读时间:2017 年 12 月 11 日)。

③ 《加快改革开放和现代化建设步伐,夺取有中国特色社会主义事业的更大胜利》,http://cpc.people.com.cn/GB/64162/134902/8092276.html(阅读时间:2017 年 6 月 11 日)。

④ 《关于国务院机构改革方案的说明(1998 年)》,http://www.npc.gov.cn/wxzl/gongbao/1998-03/06/content_1480093.htm(阅读时间:2017 年 12 月 11 日)。

2004 年温家宝总理提出了"建立服务型政府"的目标[①]；2005 年的《政府工作报告》正式将"建设服务型政府"确认为政府的目标。[②] 党的十六届六中全会对建设服务政府做了系统的论述[③]，党的十七大则从改善民生、加强社会建设和加快行政管理体制改革三个角度进一步阐述了建设服务政府的基本内容。[④] 党的十八大报告提出："要按照建立中国特色社会主义行政体制目标，深入推进政企分开、政资分开、政事分开、政社分开，建设职能科学、结构优化、廉洁高效、人民满意的服务型政府。"[⑤]2015 年 5 月，国务院下发《2015 年推进简政放权放管结合、转变政府职能工作方案》，明确要求"推进简政放权、放管结合和转变政府职能工作，要适应改革发展新形势、新任务，从重数量向提高含金量转变，从'给群众端菜'向'让群众点菜'转变，从分头分层级推进向纵横联动、协同并进转变，从减少审批向放权、监管、服务并重转变，统筹推进行政审批、投资审批、职业资格、收费管理、商事制度、教科文卫体等领域改革，着力解决跨领域、跨部门、跨层级的重大问题。继续取消含金量高的行政审批事项，彻底取消非行政许可审批类别，大力简化投资审批，实现'三证合一'、'一照一码'，全面清理并取消一批收费项目和资质资格认定，出台一批规范行政权力运行、提高行政审批效率的制度和措施，推出一批创新监管、改进服务的举措，为企业松绑减负，为创业创新清障搭台，为稳增长、促改革、调结构、惠民生提供有力支撑，培育经济社会发展新动力"。[⑥] 党的十九大报告进一步明确提出要"转变政府职能，深化简政放权，创新监管方式，增强政府公信力和执行力，建设人民满

---

① 《"服务型政府"》，http://www.ce.cn/xwzx/gnsz/szyw/201106/16/t20110616_22484207.shtml（阅读时间：2017 年 12 月 11 日）。

② 冯静、蒋柳萍：《地方政府治理创新中的民间组织——基于地方政府创新项目案例的研究》，《理论月刊》2012 年第 9 期，第 163—167 页。

③ 《为什么要建设服务型政府》，http://politics.people.com.cn/GB/1026/5154704.html（阅读时间：2017 年 12 月 11 日）。

④ 冯静、蒋柳萍：《地方政府治理创新中的民间组织——基于地方政府创新项目案例的研究》，《理论月刊》2012 年第 9 期，第 163—167 页。

⑤ 《坚定不移沿着中国特色社会主义道路前进　为全面建成小康社会而奋斗——在中国共产党第十八次全国代表大会上的报告》，http://news.sina.com.cn/c/2012-11-18/040425602996.shtml（阅读时间：2017 年 12 月 11 日）。

⑥ 《国务院关于印发 2015 年推进简政放权、放管结合转变政府职能工作方案的通知》，http://www.gov.cn/zhengce/content/2015-05/15/content_9764.htm（阅读时间：2017 年 12 月 11 日）。

意的服务型政府。赋予省级及以下政府更多自主权。在省市县对职能相近的党政机关探索合并设立或合署办公。深化事业单位改革,强化公益属性,推进政事分开、事企分开、管办分离"。①

总之,服务型政府建设要求政府在执政理念上树立为人民服务的理念,把为人民服务的宗旨贯穿到行政体制改革各方面和全过程;在职能上,强化政府公共服务职能,深化行政审批制度改革,继续简政放权,减少政府不必要的行政审批事项;强化政府经济调控、市场监管职能,减少政府对微观经济活动的干预;具体运行上,要创新行政体制和管理方式,要稳步推进大部门制改革,整合行政资源,健全部门职责体系,解决职责交叉、推诿扯皮现象,提高政府执行力。②

5. 更加广泛、更加充分、更加健全的人民民主

波兰经济改革的总设计师格泽高滋·科勒德克(Grzegorz W. Kolodko)曾提到"要实现完全发育的市场经济,没有健全的民主是不能长远的"。③ 改革开放后,中国加强民主建设,逐步形成了具有中国特色的民主政治体系。鉴于"文革"带来的惨痛教训,1979 年 3 月,邓小平在《坚持四项基本原则》的讲话中指出"没有民主就没有社会主义,就没有社会主义的现代化"④,从而把社会主义民主建设放到了事关社会主义事业成败兴衰的重要高度。

改革开放后,中国逐渐形成了别具特色的民主政治制度框架,它的基本内容包括:共产党一党领导多党合作的政党制度、人民代表大会制度、共产党与民主党派及各界人民团体共同参与的政治协商制度、以村民委员会和居民委员会制度为主要内容的社区自治制度、以企业职工代表大会制度为主要内容的职业自治制度、以民族自治制度为主要内容的区域自治制度。经过 40 年的努力,中国共产党逐渐确立了中国式民主

---

① 《决胜全面建成小康社会,夺取新时代中国特色社会主义伟大胜利——在中国共产党第十九次全国代表大会上的报告》,http://www.gov.cn/zhuanti/2017-10/27/content_5234876.htm(阅读时间:2017 年 12月 11 日)。

② 《如何建设职能科学、结构优化、廉洁高效、人民满意的服务型政府?》,http://politics.people.com.cn/n/2013/0123/c70731-20296100.html.(阅读时间:2017 年 12 月 11 日)。

③ 马国川:《看中国》,中信出版社 2015 年版,第 122—123 页。

④ 《邓小平:坚持四项基本原则(1979 年 3 月 30 日)》,http://www.people.com.cn/GB/channel1/10/20000529/80791.html(阅读时间:2017 年 12 月 11 日)。

的根本目标、理想状态、主要形式、重点内容和现实道路。中国民主政治的根本目标是高度发达的人民民主。继党的十七大提出"人民民主是社会主义的生命"后,党的十七届二中全会上再次强调,"我们必须更高地举起人民民主的旗帜"。[①] 党的十八大报告提出,"必须继续积极稳妥推进政治体制改革,发展更加广泛、更加充分、更加健全的人民民主。必须坚持党的领导、人民当家作主、依法治国有机统一,以保证人民当家作主为根本,以增强党和国家活力、调动人民积极性为目标,扩大社会主义民主,加快建设社会主义法治国家,发展社会主义政治文明"[②]。党的十八大以来,习近平总书记多次在讲话中强调:"人民当家作主是社会主义民主政治的本质和核心。"党的十八届三中全会通过了《中共中央关于全面深化改革若干重大问题的决定》,进一步提出要"紧紧围绕坚持党的领导、人民当家作主、依法治国有机统一深化政治体制改革,加快推进社会主义民主政治制度化、规范化、程序化,建设社会主义法治国家,发展更加广泛、更加充分、更加健全的人民民主。"党的十九大继续强调"要改进党的领导方式和执政方式,保证党领导人民有效治理国家;扩大人民有序政治参与,保证人民依法实行民主选举、民主协商、民主决策、民主管理、民主监督;维护国家法制统一、尊严、权威,加强人权法治保障,保证人民依法享有广泛权利和自由。巩固基层政权,完善基层民主制度,保障人民知情权、参与权、表达权、监督权。健全依法决策机制,构建决策科学、执行坚决、监督有力的权力运行机制。各级领导干部要增强民主意识,发扬民主作风,接受人民监督,当好人民公仆"[③]。

三、 高等教育体制改革的基本特征: 从高度集中到放管结合

从世界范围的角度来看,在单一制国家里,地方政府与中央政府存在着两种职权

---

① 《中国共产党十七届二中全会会议公报》,http://news. sina. com. cn/c/2008-02-27/190215032320. shtml（阅读时间: 2017 年 12 月 11 日）。

② 《坚定不移沿着中国特色社会主义道路前进 为全面建成小康社会而奋斗——在中国共产党第十八次全国代表大会上的报告》,http://news. sina. com. cn/c/2012-11-18/040425602996. shtml（阅读时间: 2017 年 12 月 11 日）。

③ 《决胜全面建成小康社会,夺取新时代中国特色社会主义伟大胜利——在中国共产党第十九次全国代表大会上的报告》,http://www. gov. cn/zhuanti/2017-10/27/content_5234876. htm（阅读时间: 2017 年 12 月 11 日）。

划分的方式：第一种是行政化划分，另外一种是法律划分。前者主要根据政府的行政文件、行政法规来规定中央和地方的关系，所以行政机关是划分的主体，这些主体根据行政命令形成等级的排列形式，行政放权是划分的主要内容。[1] 而后者是通过法律专家的论证、地方和中央的协商，把权力划分为两个部分——专有权和共有权，专有权力比较适合存在于某一个特别的方面，而共有权则较难被分到某一个独享的部门。[2] 自1980 年代中期以来，由于普遍推行了新公共管理改革，欧美主要的经合组织成员国都采取了通过教育改革促进分权和学校自治等政策，以提高教育质量和管理效率。虽然分权的政治动机和程度有所不同，但一般而言，教育领域的分权主要是指教育决策权从中央政府到地方政府再向社区、学校的转移。[3]

高等教育是中国社会管理的重要组成部分，高等教育变革的过程与社会治理变迁一脉相承。回顾改革开放 40 年来，高等教育变革历程的主线是政府高等教育管理权力的逐步下放，在改革中逐渐理顺了中央政府与地方政府高等教育管理权限，明晰了大学、政府、市场、社会多方主体在高等教育治理中的地位，确立了大学自主办学的地位，逐步形成了与社会主义市场经济发展相协调、与中国社会治理变迁相承接的高等教育发展格局。在高等教育管理权从中央下放到地方、高校的过程中，政府管理高等教育的方式也在发生变化，从转变政府职能到放管服相结合，越来越强调政府的宏观管理和通过立法、评估、监督等手段的间接管理，高校在办学、投资、内部管理和招生、就业等各个方面都发生了适应性的变化，初步形成了政府、社会和高校共同参与治理的局面。同时，高等学校办学法人地位得以确立，高校自身通过制订与实施办学章程推进现代大学制度建设以提高治理能力，并在自主招生、参与社会服务等方面进行了积极的探索。

以中央颁布实施的教育改革重要文件为线索，我国高等教育体制改革大致可以分为五个阶段：第一阶段是 1978 年 12 月至 1985 年 4 月，以重新颁发《中共中央、国务院

---

① 陈国强：《地方政府对地方高校投资功能的转变》，《时代人物》2008 年第 6 期，第 86—87 页。

② 何宇、潘光堂：《高等教育地方分权与地方政府激励关系研究》，《国家教育行政学院学报》2014 年第 4 期，第 33—37 页。

③ Lauglo. Jon, "Forms of Decentralisation and Their Implications for Education", *Comparative Education*, 1995,31(1):5 - 29.

关于加强高等学校统一领导、分级管理的决定（试行草案）》为标志，主要是恢复、重建"文革"前"统一领导、分级管理"的高等教育管理体制，在中央与地方高等教育权限和扩大高校办学自主权上做了初步的探索；第二个阶段是 1985 年 5 月至 1993 年 1 月，以《中共中央关于教育体制改革的决定》的颁布与实施为标志，主要是实行中央、省（自治区、直辖市）、中心城市三级办学体制，逐步扩大省级政府的高等教育管理权限和高校办学自主权，并开始在全国试点高校校长负责制；第三个阶段是 1993 年 2 月至 1998 年 12 月，以《教育改革与发展纲要》的颁布与实施为标志，主要是试行中央与省（自治区、直辖市）分级管理、分级负责的管理体制，进一步扩大高等学校的办学自主权，逐步确立和全面实施党委领导下的校长负责制；第四个阶段是 1999 年 1 月至 2010 年 6 月，以《中华人民共和国高等教育法》和《中共中央国务院关于深化教育改革，全面推进素质教育的决定》的颁布与实施为标志，主要是确立了中央和省级人民政府两级管理、以省级人民政府管理为主的新体制，对高校的法人地位作出了明确的规定，对高校的办学自主权进行了详细说明，从法律层面保证了高校办学自主权的有效落实；第五个阶段是 2010 年 7 月至今，以《国家中长期教育改革和发展规划纲要（2010—2020 年）》（2010 年 7 月）和《中共中央关于全面深化改革若干重大问题的决定》（2013 年 11 月）的颁布与实施及随后的出台的一系列教育改革文件为标志，主要是深入推进管办评分离、扩大省级政府教育统筹权，以行政审批权的下放为抓手突出地方政府对高校的统筹管理，强调在高等教育管理过程中的管办评分离与放管服结合，高校办学自主权进一步扩大。与此同时，通过推进内部管理体制，初步构建起了以章程建设与实施为核心的现代大学制度，循序渐进地推进人才培养、科学研究、社会服务等方面的改革，形成了高校面向社会自主办学的基本格局。在高等教育改革推进过程中，高等教育体制呈现出了一些新的特征。

（一）从集权到放权：高等教育管理权力调整与高等教育体系变革

1. 改革开放 40 年，高等教育变革与中国治理改革有着相同的制度逻辑——皆始于政府分权。高等教育权力从中央下放到地方，以及权力在中央各部门间的调整改变着高等教育的管理体制，影响着高等教育的投资体制和方式，同时改变着高等教育招生体制和布局结构。

（1）高等教育管理体制变革

高等教育管理体制是国家对高等教育事业的宏观管理制度，主要表现在政府部门与高等学校之间的管理关系，包括行政隶属关系。[①] 在 1949 年至 1966 年间，中国高等教育经历了 1951 年学制系统的确立，1952—1953 年的院系结构调整，1957—1959 年的快速扩张和随后的整顿与调整，力图建立一个与国民经济体系保持一致的以中央各部门管理为主、中央与地方两级管理的体系，中国高等教育形成了以政府为主导的管理体系。然而，高度集中的高等教育管理体制导致高校千校一面，缺乏活力。改革开放后，随着经济体制改革的推进，1985 年颁布的《中共中央关于教育体制改革的决定》拉开了高等教育管理体制改革的序幕。

回顾改革开放 40 年高等教育体制改革的内容，从高等教育管理者层面看，主要涉及两个方面：第一个方面是以实行中央和地方"统分结合"的管理模式，扩大地方政府主要是省级政府统筹权和决策权，理顺中央政府与地方政府之间关系为主要内容的改革；第二个方面是改变高校部门隶属关系，实行条块有机结合，形成高等学校合理布局，教育资源优化配置。[②] 通过改革，到目前为止已经形成了中央和地方政府两级管理、以地方政府为主的新的高等教育管理体制，实现了从"条块分割"到"以块为主"的管理架构的转型。

（2）高等教育投资体制变革

高等教育管理权力的调整带来了政府间投资责任的调整、投资方式的改变，确立了中央、地方两级财政拨款体制，以"'基数＋发展'的拨款方式转变为'综合定额＋专项补助'的拨款方式"。从中华人民共和国成立到改革开放以前，政府拨款一直是我国高等教育经费的唯一来源，国家对高等教育的拨款采用"基数＋发展"的方式，即财政部门和高校主管部门根据学校的规模及各种日常经费开支的需要，核定一个拨款基数，此后各财政年度的经费开支预算即在上年度经费基数上，再根据财力状况增加本年度的发展经费。[③] 与此同时，在高校经费管理上，教育经费由政府主管部门核定后，

---

① 别敦荣、杨德广：《中国高等教育改革与发展 30 年(1978—2008)》，上海教育出版社 2009 年版，第 34 页。

② 阎峻：《高等教育体制改革中政府与高校关系的法治化——基于西北政法大学申博事件的思考》，《高校教育管理》2010 年第 4 期，第 29—32 页。

③ 闵维方、陈晓宇：《中国高等教育经费需求与投资体制改革》，《教育研究》1994 年第 12 期，第 30—38 页。

统一划拨给学校使用,学校在年终决算后将全部结余款项交回政府财政。这种中央统一计划、统一调配的高等教育财政体制,有利于在经济发展落后、教育经费短缺的情况下集中有限资金保证教育的发展。在当时特定的历史条件下,统包统配的高等教育投资体制总体上还是促进了我国高等教育的发展。[①]

改革开放后,为了加快高等教育事业的发展,必须改革传统的高等教育财政体制。1980 年,国务院颁布了《关于实行"划分统支,分级包干"的财政体制的暂行规定》,标志着我国开始对传统的财政体制进行改革。"划分收支,分级包干"的财政体制的主要特征是"分灶吃饭",即中央与地方分级管理财政收入与支出,中央与各省以及各省之间"分灶吃饭"。与此相适应,高等教育经费根据高校的隶属关系,分别由中央和地方财政各自分担:中央政府各部委领导下的部属院校的事业经费由财政部拨款,地方政府举办和管理的高校由省级或地、市级财政拨付,中央不再统一高等教育财政。这种分级拨款体制将地方高等教育财政大权交给了地方政府,使地方政府可以根据本地区经济社会发展对人才的需求,适当调整本地区的高等教育结构,从而调动了地方政府对高等教育投入的积极性,有利于高等教育的发展。

(3)高等教育布局结构调整

在高等教育管理权力调整的同时,高等教育的布局结构也发生了改变。其改变主要表现在两个方面:一方面高等教育地方化趋势明显,高等教育布局向下延伸,为许多地、市高等教育的发展带来了机遇。高等教育管理体制的改变,激发了地方管理部门的积极性,加之高等教育大众化的推进,中央部委所属高校在全国高校中的比例大幅度下降,地方高等教育已经形成比较完善的体系,地市州区域高等教育发展迅速且已经成为国家高等教育的重要组成部分,一批新的地方高等教育亚中心发展起来。[②] 高等教育布局结构的地方化不仅是国家高等教育的整体结构布局的改变,同时也带来了高等教育功能的变革,意味着高等教育的社会服务职能增强。另一方面,在高等教育管理体制改革中,通过"共建、调整、合作、合并"八字方针的落实,改

---

① 别敦荣、郝进仕:《论我国高等教育地方化和地方高等教育发展战略》,《高等工程教育研究》2008 年第 1 期,第 54—60 页。

② 别敦荣、郝进仕:《论我国高等教育地方化和地方高等教育发展战略》,《高等工程教育研究》2008 年第 1 期,第 54—60 页。

变了中央部委的院校办学面向全国、面向行业,地方需要人才不能得到满足的局面,有效地促进了中央直属院校服务地方经济建设和社会发展的积极性和主动性。此外,八字方针的落实,也改变了高等教育的科类结构,突破了以往专业偏窄、科类单一的弊端。

(4)高校招生考试制度改革

招生考试是高等教育系统的入口,是发现、选拔、培养与使用人才的一项基础工程。作为高等教育过程的重要一环,它不仅直接关系到高校人才培养的质量与高等教育的持续健康发展,而且对促进社会公平与和谐,增强国家综合国力和国际竞争力,加快现代化建设进程与全面建设小康社会具有重大意义。自1977年8月邓小平同志主持召开科学与教育工作座谈会决定恢复高考以来,高等教育招生考试制度已经走过了40年的历程。40年来,沿着"中央—地方"权力下放的视角,在高考命题、录取等方面不断地进行着调整。通过调整,在招生计划和录取上,从中央院校与地方院校"双轨制"转变为录取不再区分全国性院校与省属院校;下放了命题权,实行"统一考试,分省命题",并颁布《普通高等学校招生全国统一考试大纲》作为普通高考命题、审题和评价分析的依据。总之,随着中央到地方权力的下放,地方在考试管理和招录方面都有了更多的自主权。

(二)从统一管理到自主办学:落实和扩大高校办学自主权

改革开放之前中国的高校从招生、课程设置到人员配置等各方面都主要由中央政府和地方政府来统一安排与管理。自改革开放始,政府对高校下放权力并逐渐地退出对高校的微观管理,高校办学法人地位得以确立,高校自身通过现代大学制度建设以提高自治能力,并在自主招生、参与社会服务等方面进行了积极的探索。同时,为加强对高校的宏观调控,党和国家加强了法制建设,在依法治教的道路上又迈出了新的一步。

(1)高校法人地位的确立与办学自主权的落实

作为被管理方的高校是政府高等权力下放的重要的接收方。改革开放前,政府对高校采用政府集权式的管理方式,大学缺乏自主发展的权力,办学积极性、主动性不高,动力不够、活力不足。随着社会经济体制的不断完善和高等教育的迅速发展,政府逐渐对高校放权,高校办学自主权的概念由此产生。① 1998 年 8 月通过的《中华人民共和国高等教育法》从国家法律层面确立了高校的法人地位:"高等学校自批准设立之日起取得法人资格。高等学校的校长为高等学校的法定代表人。高等学校在民事活动中依法享有民事权利,承担民事责任。"②《高等教育法》对高校的法人地位作出了明确的规定,对高校的办学自主权进行了详细说明,从法律层面保证了高等学校办学自主权的有效落实。

此后,中央和教育部相继颁发政策文件,进一步落实和扩大高校办学自主权。2013 年,《中共中央关于全面深化改革若干重大问题的决定》要求进一步简政放权,最大限度减少政府对微观事务的管理,建立事业单位法人治理结构等,并要求构建政府、学校、社会之间新型关系,落实和扩大学校办学自主权,建设依法办学、自主管理、民主监督、社会参与的现代学校制度。

(2) 以大学章程建设为核心建立与完善现代大学制度

回顾改革开放 40 年,高校在逐步获得办学自主权的同时,也注重自身治理能力的培育和提升。在加强高等教育宏观管理改革的同时,高校内部管理体制也处在变革与改善之中:确立了党委领导下的校长负责制;调整了高校院系结构,实现了管理重心下移;建立学术委员会,实行教授治学;健全了教职工代表大会制度,建立有效的民主监督机制。

《国家中长期教育改革和发展规划纲要(2010—2020 年)》提出建设中国特色现代大学制度,开启了高等学校制度建设新征程。《纲要》提出要进一步完善高校内部治理结构,构建科学合理高效的内部管理机制,理清校内各部门权力边界,使各主体在权力运用中做到各司其职又相互支撑与合作,形成"党委领导、校长治校、教授治学、民主管理"的和谐治理模式。③ 现代大学制度的建立过程对于我国高等学校管理体系有效性的提升和带动必将有很大的推动作用。在现代大学制度建设中要充分发挥章程建设

---

① 刘丹丹:《我国高等学校办学自主权问题研究》,河南师范大学 2015 年,第 16—17 页。

② 《中华人民共和国高等教育法》,http://www.moe.gov.cn/s78/A02/zfs__left/s5911/moe_619/201512/t20151228_226196.html(阅读时间:2017 年 11 月 22 日)。

③ 《国家中长期教育改革和发展规划纲要(2010—2020 年)》,http://www.moe.edu.cn/srcsite/A01/s7048/201007/t20100729_171904.html(阅读时间:2017 年 8 月 27 日)。

的基础和核心作用,高校现代大学制度建设的对策,即以章程为统领,完善高校内部治理结构,包括进一步完善党委领导下的校长负责制,加强理事会的决策、执行、监督功能;建立政治权力、行政权力、学术权力、民主权力多元利益主体的平等制衡机制,推进管理中心下移,建立责权分明的以院为主的管理体制,校院两级管理体制。同时,以章程为切入点,建立高校与政府、社会、市场相得益彰的新型关系,形成政府简政放权、中央政府宏观调控、社会企业广泛参与、高校依法自主办学的格局。①

(3) 高校自主办学权力保障:法制建设与依法治教

高校自主办学权力的落实,需要法律保障。改革开放40年,随着经济与社会发展,我国的社会文明程度,特别是法制状况发生了巨大的变化,依法治国和人权保障不断进步。高等教育法制建设也经历了探索、初创、发展与完善的阶段,逐步形成了包括《高等教育法》、《教师法》、《学位条例》等较为完善的高等教育法律体系,为落实高校办学自主权,理顺大学、政府、市场、社会关系,促进高等学校及高等教育改革与发展奠定了基础。

在立法的同时,在高等教育的执法和监督方面也取得了一定成效。面向未来,不仅要加强法律的制定,更要加强法律的执行和监督:通过加强行政机关法制工作机构建设,执法队伍建设等措施以保障法律的有利执行;健全教育法律监督制度,建立对教育工作进行监督的各项制度和有效的监督机制;增强民众的法制意识和用法能力,包括对高等教育法律的本质和作用的理解和评价,也包括对教育执法和司法的信任程度和守法、用法的自觉性等。②

(三) 多主体参与的高等教育办学格局

与中国社会管理改革的过程一致,高等教育管理权除了下放给地方政府外,还下放到了市场和社会,作为权力的接受方,市场、社会需要在高等教育发展中充分发挥其各自作用。由此,从一元治理到多主体参与共同治理的局面逐步形成,政府、市场和社会共同参与到高等教育办学、投资、就业、评估等各方面。在此过程中,尤其是随着办学体制和投资渠道的多元化,高等教育规模得以快速增长。

---

① 《关于进一步落实和扩大高校办学自主权完善高校内部治理结构的意见》,http://old. moe. gov. cn//publicfiles/business/htmlfiles/moe/s6529/201412/182222. html(阅读时间:2017年9月20日)。
② 曾天山等:《科教兴国与依法治教——科教兴国与教育创新研究》,大象出版社2005年版,第334页。

（1）多主体参与的高等教育办学体制确立

高等教育的办学体制主要是指高等学校与举办主体之间的关系，包括不同办学主体关系所构成的一个国家或地区的高等教育办学模式。高等教育办学体制的核心是谁来掌握举办权。具体来说是由谁来举办，如政府举办、社会力量举办等。自 1978 年以来，随着国家改革开放政策的实施，经济、政治体制变革的不断推进和对高等教育内在规律认识的不断深入，高等教育办学体制与办学类型都发生了巨大的变化。高等教育办学体制经历了由政府单一办学向政府、社会团体、个人多元化办学的转变，高校办学类型、分类标准也从传统的相对单一趋向于日益多样化。

在此过程中民办教育的发展最为"抢眼"，民办高校无论在数量、质量上都有了显著提高。据 2016 年《教育蓝皮书》统计显示，自 2002 年底《民办教育促进法》颁布以来的 12 年间，民办教育在校人数增加了 2.75 倍（1 148 万—4 302 万），民办学校数增加了 1.53 倍（6.13 万—15.52 万）。尤其在学前教育领域，民办已超过公办，成为名副其实的学前教育公共服务的主要提供者。[①] 此外，民办教育在办学层次和质量上也有了明显提高。发展民办教育是市场经济在教育领域中的客观反映和内在要求，面向未来，放松管制成为体现本届政府执政理念的重要特征，民办教育也因此分享改革红利。

（2）多主体参与与高等教育投资渠道变革

改革前，政府单一的高等教育投入使得高等教育发展资金不足且不稳定，制约着高等教育的规模扩张和质量的提升。改革开放后，国家改革政府投入体制并吸收市场和社会力量投入，充分调动各方资金投入办学。在社会渠道资金的投入中，出现了校校联合、校企联合、银校联合等多主体联合投资办学形式，社会（民间）资本通过借贷、股份制、托管制、合作制等资本组合模式进入高等教育，不仅参与了高校基础设施建设与后勤的经营管理，而且渗透到了学校的教育、教学与科研等领域，甚至还有社会资本投资创办新校区。另外，中外合作办学发展迅速，办学规模逐渐扩大，办学模式也趋于多样化。此外，为共同分担高等教育成本，高等教育收费制度逐步建立健全，经历了全部免费到部分收费到全面收费三个时期。与此相配套，为保障贫困家庭学生顺利就

[①] 《2016 年教育蓝皮书：中国民办教育重大变革即将到来》，http://news.ifeng.com/a/20160427/48601394_0.shtml（阅读时间：2017 年 8 月 23 日）。

学,逐步建立起了一套包括"奖贷助补减"为内容的学生资助体系。目前,我国已形成以国家举办为主、社会力量举办为辅、高校与各种社会组织间多种形式的合作办学为补充的多元化的高等教育投资体制。在投资渠道上,形成了"一主多元"的"财、费、税、产、社、基、科、贷、息"等多种高等教育经费来源渠道。①

（3）多主体参与与高等教育规模"扩招"

多主体参与高等教育治理局面的形成、高等教育投资渠道的多元化、收费制度的全面展开为高等教育"扩招"奠定了基础。1998年通过的《高等教育法》第五十四条规定"高等教育的学生应当按照国家规定缴纳学费",从而在法律上确立了高等教育收费制度。全面收费一推开,1999年国家就实行了高等教育扩招。1999年扩招政策的实施,极大地推动了我国高等教育大众化的进程,高等教育事业以年均超过25％的速度快速增长,不仅用4年时间就走完了发达国家经历了十余年甚至数十年的大众化路程,达到了毛入学率15％的大众化理论目标,而且在绝对规模上也超过了美国,成为世界高等教育第一大国。② 当然,在扩招带来高等教育规模扩大的同时,高等教育发展因师资及基础设施等资源匮乏带来的教育质量下滑问题也备受争议。今后发展中在注重高等教育走向普及化的同时,要将规模扩大与质量提升结合起来,实现高等教育内涵式发展。

（4）多主体参与的高等教育就业制度改革

就业是指劳动者与生产资料相结合从事社会劳动,并借以获得劳动报酬和收入的活动。所谓就业制度,是指直接或间接约束劳动者就业的规则和程序的总称。而高校就业制度是指国家为规范高校大学生就业行为,确保就业工作的有序进行而制定的一系列直接或间接约束高校大学生就业的规则和程序的总称。③ 改革开放以来,高校毕业生就业制度经历了从统招统分、双轨制过渡到自主择业三个阶段。在改革过程中,高校毕业生就业的供求关系发生了质的变化,主动权从供方转向了需方,用人单位由过去的坐等国家分配人才转为主动选择人才;同时,高等学校所培养出来的毕业生在

---

① 帅相志:《现代教育管理改革与发展》,山东人民出版社2006年版,第229页。
② 别敦荣、杨德广:《中国高等教育改革与发展30年(1978—2008)》,上海教育出版社2009年版,第4页。
③ 应望江:《中国高等教育改革与发展30年(1978～2008)》,上海财经大学出版社2008年版,第195页。

社会也逐渐出现供求不平衡的现象。这些形势促使高校毕业生就业制度必须进行改革,促使高校根据人才市场的需求情况来培养具备市场经济需要的理论基础扎实、操作技能强、思想品德好、素质完备的合格毕业生。同时,高校毕业生就业制度的改革对高校其他方面的改革亦有重要的影响。[①]

（5）多主体参与的高等教育评估发展与改革

高等教育评估是对高等教育质量进行监督和保障的有效手段,随着高等教育治理主体由一元走向多元,高等教育评估主体也呈现多元化,除政府评估、学校自评外,用人单位、家长及社会成为高等教育评估的重要参与方。政府主导的评估,既指由教育部和各个地方教育管理机构直接组织实施的高等教育评估项目,也包括各级教育行政部门委托民间机构和团体实施的评估活动。评估的主要内容多数是专项评估,如本科教学工作水平评估、精品课程评估、研究生教育评估,"985 项目"评估、"211 工程"评估等,以及各种评优工作,如高等学校教学名师奖和博士论文优秀评估等。教育部主导的评估的主要作用是工作检查、专项拨款和重点工作的推进。[②]

与此同时,社会力量也开始参与高等教育评估活动之中,尤其是在《国家教委关于加快改革和积极发展普通高等教育的意见》要求"社会各界要积极支持直接参与高等学校的建设、人才培养、办学水平和教育质量评估"[③]后其参与热情更是迅速高涨。民间从事高等教育评估的机构迅速增加,民间的大学排名评估开始活跃。据粗略统计,自 1987 年中国管理科学研究院科学研究所发表中国第一个民间大学排名起,中国共有 30 余个大学排行榜。[④] 多主体参与高等教育评估改变了政府既当"裁判员"又当"运动员"的弊端,保障了高等教育质量。此外,政府、社会和高校共同参与高等教育评估,有利于强化高等教育质量意识,实现政府、社会和高校在高等教育评估中的相互认同。

[①] 应望江:《中国高等教育改革与发展 30 年(1978～2008)》,上海财经大学出版社 2008 年版,第 195 页。

[②] 孙群英:《地方高校实践教学管理的研究与实践》,哈尔滨地图出版社 2006 年版,第 88 页。

[③]《国家教委关于加快改革和积极发展普通高等教育的意见》,http://www.pkulaw.cn/fulltext_form.aspx?Gid=f02273b152548f09bdfb(阅读时间:2017 年 8 月 23 日)。

[④]《大学排行榜,如何建立公信力?》,http://www.sohu.com/a/139335301_675656(阅读时间:2017 年 8 月 23 日)。

第二章

从『统一领导、两级管理』到『扩大省级政府统筹权』

习近平总书记在 2016 年 12 月 7 日至 8 日召开的全国高校思想政治工作会议上强调:"我国有独特的历史、独特的文化、独特的国情,决定了我国必须走自己的高等教育发展道路,扎实办好中国特色社会主义高校。我国高等教育发展方向要同我国发展的现实目标和未来方向紧密联系在一起,为人民服务,为中国共产党治国理政服务,为巩固和发展中国特色社会主义制度服务,为改革开放和社会主义现代化建设服务。"[①]

改革开放前,与计划经济体制相匹配,中央对高等教育发展具有绝对的控制权,中央对全国高校进行统一领导,掌管着高等教育的人力、物力、财力、声望各方面资源,包揽着高等教育从招生考试到人才培养、毕业就业的方方面面。中央部委所属高校主要为行业、部门培养人才,虽然很多高校建在地方,但不直接为地方经济社会发展服务。改革开放后,经济发展不再按行业、部门组织,转而由地方进行规划和组织,原有高等教育管理体制因部门分割、专业过窄、规模过小、服务单一等问题难以满足地方发展对人才、科技等方面的需要。随着中央、地方财政分权的推进,中央通过管理体制改革和高校隶属关系调整,将大部分高校划拨至地方管理,开始向地方政府放权,并由此确立了高等教育"中央—地方"两级管理体制,相应地明确了"中央—地方"两级财政拨款体制,扩大了地方政府对高等教育具体事务的管理权。同时,自 1990 年代起,由于在经济、社会以及公共服务等领域引入市场机制,政府管理高等教育的方式也发生了变化:首先是将高等教育体制改革上升到法律高度。1998 年颁布实施的《高等教育法》以法律的形式确定了两级政府的管理权限,明确了各自的义务和责任。[②] 其次,《高等教育法》也进一步明确政府要通过间接管理的手段实施对高等教育的管理,包括通过必要

---

① 《把思想政治工作贯穿教育教学全过程,开创我国高等教育事业发展新局面》,http://www.moe.edu.cn/jyb_xwfb/s6052/moe_838/201612/t20161208_291306.html,2016 - 12 - 8(阅读时间:2017 年 12 月 15 日)。

② 《中华人民共和国高等教育法》,http://www.moe.gov.cn/s78/A02/zfs__left/s5911/moe_619/201512/t20151228_226196.html(阅读时间:2017 年 11 月 22 日)。

的规划来保证高等教育发展的规模、速度、结构和人才规格等符合本国政治、经济、科技、文化发展的需要;通过拨款来引导高等教育的发展方向,保证高等教育的发展重点和控制高等教育发展的结构、规模、速度等;通过中介机构实施对高等教育的宏观管理;对高校执行教育法规和政策的结果和办学条件、效益、质量等方面进行检查、评估和督导等。

一、 从"统一领导、分级管理"到"深入推进管办评分离,扩大省级政府教育统筹权"

自高等教育研究兴起发展至今,主要用于描述、分析与解释中央与地方、政府与高校之间的关系的核心概念是高等教育体制,其核心内容之一是中央与地方、政府与高校的权责利关系的划分,其次就是实现这种权责利关系的手段。《中国教育改革和发展纲要》将高等教育体制改革描述为办学体制、管理体制、财政拨款机制、招生和毕业生就业制度以及学校内部管理体制等五个方面。[①] 一般而言,高等教育体制由以高校为主体的机构体系和高等教育制度体系组成,其中高等教育的机构体系包括高等教育的实施机构和管理机构,包括各级各类高等学校和高等教育的政府行政机构;高等教育制度则是建立并维持高等教育机构正常运转的制度,包括高等教育方针、政策、法律和具体的规章等。[②] 从中央与地方两级政府高等教育权限划分的角度出发,此处的高等教育体制主要表现在中央教育行政部门与中央各部委、中央与地方两级政府的权限划分和在体制变革后发生的高校隶属关系即谁举办、谁投资的结构性变革上。

实际上,在经历了新中国成立后以中央为主集中力量举办高等教育的格局的1950 年代,特别是在 1958 年教育革命高等教育大扩张后带来了一系列问题后,中央政府已经开始调整高等教育管理的体制。1963 年 6 月 26 日,中共中央、国务院下发《关于加强高等学校统一领导、分级管理的决定(试行草案)》,就已经提出对高校实行

---

① 《中国教育改革和发展纲要》,http://www. moe. edu. cn/jyb_sjzl/moe_177/tnull_2484. html(阅读时间:2017 年 8 月 21 日)。

② 郑贵德、杜希民:《部门所属院校向何处去》,《高等工程教育研究》1995 年第 2 期,第 21—22 页。

"中央统一领导,中央和省、市、自治区两级管理的制度"。不过,省、市、自治区人民委员会的职责主要限定在执行的层面,即"在省、市、自治区党委统一领导下,根据中央规定的方针政策、各项计划和规章制度",开展对本地区内的高等学校管理工作,包括督促检查高等学校贯彻执行中央的方针政策、各项计划和规章制度;对本地区高等学校的设置、撤销和调整,学校的发展规模,专业设置和修业年限提出建议,对直接管理的高等学校的事业计划提出建议;协助中央教育部和中央各业务部门,检查高等学校教学工作的情况,交流教学经验,提高教学质量;加强高等学校的思想政治工作,负责安排学校师生的社会活动和生产劳动,解决学校生活和其他由地方负责的物资供应问题;对学校的总务工作进行督促和检查;会同有关部门管理高等学校毕业生的劳动实习工作;负责领导直接管理的高等学校的各项工作,提出任免直接管理的高等学校正、副校院长的建议,经中央教育部转报国务院批准等。① 因此,高等教育管理的权限实际上仍主要为以教育部和各业务部门为主的中央政府所掌握。由于高等教育放权涉及高等教育是否具有经济属性、国家经济体制与经济结构、国家财政体制变革,以及高等教育的规模和人口规模以及经济发展水平等因素对高等教育的要求的数量与规模等方面的要求②,如果说 1958 到 1960 年的"大跃进"时期和"文化大革命"时期两次中央政府向地方政府下放高等教育管理权限,激发地方政府积极性、转移中央财政负担是中央政府权力下放的主要动机③,那么 20 世纪 80 年代中期开始的中央政府第三次向地方政府的权力下放,主要目的是给予地方政府必要的教育统筹权和决策权。

与此同时,自 20 世纪 80 年代中期起,西方各国公共部门的管理方式也发生了变化,以官僚制为基础的传统行政管理模式正在发生转变,新公共管理理论与实践开始改变西方政府的形态。新公共管理理论的主旨是要把等级制的官僚制组织形式转变为弹性的、以市场为基础的公共管理形式。在新公共管理运动中存在着两种密切联系的趋势:一是公共部门引入市场竞争机制,采取合同外包等形式提升公共服务的品

---

① 《关于加强高等学校统一领导、分级管理的决定(试行草案)》,http://www.china.com.cn/guoqing/2012-09/13/content_26747321.htm(阅读时间:2017 年 12 月 12 日)。
② 曹淑江:《高等教育体制分权化改革的理论分析》,《浙江社会科学》2006 年第 1 期,第 126—130 页。
③ 何宇、潘光堂:《高等教育地方分权与地方政府激励关系研究》,《国家教育行政学院学报》2014 年第 4 期,第 33—37 页。

质;二是逐步以市场提供服务的形式替代传统的官僚制。作为公共管理的主要领域，通过持续的权力下放以重建公共教育体制一直是近年来欧美各国教育改革的核心。[①]

梳理改革开放40年高等教育管理体制改革，可以发现，改革主要是在中央标志性的政策文件或法律的推动下逐步展开的，由此，改革开放后中央向地方政府放权的过程大致经历了五个阶段：一是恢复"统一领导、分级管理"的体制(1977—1984年)，二是实行中央、省(自治区、直辖市)、中心城市三级办学体制(1985—1992年)，三是中央与省(自治区、直辖市)分级管理、分级负责的管理体制(1993—1997年)，四是中央和省级人民政府两级管理、以省级人民政府管理为主的新体制(1998—2009年)，五是深入推进管办评分离，扩大省级政府教育统筹权(2010年至今)。

(一) 恢复"统一领导、分级管理"的体制(1978—1985年)

1977年，"国家包办、统一计划、高度集权、条块分割、统招统配"仍然是我国高等教育体制的主要特征，这种体制给予中央政府强大的权力，而地方政府的自主权力则非常薄弱。邓小平在1977年的《关于科学和教育工作的几点意见》讲话中，特别对教育和科学的体制和机构问题进行了重点论述，根据当时的高等教育情况，他提到"需要建立一个专门的机构，对高等教育进行统一规划、统一调度、统一指导、统一协作"。[②]1978年，国务院转发了《教育部关于恢复和办好全国重点高等学校的报告》，提出要"面向全国和面向地区的全国重点高等学校，少数院校可由国务院有关部委直接领导；多数院校由有关部委和省、自治区、直辖市双重领导，以部委为主。面向本省、自治区、直辖市的全国重点高等学校，原则上由本省、自治区、直辖市领导，有关部委要给予支持。各省、自治区、直辖市和有关部委普遍要求对面向全国和面向地区的非重点高等学校加强部委的领导"。[③]这标志着我国开始在全国重点高校中开始恢复"统一领导，分级管理"的管理体制。

---

① 许杰：《教育分权：公共教育体制范式的转变》，《教育研究》2004年第2期，第2页。
② 《关于科学和教育工作的几点意见》，http://old.moe.gov.cn//publicfiles/business/htmlfiles/moe/moe_90/200408/1531.html(阅读时间：2017年8月15日)。
③ 《关于恢复和办好全国重点高等学校的报告》，http://www.chinaacc.com/new/63/73/128/2006/2/su5027284761622600029744-0.htm(阅读时间：2017年8月15日)。

为了尽快恢复高等学校管理秩序,教育部党组于 1979 年 8 月向中共中央上报了《关于建议重新颁发〈关于加强高等学校统一领导、分级管理的决定〉的报告》,指出:"'文化大革命'期间,全国高等学校都下放给省、市、自治区领导和管理,原有的规章制度遭受到林彪、'四人帮'的彻底破坏,许多事情无章法可循造成混乱。""甚至引起群众不满发生一些上访、请愿、罢课等事件。"为了改进我国高等教育事业的管理,对全国高等学校加强统一领导和分级管理是一个亟待解决的问题。《报告》建议中央重新颁发《中共中央、国务院〈关于加强高等学校统一领导、分级管理的决定(试行草案)〉》(1963年 5 月 21 日),强调"这一决定试行效果是好的。今天看来,它的基本精神和各项主要规定仍然是适用的,只是个别条文需要略加修改","如能早日发下这个文件,这对改进高等学校的管理和稳定教学秩序,将很有帮助"。① 同年 9 月 18 日,中共中央批转了教育部的报告:"中央同意教育部党组关于重申高等学校实行中央统一领导,中央和省、市、自治区两级管理的建议","现将略加修改的这一决定的试行草案发下,望认真研究执行"。《决定(试行草案)》规定:"为了加强对高等学校的领导和管理,中共中央和国务院决定对高等学校实行中央统一领导,中央和省、市、自治区两级管理的制度。在高等教育工作中,各地区、各部门、各学校都要贯彻执行中央统一的方针政策;都要遵守中央统一规定的教学制度和其他重要的规章制度;都要按着全国统一的高等教育事业和计划办事。在中共中央和国务院的统一领导下,中华人民共和国教育部,国务院其他各部、委和省、市、自治区人民委员会,对高等学校的管理工作进行适当的分工合作,共同办好高等学校。"《决定(试行草案)》还规定"中央教育部是在中共中央和国务院的直接领导下,管理全国高等学校的行政机关",同时还规定了教育部的八项主要职责。② 这一文件经由中共中央批转后,大大促进了全国高等学校秩序的稳定,推动了高等学校工作重点转移的有序、健康进行。

1983 年 4 月,国务院批转了教育部、国家计委《关于加速发展高等教育的报告》,要求采取多层次、多规格和多种形式加快高等教育的发展,提倡大、中城市和大企业举

---

① 《关于建议重新颁发〈关于加强高等学校统一领导、分级管理的决定〉的报告》,http://library.ujn.edu.cn/detail.asp? id=2947(阅读时间:2017 年 8 月 15 日)。

② 《关于加强高等学校统一领导、分级管理的决定(试行草案)》,http://www.china.com.cn/guoqing/2012-09/13/content_26747321.htm(阅读时间:2017 年 12 月 12 日)。

办专科学校和短期职业大学,为本地区、本单位培养人才,并明确今后成立高等专科学校和短期职业大学以及其他各类短学制的院校,分别由主管的省、自治区、直辖市人民政府和中央各部委按规定的办学标准和审批程序审批,报教育部、国家计委备案。①经过几年高等教育权力的调整,高等教育的管理权限发生了比较大的改变。截至1981年底,全国共有高等学校704所,属于教育部直属的仅有38所,226所则由国务院各个部委领导,而属于各省、市、自治区领导的高等学校达到440所。②

(二) 实行中央、省(自治区、直辖市)、中心城市三级办学体制(1985—1993年)

1985年5月27日,《中共中央关于改革教育体制的决定》颁布实施。《决定》指出了高等教育体制存在的问题,即"在教育事业管理权限的划分上,政府有关部门对学校主要是对高等学校统得过死,使学校缺乏应有的活力;而政府应该加以管理的事情,又没有很好地管起来,明确提出要从根本上改变这种状况,必须从教育体制入手,有系统地进行改革"。《决定》提出要"改革管理体制,在加强宏观管理的同时,坚决实行简政放权,扩大学校的办学自主权,为了调动各级政府办学的积极性,实行中央、省(自治区、直辖市)、中心城市三级办学体制。中央部门和地方办的高等学校,要优先满足主办部门和地方培养人才的需要,同时要发挥潜力,接受委托,为其他部门和单位培养学生,积极倡导部门、地方之间的联合办学"。

为强化国家对教育体制的整体领导,1985年6月18日,全国人大六届常委会第十一次会议决定设立国家教育委员会,国家教委成立后即撤销教育部。1986年3月8日,国务院下发《高等教育管理职责暂行规定》。《规定》对国家教育委员会、国务院有关部门和省、自治区、直辖市人民政府对高等教育的管理职责和高等学校的职责做出了规定,从而明确划分了中央和地方、政府和高校的权责关系,高校管理的权限得到了进一步的扩大。③ 其中,关于省、自治区、直辖市人民政府的高等教育管理权限有所扩

---

① 《关于加速发展高等教育的报告》,http://www.chinalawedu.com/falvfagui/fg22598/643.shtml(阅读时间:2017年8月17日)。

② 马陆亭:《我国高等教育管理体制改革30年——历程、经验与思考》,《中国高教研究》2008年第11期,第12—17页。

③ 毛克平:《我国地方政府与地方高校关系问题探析》,《教育与职业》2007年第26期,第28—30页。

大,主要包括:"负责指导、检查本地区内各高等学校对党和国家有关高等教育的方针政策、法律和法规的贯彻执行;组织进行本地区专门人才的需求预测,编制直接管理的高等学校的发展规划、年度招生计划,组织领导招生和毕业生分配工作;对直接管理的高等学校的设置、撤销和调整及专业设置进行审查,向国家教育委员会提出申请或建议,并接受国家教育委员会的委托,按照国家有关规定,审批直接管理的高等专科学校所属专业的增设和撤销;负责直接管理的高等学校的基建投资、统配物资设备、事业经费预算的分配和决算的审核;指导直接管理的高等学校的思想政治工作、教学工作、科学研究工作和总务工作;任免学校主要负责人;鼓励本地区各高等学校面向社会办学和跨地区、跨部门联合办学,促进高等学校与科学研究、生产等部门的联合与协作等。"①此后,地方政府不断获得中央政府下放的高等教育权力,比如 1986 年印发的《高校教师职务实行条例》规定:教授的审定权力由国家下放到省级行政。②当然,地方政府的权力更多局限于某些比较具体的教育管理事宜,而非高等教育的统筹权和决定权。③

(三) 试行中央与省(自治区、直辖市)分级管理、分级负责的管理体制(1993—1999 年)

1992 年 10 月,江泽民同志代表第十三届中央委员会向党的第十四次代表大会作了题为《加快改革开放和现代化建设步伐,夺取有中国特色社会主义事业的更大胜利》的报告。报告明确指出:"我国经济体制改革的目标是建立社会主义市场经济体制,为此要下决心进行行政管理体制和机构改革,切实做到转变职能、理顺关系、精兵简政、提高效率。"在中央教育行政部门与中央各部委的高等教育管理权限上,报告要求"在国家教委和国务院各主管部门的关系上,国家教委负责统筹规划、政策指导、组织协调、信息服务、监督检查,各部门所属学校的专业设置、招生计划、经费筹措、学生就业等管理的责任和权限逐步归国务院各主管部门"。在中央与地方政府的高等教育管理

---

① 《高等教育管理职责暂行规定》,http://www. people. com. cn/GB/jiaoyu/8216/36635/36644/2720318. html(阅读时间: 2017 年 8 月 21 日)。

② 《高校教师职务实行条例》,http://old. moe. gov. cn//publicfiles/business/htmlfiles/moe/s7077/201412/180698. html(阅读时间: 2017 年 8 月 17 日)。

③ 吴高峰:《高校与地方政府合作办学研究——以浙江海洋学院与舟山市普陀区人民政府合作办学为例》,华东师范大学 2012 年,第 23 页。

权限上,报告明确"国务院有关部门要加强对本行业专门人才的需求预测,协助国家教委指导本行业培养全国专门人才的规划工作。随着国务院各部门职能的转变和直属企业的下放,对部门所属高等学校的办学体制和管理体制,要区别不同情况,采取继续由中央部门办、中央部门与地方政府联合办、下放给地方办、企业集团参与管理等办法,进行改革试点。下放给地方办的,要将学校的事业费和基建投资基数划拨给地方政府"①。

1993 年,中共中央、国务院颁布了《中国教育改革和发展纲要》,指出要继续深化教育体制改革,改革在计划经济体制下形成的"包得过多、统得过死"的弊端,初步建立起与社会主义市场经济体制和政治体制改革、科技体制改革相适应的新的教育体制。对高等教育体制改革,《纲要》明确提出要推进高等教育体制改革,"主要是解决政府与高等学校、中央与地方、国家教委与中央各业务部门之间的关系,逐步建立政府宏观管理、学校面向社会自主办学的体制"。在中央与地方的关系上,《纲要》提出要"进一步确立中央与省(自治区、直辖市)分级管理、分级负责的教育管理体制。中央直接管理一部分关系国家经济、社会发展全局并在高等教育中起示范作用的骨干学校和少数行业性强、地方不便管理的学校。在中央大政方针和宏观规划指导下,对地方举办的高等教育的领导和管理,责任和权力都交给省(自治区、直辖市)"。为此,《纲要》进一步提出"中央要进一步简政放权,扩大省(自治区、直辖市)的教育决策权和包括对中央部门所属学校的统筹权。省(自治区、直辖市)在充分论证、严格审议程序,自行解决办学经费,以及统筹中央和地方所属高校毕业生就业去向的条件下,有权决定地方高等学校招生规模和专业设置。设置高等学校,由全国高等学校设置评议委员会评议,国家教委审批"。②《纲要》同时还强调,"政府要转变职能,由对学校的直接行政管理,转变为运用立法、拨款、规划、信息服务、政策指导和必要的行政手段,进行宏观管理。要重视和加强决策研究工作,建立有教育和社会各界专家参加的咨询、审议、评估等机构,

---

① 《加快改革开放和现代化建设步伐,夺取有中国特色社会主义事业的更大胜利——在中国共产党第十四次全国代表大会上的报告》,http://cpc. people. com. cn/GB/64162/134902/8092276. html(阅读时间:2017 年 8 月 21 日)。

② 《中国教育改革和发展纲要》,http://www. moe. edu. cn/jyb_sjzl/moe_177/tnull_2484. html(阅读时间:2017 年 8 月 21 日)。

对高等教育方针政策、发展战略和规划等提出咨询建议,形成民主的、科学的决策程序"①。随后,《国务院关于〈中国教育改革和发展纲要〉的实施意见》就《纲要》的落实作了总体的安排,并且进一步提出"部门所属学校的管理体制要分别不同情况,采取中央部门办、中央和地方政府联合办、地方政府办、企业集团参与管理、学校之间联合或合并等不同办法,进行改革","争取到 2000 年或稍长一点时间基本形成以省级政府为主办学与管理的条块结合的新体制的框架"。② 其目标是"逐步改变高等学校条块分割、'小而全'的状况,优化高等教育的结构与布局,提高办学效益"。同时强调,"政府要切实转变职能,改善对学校的宏观管理。政府的主要职能是制订教育的方针、政策和法规;制订各类高等学校设置标准和学位标准;制订教育事业发展规划和审批年度招生计划;提出教育经费预算并统筹安排和管理以及通过建立基金制等方式,发挥拨款机制的宏观调控作用;逐步建立支持教育改革和发展的服务体系;组织对各类学校教育质量的检查和评估等,对学校进行宏观管理。为保证政府职能的转变,使重大决策经过科学的研究和论证,要建立健全社会中介组织,包括教育决策咨询研究机构、高等学校设置和学位评议与咨询机构、教育评估机构、教育考试机构、资格证书机构等,发挥社会各界参与教育决策和管理的作用"。③

　　1993 年 1 月,国务院批转国家教委《关于加快改革和积极发展普通高等教育意见》的通知,提出高等教育管理体制的改革方向要与《纲要》保持一致,而且提出了地方政府对本地区部属高校的协调。《意见》明确要"逐步实行中央与省(自治区、直辖市)两级管理、两级负责为主的管理体制,中央管理部门要简政放权,加强地方政府的管理职能,中央主要负责大政方针、宏观规划和监督检查,对地方所属高等学校的具体政策、制度、计划的制定和实施以及对学校的领导和管理,责任和权力均交给地方,进一步加强省、自治区、直辖市对设在本地区的国务院各部门所属高等学校的协调作

---

① 葛锁网:《改革高等教育管理体制　加强省级政府的决策权、统筹权》,《江苏高教》1993 年第 5 期,第 3—8 页。

② 《国务院关于〈中国教育改革和发展纲要〉的实施意见》,ttp://old. moe. gov. cn//publicfiles/business/htmlfiles/moe/moe_177/200407/2483. html(阅读时间:2017 年 8 月 21 日)。

③ 《国务院关于〈中国教育改革和发展纲要〉的实施意见》,http://old. moe. gov. cn//publicfiles/business/htmlfiles/moe/moe_177/200407/2483. html(阅读时间:2017 年 8 月 21 日)。

用"。① 1994 年 11 月,原国家教委印发了《关于国家教委直属高校积极推进办学与管理体制改革的意见》,明确要求"国家教委直属高校要创造条件争取地方政府把学校纳入地方建设和发展的总体规划,努力成为本地区经济、社会发展的主要依靠力量和高等教育事业发展的骨干力量、国家教委支持直属高校接受地方政府对本地区高校所进行的统筹、规划和调整、吸引地方政府依托学校创办某些地方急需的学校和专业,与地方政府进行局部的共建和合作"。② 这就进一步明确了地方政府开始具备统筹、协调部属高校的一些权限。1995 年颁布的《中华人民共和国教育法》,提出国务院和地方各级人民政府形成分工有序的合作关系,共同领导和管理教育工作。③ 1995 年 7 月 19日,教育部下发《关于深化高等教育体制改革若干意见的通知》,提出高等教育管理体制改革的目标是:争取到 2000 年或稍长一点时间,基本形成举办者、管理者和办学者职责分明,以财政拨款为主多渠道经费投入,中央和省、自治区、直辖市人民政府两级管理、分工负责,以省、自治区、直辖市人民政府统筹为主,条块有机结合的体制框架。④

(四) 建立中央和省级人民政府两级管理、以省级人民政府管理为主的新体制(1999—2010 年)

1998 年 8 月,《中华人民共和国高等教育法》颁布并于 1999 年 1 月 1 日起实施,其中第七条规定:"国家按照社会主义现代化建设和发展社会主义市场经济的需要,根据不同类型、不同层次高等学校的实际,推进高等教育体制改革和高等教育教学改革,优化高等教育结构和资源配置,提高高等教育的质量和效益。"第十三条明确规定:"国务院统一领导和管理全国高等教育事业。省、自治区、直辖市人民政府统筹协调

---

① 《关于加快改革和积极发展普通高等教育意见》,http://old. moe. gov. cn//publicfiles/business/htmlfiles/moe/moe_163/200408/3478. html(阅读时间:2017 年 8 月 21 日)。

② 《关于国家教委直属高校积极推进办学与管理体制改革的意见》,http://www. chinalawedu. com/falvfagui/fg22598/19341. shtml(阅读时间:2017 年 8 月 21 日)。

③ 《中华人民共和国高等教育法》,http://www. moe. edu. cn/s78/A02/zfs__left/s5911/moe_619/201512/t20151228_226193. html(阅读时间:2017 年 11 月 22 日)。

④ 《关于深化高等教育体制改革若干意见的通知》,http://law. lawtime. cn/d628235633329. html(阅读时间:2017 年 8 月 23 日)。

本行政区域内的高等教育事业,管理主要为地方培养人才和国务院授权管理的高等学校。"①

1998 年 12 月 24 日《面向 21 世纪教育振兴行动计划》提出:"继续实行'共建、调整、合作、合并'的方针,今后 3—5 年,基本形成中央和省级政府两级管理、分工负责,在国家宏观政策指导下,以省级政府统筹为主的条块有机结合的新体制。除少数关系国家发展全局以及行业性很强需由国家有关部门直接管理的高等学校外,其他绝大多数高等学校由省级政府管理或者以地方为主与国家共建。中央财政继续拨款鼓励和推进管理体制改革,调整和优化高等学校布局,鼓励和支持社会力量办学。"②

1999 年 6 月 13 日《中共中央国务院关于深化教育改革,全面推进素质教育的决定》提出:"进一步简政放权,加大省级人民政府发展和管理本地区教育的权力以及统筹力度,促进教育与当地经济社会发展紧密结合。并要求继续按照'共建、调整、合作、合并'的方式,基本完成高等教育管理体制和布局结构的调整,形成中央和省级人民政府两级管理、以省级人民政府管理为主的新体制,合理配置教育资源,提高教育质量和办学效益。"同时,经国务院授权,把发展高等职业教育和大部分高等专科教育的权力以及责任交给省级人民政府,省级人民政府依法管理职业技术学院(或职业学院)和高等专科学校,而且高等职业教育(包括高等专科学校)的招生计划改由省级人民政府制定,其招生考试事宜由省级人民政府自行确定。③

2000 年 1 月 14 日国务院办公厅发出《关于国务院授权省、自治区、直辖市人民政府审批设立高等职业学校有关问题的通知》,要求:"一、国务院授权省、自治区、直辖市人民政府审批设立的高等职业学校,是指在本地区范围内实施职业技术教育的专科层次的高等学校。包括:独立设置的高等职业学校,省属本科高等学校以二级学院形式举办的高等职业学校,社会力量举办的高等职业学校。二、省、自治区、直辖市人民政

① 《中华人民共和国高等教育法》,http://www.moe.edu.cn/s78/A02/zfs__left/s5911/moe_619/201512/t20151228_226196.html(阅读时间:2017 年 11 月 22 日)。

② 《面向 21 世纪教育振兴行动计划》,http://old.moe.gov.cn//publicfiles/business/htmlfiles/moe/s6986/200407/2487.html(阅读时间:2017 年 8 月 23 日)。

③ 《中共中央、国务院关于深化教育改革,全面推进素质教育的决定》,http://old.moe.gov.cn/publicfiles/business/htmlfiles/moe/moe_177/200407/2478.html(阅读时间:2017 年 8 月 23 日)。

府自行审批设立高等职业学校,须履行必要的申请报批程序。"①具体程序是:各省、自治区、直辖市人民政府按本《通知》第三条的要求,提出自行审批设立高等职业学校的申请,国务院委托教育部审核批复。随后,作为向省级政府放权的主要形式,教育部开始清理行政审批事项,并于 2003 年 5 月 19 日印发了《教育行政审批项目清理结果》,取消了由教育部负责审批的 25 个行政审批项目,主要涉及高等学校招生、名誉教授聘任、基建、中小学校长培训等。②

2004 年 2 月国务院批转教育部《2003—2007 年教育振兴行动计划》,提出要:"加强和改善教育立法工作,完善中国特色教育法律法规体系。要求通过修订《义务教育法》、《教育法》、《教师法》、《高等教育法》和《学位条例》,适时起草《学校法》、《教育考试法》、《教育投入法》和《终身学习法》,研究制定有关教育行政法规,全面清理、修订教育部部门规章和规范性文件,适时制定符合实践需要的部门规章,积极推动各地制定配套性的教育法规、规章,力争用五至十年的时间形成较为完善的中国特色教育法律法规体系。"并强调切实转变政府职能,强化依法行政,促进决策与管理的科学化和民主化。贯彻《行政许可法》,加快政府职能转变,改革教育行政审批制度,清理教育行政许可项目,建设相关配套制度,建立公共教育管理与服务体系。规范教育行政部门在政策制定、宏观调控和监督指导方面的职能,依法保障地方教育行政部门的教育统筹权和学校办学自主权。同时,要进一步完善中央和省级人民政府两级管理、以省级人民政府管理为主的高等教育管理体制。继续发挥中央和省级两级政府的积极性,发挥行业和企业的积极性,加强高等学校共建工作,巩固结构调整的成果,促进学科的深度融合和优化发展。逐步完善"在国务院领导下,分级管理、地方为主、政府统筹、社会参与"的职业教育管理体制,实行国务院领导下的职业教育工作部际联席会议制度,强化市(地)级人民政府的统筹责任,促进行业、企业和社会参与宏观管理。深化和推进高等学校的后勤社会化改革,进一步完善和落实相关政策,理顺关系,强化管理,提高办

---

① 《关于国务院授权省、自治区、直辖市人民政府审批设立高等职业学校有关问题的通知》,http://www.gov.cn/gongbao/content/2000/content_60637.htm(阅读时间:2017 年 8 月 23 日)。

② 《教育行政审批项目清理结果》,http://www.moe.edu.cn/jyb_xxgk/gk_gbgg/moe_0/moe_9/moe_36/tnull_481.html(阅读时间:2017 年 8 月 23 日)。

学设施的使用效益。①

（五）深入推进管办评分离，扩大省级政府教育统筹权（2010 年至今）

2010 年 7 月 29 日《国家中长期教育改革和发展规划纲要（2010—2020 年）》提出建设健全统筹有力、权责明确的教育管理体制，以转变政府职能和简政放权为重点，深化教育管理体制改革，提高公共教育服务水平。②《纲要》要求要"明确各级政府责任，规范学校办学行为，促进管办评分离，形成政事分开、权责明确、统筹协调、规范有序的教育管理体制。中央政府统一领导和管理国家教育事业，制定发展规划、方针政策和基本标准，优化学科专业、类型、层次结构和区域布局。整体部署教育改革试验，统筹区域协调发展。地方政府负责落实国家方针政策，开展教育改革试验，根据职责分工负责区域内教育改革、发展和稳定"。同时提出，"要加强省级政府教育统筹。进一步加大省级政府对区域内各级各类教育的统筹，完善以省级政府为主管理高等教育的体制，合理设置和调整高等学校及学科、专业布局，提高管理水平和办学质量。依法审批设立实施专科学历教育的高等学校，审批省级政府管理本科院校学士学位授予单位和已确定为硕士学位授予单位的学位授予点"。同时，继续强调"要转变政府教育管理职能，各级政府要切实履行统筹规划、政策引导、监督管理和提供公共教育服务的职责，建立健全公共教育服务体系，逐步实现基本公共教育服务均等化，维护教育公平和教育秩序。改变直接管理学校的单一方式，综合应用立法、拨款、规划、信息服务、政策指导和必要的行政措施，减少不必要的行政干预"③。

2013 年 11 月 12 日，中共十八届三中全会通过《中共中央关于全面深化改革若干重大问题的决定》中，关于教育改革的部分提出要"深入推进管办评分离，扩大省级政

①《2003—2007 年教育振兴行动计划》，http://old.moe.gov.cn//publicfiles/business/htmlfiles/moe/moe_177/200407/2488.html（阅读时间：2017 年 8 月 27 日）。

②《国家中长期教育改革和发展规划纲要（2010—2020 年）》，http://www.moe.edu.cn/srcsite/A01/s7048/201007/t20100729_171904.html（阅读时间：2017 年 8 月 27 日）。

③《国家中长期教育改革和发展规划纲要（2010—2020 年）》，http://www.moe.edu.cn/srcsite/A01/s7048/201007/t20100729_171904.html（阅读时间：2017 年 8 月 27 日）。

府教育统筹权和学校办学自主权,完善学校内部治理结构"。① 在《决定》颁布前的2012年9月23日,国务院就下发了《关于第六批取消和调整行政审批项目的决定》,取消了教育部5项审批项目。② 2013年7月26日,国务院教育督导委员会举行第一次全体会议,提出构建"政府管教育、学校办教育、社会评教育"新格局。③《决定》颁布后,2014年高等教育审批权发生了如下变化:2014年2月15日,国务院办公厅发布了《国务院关于取消和下放一批行政审批项目的决定》,再次取消和下放64项行政审批项目和18个子项。④ 其中涉及教育部门的有:取消利用互联网实施远程高等学历教育的教育网校审批,取消国家重点学科审批以及高等学校设置和调整第二学士学位专业审批,同时把高等教育自学考试专科专业审批下放至省级人民政府教育行政部门。2014年2月17日,教育部公开行政审批事项目录,属于教育部的行政审批事项共24项,包括了行政许可11项,非行政许可审批13项。其中,与高校相关的共19项,包括了中央部属高等学校章程核准,硕士、博士学位授予单位及其可以授予硕士、博士学位的学科名单审核等。⑤ 2014年5月9日,教育部印发《教育部职能转变方案》及《落实〈教育部职能转变方案〉任务分工》,提出取消22项职责,下放省级教育行政部门、高校和直属单位的职责有13项,转移、委托直属事业单位和社团组织承担的职责有50项,精简规范23项评审项目,同时提出要加强和改善教育督导等3个方面宏观管理,精简议事协调机构。⑥ 2014年7月22日,《国务院关于取消和调整一批行政审批项目等事项的决定》确定取消高等学校博士学科点专项科研基金审批;取消高等学校新农村发

---

① 《中共中央关于全面深化改革若干重大问题的决定》,http://www.gov.cn/jrzg/2013-11/15/content_2528179.htm(阅读时间:2017年8月27日)。
② 《关于第六批取消和调整行政审批项目的决定》,http://www.gov.cn/zwgk/2012-10/10/content_2240096.htm(阅读时间:2017年8月27日)。
③ 柴葳:《构建"政府管教育、学校办教育、社会评教育"新格局》,《中国校外教育旬刊》2013年第8期,第189页。
④ 《国务院关于取消和下放一批行政审批项目的决定》,http://www.gov.cn/zwgk/2014-02/15/content_2602146.htm(阅读时间:2017年8月27日)。
⑤ 朱家德:《大学治理现代化的困境与超越》,《高校教育管理》2017年第5期,第26—27页。
⑥ 《教育部职能转变方案》及《落实〈教育部职能转变方案〉任务分工》,http://www.edu.cn/edu/jiao_yu_zi_xun/fa_zhan_shi/da_shi_ji/201502/t20150227_1231741_3.shtml(阅读时间:2017年8月27日)。

展研究院审批;改自费出国留学中介服务机构资格认定为后置审批。①

2014年7月8日,教育部下发《关于进一步扩大省级政府教育统筹权的意见》,提出要以推进教育治理体系和治理能力现代化为目标,理顺中央与地方教育管理权限和职责范围,保证国家教育方针政策的贯彻执行,充分发挥地方的积极性、主动性、创造性,加快推进教育现代化。在规定"中央政府加强教育宏观指导和管理,确定教育方针政策,制定国家教育规划和国家教育标准,研究解决全国性和重大的教育改革发展问题,促进区域教育协调发展"的同时,强调省级政府要"在中央统一领导下,认真贯彻国家法律法规和方针政策,根据经济社会发展需求、本地区教育事业发展现状以及教育资源支撑能力,结合人口、区域和产业结构,自主确定教育发展目标、规划和工作重点并组织实施,切实履行教育改革、发展、稳定职责"。强调要坚持由省级政府管理更方便有效的教育事项一律下放省级政府管理的原则,进一步明确了扩大省级政府教育统筹权的主要内容,主要包括七个方面:"省级政府依法审批设立实施专科学历教育的高等学校,探索实施本科及以上教育的民办高校章程修改备案下放省级政府教育行政部门;发挥省级政府对区域内学科专业布局、质量监督的统筹规划和管理作用,探索省级学位委员会开展学位授权点动态调整工作,高等教育自学考试专科专业审批下放省级教育行政部门,探索由省级自学考试机构根据本地经济社会发展需要自主决定开考《高等教育自学考试专业目录》内本科专业;探索省级政府自主确定成人高等教育招生计划总量,探索省级政府自主确定高职(专科)招生计划总量和地方高校高职(专科)招生计划;完善教育转移支付制度和增长机制,清理、整合、规范教育专项转移支付,扩大一般性教育转移支付的规模和比例。省级政府可按照国家有关规定,根据实际情况调整学校收费标准;探索地方高校赴境外设立教育机构及采取其他形式实施本科以上学历教育审批权下放省级政府。试点委托条件成熟的省级政府审批域内高校举办国际性会议。"②《意见》首次以文件形式对扩大省级政府教育统筹权作出全面部署,进一步理顺中央与地方教育管理权限和职责范围,充分发挥地方的积极性主动性创造性,加

---

① 《国务院关于取消和调整一批行政审批项目等事项的决定》,http://www.gov.cn/zhengce/content/2014-08/12/content_8974.htm(阅读时间:2017年8月27日)。

② 《关于进一步扩大省级政府教育统筹权的意见》,http://old.moe.gov.cn//publicfiles/business/htmlfiles/moe/s6529/201412/182221.html(阅读时间:2017年9月1日)。

快推进教育现代化。

2015 年 5 月 4 日,教育部印发《关于深入推进教育管办评分离促进政府职能转变的若干意见》,提出要"推进依法行政,形成政事分开、权责明确、统筹协调、规范有序的教育管理体制,为此要加大政府简政放权力度"。同时,要继续"深化教育行政审批制度改革,全部取消非行政许可审批,建立规范教育行政审批的管理制度","全面清理规范性文件,减少对学校办学行为的行政干预,综合运用法律、政策、规划、财政拨款、标准、信息服务和必要的行政措施,引导和督促学校规范办学","转变政府职能,严格控制针对各级各类学校的项目评审、教育评估、人才评价和检查事项(以下简称'三评一查'),大幅减少总量。推行清单管理方式。建立教育行政权力清单和责任清单制度,通过政府公报、政府网站等便于公众知晓的方式,向社会全面公开教育及相关政府部门职能、法律依据、实施主体、职责权限、管理流程、监督方式等事项,为公民、法人或者其他组织提供优质服务,让权力在阳光下运行。在有条件的地方和学校开展负面清单管理试点,清单之外的事项学校可自主施行,要尽量缩减负面清单事项的范围,更多采取事中、事后监管方式。健全依法、科学、民主决策机制"。[①]

2017 年 5 月 31 日,国务院办公厅印发《对省级人民政府履行教育职责的评价办法的通知》,立足教育发展的目标任务,明确了 6 方面内容,主要包括:省级人民政府贯彻执行党的教育方针情况,落实国家教育法律、法规、规章和政策情况,各级各类教育发展情况,统筹推进本行政区域教育工作情况,加强教育保障情况和学校规范办学行为情况。每方面又进行了详细规定,共 40 余条,这些规定基本涵盖了省级人民政府应履行的教育职责。这是我国首次将省级政府履行教育职责情况纳入国家教育督导评估范畴。评价结果将作为对省级人民政府及其有关部门领导班子和领导干部进行考核、奖惩的重要依据。对履行教育职责不到位、整改不力、出现特重大教育安全事故、有弄虚作假行为的省级人民政府,国务院教育督导委员会将按照国务院有关规定,采取适当形式对有关责任人进行通报批评,并提出给予处分的建议。[②]

---

① 《关于深入推进教育管办评分离促进政府职能转变的若干意见》,http://old. moe. gov. cn//publicfiles/business/htmlfiles/moe/s7049/201505/186927. html(阅读时间:2017 年 9 月 1 日)。
② 《对省级人民政府履行教育职责的评价办法的通知》,http://www. gov. cn/zhengce/content/2017-06/08/content_5200756. htm(阅读时间:2017 年 9 月 1 日)。

2017年1月19日,国务院印发《国家教育事业发展"十三五"规划》,明确提出要加快推进教育治理现代化,为此要"进一步推进政府职能转变,深化教育行政审批制度改革。建立教育行政权力清单和责任清单制度,全面公开教育及相关政府部门职能、法律依据、实施主体、职责权限、管理流程、监督方式等事项"。同时,要"减少教育行政审批事项,对保留的教育行政审批要简化程序,加强信息公开,方便基层和群众办事"。为此,还提出要"强化事中事后监管,严格控制对各级各类学校的项目评审、教育评估、人才评价和检查事项,强化服务功能。优化政府服务,努力为学校提供必要的专业性指导和服务,重点加强教学指导、教师培训、基建保障、校园安全纠纷调处、就业信息、质量监测评估诊断、教育涉外机构信息、教育教学基本资源等方面服务,积极探索为学校、教师、学生服务的新途径、新方式。健全民主决策机制。把公众参与、专家论证、风险评估、合法性审查、集体讨论决定作为重大教育决策法定程序。充分发挥国家教育咨询委员会作用。多形式多渠道听取公众和社会各界对重大教育决策的意见建议。同时,提出要全面推进依法治教,全面推进依法行政。加大教育行政执法力度,遵循法定职权与程序,运用行政指导、行政处罚、行政强制等手段,依法纠正学校和教育机构的违法违规行为,保障教育法律和政策有效实施。及时查处违反教育法律法规、侵害受教育者权益、扰乱教育秩序等行为,依法维护学校、学生、教师和举办者的权益。建立教育重大决策合法性审查机制、重大决策终身责任追究制度及责任倒查机制"。[①]

2017年9月,中共中央办公厅、国务院办公厅印发《关于深化教育体制机制改革的意见》,进一步提出"坚持放管服相结合",要进一步"深化简政放权、放管结合、优化服务改革,把该放的权力坚决放下去,把该管的事项切实管住管好,加强事中事后监管,构建政府、学校、社会之间的新型关系"。[②]

总体而言,由于20世纪80年代初期的我国经济体制改革主要是在政府主导下逐步开启的,这就决定了其对高教体制改革产生了示范和导向作用。从以公有制为主体

---

① 《国家教育事业发展"十三五"规划》,http://www.gov.cn/zhengce/content/2017-01-19/content_5161341.htm(阅读时间:2017年9月1日)。

② 《关于深化教育体制机制改革的意见》,http://www.gov.cn/xinwen/2017-09/24/content_5227267.htm(阅读时间:2017年9月1日)。

的国民经济组成部分,逐步转型到与社会主义市场经济体制相适应的新的高等教育办学体制、管理体制、投资体制,高等教育体制改革可以说历经曲折。当然,从以政府各部门为主举办、投入和管理高等教育的角度看,改革开放之初高校小而全、大而全和学科、专业重复设置的现象比较普遍,教育资源相对短缺和配置效率不高的问题同时并存,因此,高等教育管理体制改革的内在目标也在于提升高等教育管理系统的运行效率。① 1980 年代初期开始的高等教育体制改革,其主要的路径是理顺中央政府与地方政府的关系、政府和高校的关系,即举办者和管理者、办学者的关系。1985 年《中共中央关于教育体制改革的决定》颁布实施后,与政府在经济体制改革领域采取的路径一致,高等教育体制改革的核心同样是简政放权,通过扩大地方政府管理权力和确定高校办学自主权,增强高等教育的活力②;同时,通过多次政府机构改革,以缩减国务院直接管理经济的部委数量的方式来简政放权和更多采取间接的方式管理经济,随之带来的就是在高等教育体制层面的改革,主要是通过高等教育布局结构调整,改变高等教育中多头领导、条块分割的现象,推动跨部门、跨学校和省部协作,从而通过逐步形成以教育部为主的中央与地方两级政府举办、管理高等教育的新体制,优化资源配置③,并最终确立了进一步扩大省级政府教育统筹权的改革方向。与此同时,通过高等教育权力由中央向地方下放,中央也不再统一管理高等教育财政,随着 1980 年《国务院关于实行"划分统支、分级包干"的财政管理体制的通知》的颁布,中央与地方分级管理的财政体制逐步确立,中央与各省以及各省之间"分灶吃饭",高等教育经费根据学校的隶属关系,分别由中央和地方财政各自分担。④ 地方政府运用权力在高等教育经费投入、发展规划、招生计划与考试、专业设置、资源配置、人事管理、学位授予、质量检查与评估等方面发挥了重要作用。

① 陈维嘉:《高等教育体制创新与政府行为的调整》,《教育研究》2003 年第 2 期,第 28—33 页。
② 《中共中央关于教育体制改革的决定》,http://old. moe. gov. cn/publicfiles/business/htmlfiles/moe/moe_177/200407/2482. html(阅读时间:2017 年 8 月 15 日)。
③ 孙绵涛、王枬:《对我国高等教育体制改革的思考》,《高等教育研究》1993 年第 3 期,第 65—68 页。
④ 《国务院关于实行"划分收支、分级包干"财政管理体制的通知》,http://law. lawtime. cn/d658435663529. html(阅读时间:2017 年 8 月 15 日)。

二、 高等教育管理体制改革进程中的高校布局结构调整

在以中央、地方两级政府管理体制确立为主线的高等教育管理体制改革中,高等教育布局结构调整既是高等教育体制改革的重要组成部分,也是体制改革产生的一个结果。[①] 通过"共建、调整、合并、合作"等举措,高等教育布局结构调整主要是把中央部门举办和管理的高等学校大多数划归地方或者以地方管理为主,中央只管理少数关系全局和行业性强、地方不便于管理的学校。高等教育两级管理体制的形成与高校布局结构调整的一个重要的原因是为了促进经济发展,为此还逐步进行了财政分权化改革,中央政府和地方政府的收入和支出划分逐步明确。在财政分化改革过程中,中央政府的财政收入在总财政收入中占的比例逐渐下降,从 1984 年的 40.51％到 1992 年的 28.12％,到 1993 年下降为 22％。[②] 经过 1994 年的分税制改革之后,这一比例才开始逐步提高。在财政收入下降时,转轨国家的中央政府却面临着维持或者扩大财政开支的政治压力。因此,它们已经将一些开支方面的责任下放到地方政府手中。其结果是,地方政府承担了大量且不断增长的公共开支,其中包括教育、卫生和社会服务等方面的开支。[③] 显然,随着市场经济体制的逐步建立,中央政府已经不需要开办数量众多的高等学校,地方经济的快速发展则对大学毕业生的需求增加,财政分权化、分散决策的结果也促使地方政府有了举办高等教育的积极性。1998 年,国务院对原属于被撤销的 9 个部委的 93 所普通高等学校和 72 所成人高等学校进行了调整,将其中的 81 所下放给了地方。

根据教育部公布的统计资料分析,在"共建、调整、合作、合并"八字方针的指引下,从 1992 年初到 2002 年底的 11 年间,全国 760 所各类院校(含成人高校、培训中心、分校、研究所、广播电视大学等),经合并形成了 285 所各种类型的高校。其中,普通高校 261 所,占 91.6％,成人高校 24 所,占 8.4％;另外,还有部分院校实施了多次合并,经

---

① 纪宝成:《加快我国高等教育发展的思考》,《郑州大学学报(哲学社会科学版)》2000 年第 3 期,第 5—14 页。

② 吴敬琏:《当代中国经济改革》,上海远东出版社 2004 年版,第 257 页。

③ 曹淑江:《高等教育体制分权化改革的理论分析》,《浙江社会科学》2006 年第 1 期,第 126—130 页。

历两次合并形成的高校有 20 所,经历 3 次合并形成的高校有 4 所(含成人高校 1 所)。现有高校系统中有 17.9% 的普通高校、4.2% 的成人高校是最近十年通过合并组建的。[①]

(一)"共建、调整、合作、合并"方针指导下的高校布局结构调整

高等教育布局结构调整是高等教育管理体制改革的重要组成部分。高等教育布局结构调整工作的发生、发展与展开与高等教育管理体制改革相生相伴。按照时间顺序和合并工作特点,高等教育布局结构调整大致可以分为三个阶段。

1. 中央部委所属高校下放地方或转交教育部(1985—1991 年)

实际上,在 1992 年开始较大规模的合并之前,高等教育布局结构调整已经经历了一段时期的酝酿,大致可以追溯到 1985 年开始的我国高校管理体制改革的第一个阶段,其标志是 1985 年《中共中央关于教育体制改革的决定》的颁布实施。这期间,高等教育布局结构调整只出现在少数地区,且数量极少。

随着市场经济制度的逐步确立,政府职能发生转变,计划经济体制下形成的政府产业管理部门逐渐撤销。例如 1988 年国务院就撤销了 9 个部委,正如李岚清同志所言:"皮之不存,毛将焉附,部门没有了部门院校怎么办?"[②]但是,中央产业部门撤销并不意味着一定要把中央部委所属院校下放给地方院校,也可以把中央部门所属院校转给教育部来管理。除了摒弃重工业优先发展战略外,促使中央政府下大力气把一部分部属院校下放给地方的一个原因就是为了节约管理成本和信息成本。

在中央部委下放高校后,开始出现最初的院校合并现象。据不完全统计,截至 1990 年,共有 29 所院校参与合并,合并后形成 14 所高等院校。合并院校的地域分布较窄,主要集中地是辽宁省,共有 25 所院校参与合并,形成 12 所新校。1991 年,共有 16 所院校参与合并,合并后形成 7 所院校,主要分布在安徽、福建、湖南、湖北、广东五

---

① 《1990 年以来高校合并情况》,http://www.docin.com/p-1170998970.html(阅读时间:2018 年 6 月 19 日)。

② 李岚清:《李岚清教育访谈录》,人民教育出版社 2003 年版,第 96 页。

省,相对集中地为福建,共有 8 所院校参与合并,形成 3 所新校。① 此一时期,由于高等教育管理体制改革尚处于思想酝酿、观念变革阶段,院校合并实际上处于地方自发开展状态,参与合并和合并后形成的高校大部分在我国高等教育系统中属于办学层次偏低、办学水平不高、办学规模较小的院校,合并的院校数在当时高校数量中占的比例很小,合并的涉及面和影响面仅限于本地区,在全国高等教育系统中产生的影响不大。

2. 打破高校条块分割:"共建、合作、合并、协作、划转"(1992—1997 年)

由教育部主导的高等教育布局结构调整主要是从 1992 年开始的,到 1997 年党的十五大召开,可以看作是高等教育布局结构调整的探索阶段。其宏观背景是 1992 年原国家教委正式把解决"条块分割"的管理体制提上议事日程,正式部署高等教育管理体制改革。高等教育管理体制改革首先从打破高校单一的隶属关系、加强地方对高等教育的统筹入手,最先促成了广东省人民政府与原国家教委共建中山大学和华南理工大学。此后,以主管部门共建和高校间开展合作办学为主要形式的高教管理体制改革在全国逐步展开,高等教育布局结构调整作为一种管理体制改革的形式在实践中不断得到发展。

1993 年《中国教育改革和发展纲要》提出,进行高等教育体制改革,主要是解决政府与高等学校、中央与地方、国家教委与中央各业务部门之间的关系,逐步建立政府宏观管理、学校面向社会自主办学的体制。在国家教委与中央业务部门的关系上,国家教委负责统筹规划、政策指导、组织协调、监督检查、提供服务。中央业务部门要加强对本行业的人才预测和规划,协助国家教委指导本行业的人才培养工作,负责管理其所属学校,包括在国家宏观指导下,决定所属学校的招生规模、专业设置、经费筹措、学生就业等。随着中央业务部门职能的转变和政企分开,中央业务部门所属学校要面向社会,其办学体制和管理体制分别不同情况,采取继续由中央部门办、中央部门和地方政府联合办、交给地方政府办、企业集团参与和管理等不同办法。②

1994 年 7 月 3 日国务院《关于〈中国教育改革和发展纲要〉的实施意见》提出要逐

① 《1990 年以来高校合并情况》,http://www.docin.com/p - 1170998970.html(阅读时间:2018 年 6 月 19 日)。

② 《中国教育改革与发展纲要》,http://www.moe.edu.cn/jyb_sjzl/moe_177/tnull_2484.html(阅读时间:2017 年 8 月 12 日)。

步改变高等学校条块分割、"小而全"的状况,优化高等教育的结构与布局,提高办学效益。中央各部门所属高等学校要扩大服务面和经费来源渠道,加强与地方政府、企业及社会各界的合作与联系,改变单一的办学模式和单一的经费来源状况,增强学校适应社会多方面需求的能力。部门所属学校的管理体制要分别根据不同情况,采取中央部门办、中央和地方政府联合办、地方政府办、企业集团参与管理、学校之间的联合或合并等不同办法,进行改革。① 布局结构调整因牵动面比较大,为要防止一哄而起,搞形式主义,以及使学校的投入和教学工作受到削弱,改革从实际出发,采取积极而又审慎的态度和相应的配套措施,通过试点,总结经验,逐步展开。为推进部门所属院校管理体制改革,加快探索部门所属院校由各省、自治区、直辖市政府领导或实行中央部委和各省、自治区、直辖市政府之间多种形式的联合办学,成立了部门院校体制改革协调小组,加强对工作的指导并协调解决改革中出现的各种实际问题。中央各有关部委加强了对所属高校的支持和领导。从1994年起,选择若干类型学校进行了部属院校管理体制改革的试点,1997年将条件成熟的学校纳入新体制运行,到2000年基本形成了以省级政府为主,办学与管理的条块结合的新体制的框架。

根据《中国教育改革和发展纲要》和中共中央、国务院1994年召开的全国教育工作会议精神,国务院各部委都积极研究和推进本部门办学和管理体制改革。为统一思想,1994年、1995年、1996年中央连续三年分别在上海、南昌、北戴河召开了三次高等教育体制改革座谈会。会议总结了初步经验,明确了改革思路,加强了省级人民政府的统筹,提出了在实践中形成的五种改革形式,即"共建、合作、合并、协作、划转",但由于部门办学体制改革的步履维艰,条块分割的体制还没有得到实质性的转变。

到1995年底,高等教育布局结构调整初显成效:①"共建"。已经实行共建的高等学校有40所,其中国家教委所属高校24所,部委所属高校16所。此外,有关部委和省市对16所高校已有共建意向。在共建形式上,多数是部委与省(直辖市)共建,也有一些是部委与学校所在市共建或部委与部委共建。共建调动了高校主动为地方服务的积极性,促进了学校所在地区经济、科技和社会的发展。②合作办学。1995年,

---

① 《关于〈中国教育改革和发展纲要〉的实施意见》,http://old.moe.gov.cn//publicfiles/business/htmlfiles/moe/moe_177/200407/2483.html(阅读时间:2017年9月5日)。

已有 120 多所高校开展了多种形式的合作办学。这种不同类型的学校实现资源共享、优势互补、学科交叉、协同发展、共同提高的联合形式对于打破各校间封闭办学,避免"小而全"的发展趋势起到了促进作用。③部分高等学校为促进学科紧密结合或避免相同学科的重复设置进行了合并。1993 年以来,共有 70 所高等学校合并成 28 所,净减 42 所,其中 1995 年有 42 所合并成 17 所,净减 25 所。高等教育布局结构调整,能够做到减少学科重复设置,减少重复投资,有利于调整布局结构,提高办学效益和水平。④部委所属学校转由地方管理。1995 年,转交地方管理的学校已有 5 所。广东省和上海市在增加接受中央部委院校方面与有关部委一起积极开展工作,取得了新进展。⑤企业、企业集团或科研单位参与高等学校办学。1995 年,协作办学涉及千余个大中型企业。部分学校走进了企业集团,企业参与办学的积极性有了明显提高,形成了企业支持高等教育发展的良好势头。①

1995 年 7 月 19 日,教育部下发《关于深化高等教育体制改革若干意见的通知》,提出高等教育管理体制改革的目标是,争取到 2000 年或稍长一点时间,基本形成举办者、管理者和办学者职责分明,以财政拨款为主多渠道经费投入,中央和省、自治区、直辖市人民政府两级管理、分工负责,以省、自治区、直辖市人民政府统筹为主,条块有机结合的体制框架。要通过深化改革和立法,划分、规范举办者、管理者、办学者的权力与义务。举办者主要是投资举办学校、提供必要的办学条件、提出学校主要学科和专业的服务面向及人才培养要求、对办学实施目标监督等。要通过深化改革,逐步把一部分中央部门所属的学校转由省、自治区、直辖市人民政府管理或由中央部门与地方政府共同建设和共同管理;倡导学校之间合作办学、企业和科研单位参与办学和管理;要按照优化教育资源配置和提高办学规模效益的原则,逐步对有条件的高等学校进行合理调整和合并,特别是在同一地方规模较小、科类单一、专业设置重复的学校要打破原隶属关系的限制,积极创造条件进行适当的调整或合并。② 1996 年 2 月 14 日国家教委发出《关于高等学校合作办学中有关问题的意见》,就推动管理体制改革中出现的

---

① 陈浩、马陆亭:《中国教育改革大系(高等教育卷)》,湖北教育出版社 2016 年版,第 129 页。
② 《关于深化高等教育体制改革若干意见的通知》,http://law.lawtime.cn/d628235633329.html(阅读时间:2017 年 9 月 5 日)。

问题做出了相关规定,主要是因地制宜通过"共建"、"合作办学"、"转制"、"产、学、研相结合"、调整合并等多种形式,积极推进高等教育管理体制改革的深入进行。①

1992年合并形成的20所院校中,除扬州大学、郑州大学等高校外,大多数高等教育布局结构调整仍未跳出前一阶段的模式,参与合并的院校仍以专科院校、成人高校为主。1992年首先合并的镇江市高等专科学校是由镇江市职业大学、镇江教育学院、江苏省广播电视大学镇江分校三所院校合并而成的。这一类院校合并占了当时合并院校的大多数,其中合并形成的新校中成人高校就有8所,占合并高校的40%,也是成人高等教育布局结构调整的高峰期。而1992年合并形成的本科院校仅为8所,占合并高校数的40%。在合并的本科院校中,除扬州大学是以工科院校、师范院校、农林院校、医药院校为基础的、多科合并组建的院校外,其他高校多数为"强弱合并"或"同类合并"形成的院校。如,新郑州大学是郑州大学与河南体专合并形成的,新山西师范大学是山西师范大学与临汾师范专科学校合并而成的,后来被合并到贵州理工大学的贵州工学院是与贵州建筑专科学校合并而成的,新北京工业大学是由北京计算机学院并入后组成的。

1993年,高等教育布局结构调整的规模并没有太大的变化,相反参与合并和合并形成的院校数量略有下降。1993年高等教育布局结构调整不同之处,是以增强实力为目的的"强强合并"或以学科综合为目的的"互补性合并"的高校数量有所增加。1993年3月,江西大学与江西工业大学合并组建南昌大学;11月,贵州大学与贵州人民大学合并形成新的贵州大学,四川大学与成都科技大学合并组建四川联合大学;12月,青岛大学、青岛医学院、山东纺织工学院、青岛师范专科学校合并组成新的青岛大学。以这种形式组建的高校占当年合并高校总数的一半略强。1994年,高等教育布局结构调整的规模和合并的样式与1993年基本相同,但以增强实力为合并目的或以学科综合为合并目的的高校数量在当年合并高校中的比例有所下降,仅有上海大学、南开大学、集美大学三所。

在明确的思路指导下,高等教育布局结构调整工作在1995年到1997年三年间稳

---

① 《关于高等学校合作办学中有关问题的意见》,http://law.lawtime.cn/d632463637557.html(阅读时间:2017年9月5日)。

步展开、谨慎探索。三年中，参与合并的院校数量为 138 所，比前三年增加 30 所；合并形成的高校数量为 55 所，比前三年增加 15 所。参与合并和合并形成的院校数量均有小幅增加，但合并的质量有大幅提高，合并的目的性更加明确，涉及面更加广。合并形成的高校中，专科院校仅为 6 所，占合并高校总数的 11%；"强强合并"、"互补性合并"高校数量增多，如延边大学、同济大学、中国农业大学、宁夏大学、贵州大学、广西大学、苏州大学、合肥工业大学等。合并高校涉及 19 个省、市、自治区和 9 个国家部委，地域集中在广东、上海、江苏、湖北等省市。

归结起来，1992 年到 1997 年这一阶段的主要特征是探索思路、积累经验、逐步完善。比如，一些部委属高校放到地方或者跟其他院校合并，如天津外贸学院与南开大学合并。在早期探索的基础上，逐步扩大院校合并规模、地域，尝试不同隶属单位之间院校的合并、不同类型院校之间的合并、实力较强院校之间的合并，组建了一批引人注目的综合性或多科性的高校，如四川联合大学、扬州大学、延边大学、南昌大学、上海大学、青岛大学等。

3. "共建、调整、合作、合并"的全面推进（1998 至今）

高等教育布局结构调整的第三阶段为十五大召开以后，称为全面推进阶段。这个阶段的基本特征是随着整个高等管理体制改革步伐的加快，特别是 1998 年 1 月在扬州召开的高教管理体制改革经验交流会后，按照李岚清同志提出的"共建、调整、合作、合并"的八字方针，高等教育布局结构调整在规模、力度、质量上都有所提高。

1997 年，党的十五大召开，明确提出要"优化教育结构，加快教育管理体制改革的步伐，合理配置教育资源，提高教学质量和办学效益"。[①] 同时，提出了进行政府机构改革的任务。为贯彻党的十五大精神，1998 年 1 月 17—19 日，全国高教管理体制改革经验交流会在扬州顺利召开。按照党的十五大报告中"加快高等教育管理体制改革步伐"的要求，会议提出改革的目标是："争取到 2000 年或稍长一点时间，基本形成中央和省级人民政府两级管理、分工负责，以省级人民政府统筹为主，条块有机结合的新体

[①]《高举邓小平理论伟大旗帜，把建设有中国特色社会主义事业全面推向二十一世纪——在中国共产党第十五次全国代表大会上的报告》，http://cpc. people. com. cn/GB/64162/64168/64568/65445/4526285. html（阅读时间：2017 年 9 月 5 日）。

制。"国务院副总理李岚清在会上发表讲话指出,高教管理体制改革要加大力度,加快进程,以建立起与社会主义市场经济体制以及科技进步和社会发展相适应的高等教育管理体制。在总结前段改革的经验的基础上,李岚清提出了"共建、调整、合作、合并"八字方针,全面部署了表达改革步伐、全面推进改革的任务。关于八字方针,李岚清副总理总结为:"共建,就是将部门与地方条块各自办学转变为共同办学,有的高校是以中央为主与地方共建,有的是以地方为主与中央共建,调动中央和地方的积极性,共同把高校办好;调整,就是对高等教育区域设置不合理或学科、层次设置不合理的情况,进行管理体制和院系的调整,重点解决学科重复设置、分散、封闭的问题;合作,就是要通过优势互补、校际间教学和科研的合作,多学科合作开展教学科研,尽量避免封闭办学和学科重复建设;合并,就是为了提高教学质量和办学效益,发挥学科优势互补和规模效益。这四种方式不是孤立分割的,而是既有重点又有交叉融汇。"①

扬州会议以后,1998年3月,九届人大第一次会议通过了《关于国务院机构改革方案的决定》,在此次机构改革中,国务院原来的40多个部门减少为29个。② 1998年7月3日国务院办公厅转发教育部、国家经贸委、国家计委、财政部《关于调整撤并部门所属学校管理体制的实施意见》,根据《国务院关于调整撤并部门所属学校管理体制的决定》(国发〔1998〕21号),对原机械工业部、煤炭工业部、冶金工业部、化学工业部、国内贸易部、中国轻工总会、中国纺织总会、国家建筑材料工业局、中国有色金属工业总公司等九个部门所属的93所普通高等学校、72所成人高等学校以及中等专业学校和技工学校的管理体制进行调整。③ 随后,中央部分高校的改革也随之进行,1999年上半年,对原兵器、航空、航天、船舶、核工业等五大军工总公司所属院校进行了调整,2000年上半年,对铁道部等49个国务院部门(单位)所属院校进行了调整。虽然某些特殊领域的高校继续由中央有关部委进行管理,但大部分中央部委高校划拨到地方政府管理,或者实行省部共建的机制。1999年6月13日《中共中央国务院关于深化教育

---

① 《〈李岚清教育访谈录〉:回顾近十年教育改革》,http://news.china.com/zh_cn/culture/edu/10000941/20031210/11584863_7.html(阅读时间:2017年9月5日)。
② 《第九届全国人民代表大会第一次会议关于国务院机构改革方案的决定》,http://www.npc.gov.cn/wxzl/gongbao/1998-03/10/content_1480083.htm(阅读时间:2017年9月5日)。
③ 《国务院关于调整撤并部门所属学校管理体制的决定》,http://development.yangtzeu.edu.cn/jyfg/jyglzh/law_12_1263.htm(阅读时间:2017年9月5日)。

改革,全面推进素质教育的决定》明确提出,今后 3 年,继续按照"共建、调整、合作、合并"的方式,基本完成高等教育管理体制和布局结构的调整,形成中央和省级人民政府两级管理、以省级人民政府管理为主的新体制,合理配置教育资源,提高教育质量和办学效益。①

在党中央、国务院的正确领导下,从 1998 年到 2000 年,以国务院机构改革为契机,高教管理体制改革三年间取得了全面和突破性进展。教育部、财务部、国家计委等有关部门在各地的配合下对国务院部门所属学校集中进行了三次大的调整,基本上解决了部门办学体制问题。1998 年,部属高校(教育部和其他部委所属高校)由 1990 年代初的 360 所减少到 263 所,而到 2000 年,这一数字为 132 所;到 2012 年底,部属高校共计 111 所,地方高校 1 797 所,地方高校占全国高校总数的 94.2%。同时,从 1992 年到 2000 年,经过 8 年的努力,全国共有 31 个省市(自治区)、60 多个国务院部门(单位)参与了改革,涉及高等学校 900 余所。有 556 所高等学校(普通高校 387 所、成人高校 169 所)经合并调整为 232 所(普通高校 212 所、成人进高校 20 所),净减 324 所;有 509 所高校进行了管理体制的调整(普通高校 296 所),其中中央部门所属高等学校转由地方管理或以地方管理为主的高校有 360 所(其中普通高校 205 所),省(市)业务厅局划转省(市)教委管理的有 18 所;已实行共建的高校达几百所;有 317 所高等学校开展了校际间的合作办学,形成了 227 个合作办学体;有 241 所高等学校与 5 000 多家企事业单位和科研院所实行了实质性的协作办学,进行了产学研结合。②

在此期间一批重要大学完成了合并。1998 年新浙江大学合并组建,学科涵盖哲学、文学、历史学、教育学、理学、工学、农学、医学、经济学、法学、管理学等 11 大学科门类,堪称全国高校规模和学科覆盖面之最,在当时被称作全国学科门类最齐全、办学规模最大的一所综合性大学。此外,1999 年 9 月清华大学与中央工艺美术学院合并组成新的清华大学,2000 年 4 月同济大学与 1995 年合并组建的上海铁道大学合并组建新的同济大学,2000 年 4 月广州大学与其他 8 所院校合并组建新的广州大学,2000 年

---

① 《中共中央国务院关于深化教育改革,全面推进素质教育的决定》,http://old. moe. gov. cn/publicfiles/business/htmlfiles/moe/moe_177/200407/2478. html(阅读时间:2017 年 9 月 5 日)。

② 马陆亭:《我国高等教育管理体制改革 30 年——历程、经验与思考》,《中国高教研究》2008 年第 11 期,第 12—17 页。

5月华中理工大学与同济医科大学、武汉城市建设学院合并组建华中科技大学,2000年6月吉林大学与其他4所院校合并组建新的吉林大学,2000年7月武汉大学与其他三所院校合并组建新的武汉大学等。

同时,在此5年中,成功地将一批规模较大、水平较高的医科院校并入了综合性大学或多科性大学。2000年3月北京医科大学并入北京大学、苏州医学院并入苏州大学,2000年4月上海医科大学并入复旦大学,2000年9月四川联合大学与华西医科大学合并组建四川大学,2001年1月江西医学院并入南昌大学,2001年10月中山医科大学并入中山大学。医科院校与综合性或多科性大学合并办学,改变了我国长期以来医科院校独立发展的格局,对于加强医科学科建设,提高科研水平和教育质量,迎接生物技术时代的到来具有重要意义。此外,为了适应本科、高专、中师三级师范向本科、高专两级师范的转变,通过合并,整合了一大批师范教育资源,合并组建一批师范学院,部分师范学校、教育学院被并入师范大学。据统计,1999年到2002年由师范专科学校、教育学院等合并组建的师范学院(不含师范大学)有27所。

截至2016年5月,全国2 879所普通高等学校中,中央部属高校仅有115所,占高校总数的不足4%。高校隶属关系的调整直接推动着高校地域布局结构向地方延伸,在2015年的2 574所普通高校中,分布在非省会地级市的高校有998所,占总高校数的约38.77%,分布在县级市的高校为152所,约占总高校数的5.91%。[①]

(二) 高等教育的结构优化、资源重组和规模扩张

通过高等教育布局结构调整,促进了我国高等教育的结构优化、资源重组和规模扩张,使高校办学效益和办学质量得到提高。在取得这些成绩的同时,还必须从高等教育布局结构调整对规模、管理体制、学科建设、师资队伍建设和校园文化建设等多方面的作用和影响进行深入研究,以此考察合并对高校办学实际产生的直接或间接的效益。适当减少高校数量,组建一批综合性、多科性大学,组建一批职业技术学院,优化高校的空间布局是原国家教委提出的高等教育改革的四个具体目标。[②] 高等教育布

---

① 石猛、蔡云、王一涛:《市级行政区域高校分布的基本特征和规律》,《教育评论》2016年第11期,第9—13页。

② 纪宝成:《深化高教管理体制改革的思路和目标》,《中国高等教育》1997年第10期,第13—15页。

局结构调整是实现这种改革目标的最佳途径。10 多年的高等教育布局结构调整是在这四个具体目标牵引下展开的,合并的结果表明 10 多年的高等教育布局结构调整基本实现了这些目标。

1. 组建了一批实力较强的综合性大学

10 多年的高等教育布局结构调整,组建了一批文、理、工、农、医等各大学科门类比较齐全、规模较大的综合性大学或学科比较综合的多科性大学,使得我国高校单科性学校过多的情况有较大改善,极大地提升了地区高等教育的水平。1993 年由江西大学和江西工业大学合并组建的南昌大学,经过多年的努力奋斗,教学上质量、科研上水平、办学上效益,已逐步形成了"多学科交叉渗透、学研产紧密结合"的新型综合性大学,产生了"1 + 1>2"的效果,始终保持着良好的发展势头。1994 年 4 月起开始合并的四川大学,经过艰难曲折的探索和锐意改革,现已经走上了良性发展的道路,并校改革的优势和效益从多方面显现出来。通过合并脱颖而出的学校还有扬州大学、延边大学等。

尤其值得关注的是,合并组建的一些国内知名大学,其国际竞争力得到了进一步提高,具备了争创世界一流大学的潜力。1998 年由四所大学合并组建的新浙江大学,其学科设置、办学规模均居全国前茅,被称为中国大学的"航空母舰"。新浙江大学有中国科学院、中国工程院院士 16 名,正副教授 3 000 多名,科研经费达到五亿元,学科门类之齐全不仅在中国,即使在世界也是榜上有名的。北京大学是中国最负盛名的高等学府,2000 年合并组建后,其学科更加齐全、结构更加优化、综合实力更强、办学效益更高。新清华、新复旦、新交大等也无一不是通过合并组建后,改善了办学条件,提高了整体办学实力,为创办世界一流大学或高水平大学打下了坚实的基础。

专栏一：吉林大学合并

吉林大学合并

五高校合并组建新吉林大学

经教育部批准,分别隶属教育部、卫生部、国土资源部、信息产业部的吉林大学、吉林工业大学、白求恩医科大学、长春科技大学、长春邮电学院共五所高校在

2000 年 06 月 12 日正式合并,组建为新的吉林大学。原吉林大学校长刘中树出任新的吉林大学校长,原吉林工业大学校长吴博达任新的吉林大学党委书记。新的吉林大学学科门类更加齐全,涵盖了哲、经、法、文、史、理、工、医、管等学科门类,更具办学规模,成为在国家和区域经济社会发展中具有重要地位的高素质创新人才培养、高水平科学研究和成果转化、高质量社会服务、先进文化引领的重要基地。

一、合并动因

(一)中央政府层面:教育管理体制改革

90 年代末,国家教育体制改革,将原有各部委管辖的高校统一由教育部管理,但是各部委的高校水平参差不齐,所以教育部对这些高校进行综合评定和考核,划定了一定的标准,符合评估的可以划归教育部管,不符合的交由各省地方管理,这样就有很多的部属院校变成了省属院校,而地方财政根本承受不起突如其来的这么多院校。

(二)地方政府层面:需要中央政府的经费支持

90 年代后期,国家要求每个部委只能保留一两所高校并划转到教育部,其余全部下放到地方。长春地质学院原先隶属于地矿部(后来的国土资源部),依据调整政策,地矿部只能保留中国地质大学,长春地质学院就只能归属吉林省。同样,白求恩医科大学原来隶属卫生部,还有长春邮电学院以及后来的解放军军需大学(原军委所属,必须下放地方),这些高校在改革中将会全部被下放到了吉林省。但是依据吉林省的经济实力,很难一下子接管这么多学校。1990 年代,东北地区经济开始不景气,大批的下岗工人,企业倒闭,地方政府很难给这么多的高校提供财政支持。适逢国家提出建设"985 工程",如果吉林省政府出面把这些高校都整合到一起,就都可以以吉林大学的身份进入教育部,不仅经费得到了保证,同时也进入了"985",同时实现几所高校共同进入"985",实现了"一步到位"。

(三)院校层面:"几家欢乐几家愁"

面对这个合并方案,吉林大学自然是不愿意,吉林省又提出,让吉林工业大学也加入进来。在省政府的压力和各学校、各利益的博弈之间,吉林大学最终妥协了,同意接收这些已被下放到地方的高校。但实际上作为一所实力雄厚的大学,吉林大学实际上是不太愿意合并的。

二、合并弊端

吉林大学原本是重量级的大学,在国家的大力支持下,一直保持较高水准。如果合并其他五校,带来的弊端是显而易见:

(一)行政支出将大幅扩大,达到原先的几倍,资金运转捉襟见肘,这也导致后来的负债运转,财务亏空较大;(二)师资水平、学术水平、学生生源、录取分数将比原来有较大幅度下降,在合并初期拉低了吉林大学原有的学术品质;(三)合并之后机构管理臃肿,行政关系复杂,人员安排、磨合均有很大麻烦。

三、合并收益

在经历了初期合并阵痛之后,吉林大学励精图治,终于实现从合并走向融合,在学科建设、人才培养、学术研究、国际国内办学影响力均有了大幅度的提升。学校已建立起学士—硕士—博士完整的高水平人才培养体系。在校全日制学生70 460人,其中博士生、硕士生25 084人,本专科生43 580人,留学生1 796人。学校学科门类齐全,下设44个学院,涵盖哲学、经济学、法学、教育学、文学、历史学、理学、工学、农学、医学、管理学、军事学、艺术学等全部13大学科门类;有本科专业129个,一级学科硕士学位授权点56个,一级学科博士学位授权点44个,硕士学位授权点291个,博士学位授权点244个,博士后科研流动站42个;有一级学科国家重点学科4个(覆盖17个二级学科),二级学科国家重点学科15个,国家重点(培育)学科4个,一流大学与一流学科建设项目47个。11个学科(领域)的ESI排名进入全球前1%,其中2个学科排名进入全球前1‰。

资料来源:《吉林大学合并了多少个学校?为何就销声匿迹了?》,http://www.xixik.com/content/209913790e4fcce4(阅读时间:2017年9月8日)。

2. 优化了高等教育的布局结构

条块分割、分散办学、重复办学,这是原计划经济体制留给高教系统的一大弊端。

通过合并调整,这一弊端在一定程度上被克服了,改变了综合性、多科性院校和单科性院校比例不合理的状况,优化了结构,调整了布局。通过合并,形成了三个类别共存的办学格局:以本科教学为基础,同时承担研究生教育的教学科研型大学;以本科教学为主,部分院校适量承担研究生教育的普通大学;以及培养岗位性、技能性、操作性人才的高等职业学校。三种类型的院校分别面向全国、面向区域、面向当地服务。1998年到2002年5年间,通过合并共组建了17所高等职业院校,行业性结构得到改善。以师范院校为例,通过合并,形成了本科、高专两级院校组成的师范教育结构。同时,地区性的重复办学状况大为改观。

3. 压缩了高校数量,提高了办学效益

高等教育布局结构调整从一开始就以减少高校数量、扩大校均规模为目标。通过合并调整,高校数量有所减少,办学规模过小的状况有较大改善。1992年到2002年的11年间,全国760年院校(不含培训中心、研究所)合并组建为285所高校,通过合并净减院校468所。

在院校数量减少的同时,高校校均规模得到扩大,师生比得到提高,机构得到精简。1990年校均在校生仅为1 919人,到1995年也只不过为2 759人,但据教育部规划司《2002年教育事业统计主要结果及分析》报告,普通高校校均规模(全日制本专科在校生)2002年达到6 471人,其中本科院校达到10 454人,高职(专科)院校达到2 523人。校均规模的扩大与1999年以来的高等教育大扩招有着直接关系,但客观地看,高等教育布局结构调整确实提高了合并组建高校的校均规模,同时也为高校扩招奠定了良好的基础。如扬州大学合并之初,只有在校生1.26万人,到扩招前的1998年在校生达到1.8万人。[①]

办学效益的一项重要标志是高校师生比。高等教育布局结构调整带来了高校师生比的提高,据资料显示,1990年师生比为1∶6.3,1999年达到1∶13.4。办学效益的提高还表现在机构精简上。以扬州大学为例,合并之初,扬州大学有校级干部36人,中层处级机构99个,中层干部444人,到1999年下半年,只有校级干部9人,中层

---

① 《2002年全国教育事业统计公报》,http://old. moe. gov. cn//publicfiles/business/htmlfiles/moe/moe_413/200408/1553. html(阅读时间:2017年9月9日)。

处级机构 24 个,中层干部 253 人。除此之外,高等教育布局结构调整还为合并高校的进一步发展创设了良好的发展空间和发展机遇。例如南昌大学在合并组建以后,实现了博士点零的突破。由于多学科得到发挥,交叉学科、边缘学科得到加强和发展,许多高校在合并后,生长了一批新的学科点。同时,合并高校的地理空间增大了,与地方经济发展结合紧密了,得到地方的经费支持也相应增多,为近几年的高校扩招奠定了良好的基础。

专栏二:广州大学城

广州大学城

2003 年 1 月 21 日,中共中央政治局委员、广东省委书记张德江上任仅两个月,就来到番禺的小谷围岛视察广州大学城建设前期准备工作,并提出"建设全国一流大学城"和"2004 年 9 月开学招生"的要求,为大学城建设指明了方向,广州大学城建设全面启动。19 个月后一期工程正式完工。广州大学城位于广州番禺区新造镇,城区分布在珠江两岸,面积为 34.4 平方公里。2004 年 9 月 1 日,一期进驻十所高校,分别是:中山大学、华南理工大学、华南师范大学、广州大学、广东外语外贸大学、广州中医药大学、广东药学院、广东工业大学、广州美术学院、星海音乐学院。广州大学城二期暨南大学和广州医科大学进驻。广州大学城是华南地区高级人才培养、科学研究和交流的中心,学、研、产一体化发展的国家一流大学园区,中国南部的"信息港"和"智力中心"。曾经的小谷围岛,岛民生活以农耕为主,自给自足,几乎与市区隔绝。而正是 2001 年《广州大学城发展规划》的颁布,不仅改变了这座孤岛的命运,更由此开启了广东高等教育飞跃发展的新篇章。经过十多年的努力建设,广州大学城让广东高校异军突起,为广东高等教育打造了一批硬朗的主力军,为广东产业转型升级注入源源不断的活力。据不完全统计,10 年间,广州大学城一共为广东输出近 40 万名大学毕业生,向社会输送一大批高素质人才。很多高校领导不无感慨地说,"假如没有建设大学城,广东高等教育就没有这么漂亮的数字"。

建设背景：时代需要建大学城

广东为什么要建广州大学城？这恐怕跟时代有关系。现任广东省教育厅厅长罗伟其,2003 年广州大学城打下"第一桩"时,他担任的是广州大学城领导小组办公室主任,他可谓是广州大学城从无到有的见证者之一。对于广东教育的发展,罗伟其了如指掌。他说,2002 年,广东的经济已经飞速发展了,但广东高等教育毛入学率只有 15.3%,只是刚迈入高等教育大众化初级阶段。"高等教育规模偏小,与广东经济社会持续快速发展对高素质人才的客观需要不匹配,与人民群众对优质高等教育资源的迫切需求也不适应。"为此,省委、省政府作出加快高等教育发展的重大决策。2003 年 1 月,时任中共中央政治局委员、广东省委书记张德江站在广东省全面建设小康社会、增强发展后劲、率先基本实现社会主义现代化的战略高度,提出"建设全国一流大学城"和"2004 年 9 月开学招生"两大目标,宣布广州大学城建设全面启动。"轰隆隆,小谷围岛瞬间从一个荒岛变成了大工地……"19 个月要在首期 18 平方公里土地上建起 10 所大学,141 栋建筑,这可能吗？其困难程度罗伟其感触良多。"尽管千头万绪,但我们面对困难不退缩,不抱怨,各部门通力配合,对大学城建设开辟'绿色通道',坚持特事特办,及时解决各种困难……"2004 年 9 月,奇迹真的出现了,广州大学城建成并投入使用,中山大学等 10 所高校开门迎客,首批近 4 万学生进驻。

除了克服"时间短,工程任务重"的困难外,大学城的"招驻"也有难度。华南师大教育科学学院教授李盛兵透露,10 年前主动想进驻大学城的高校并不多。"当时个个高校都想留在市区,不想去那么偏僻的地方,再加上要建新校区,要分开管理,很麻烦。"李盛兵坦言,扩招并非当初高校进驻大学城的动力,真正的原动力是广东为了推动高等教育大众化发展,必须建大学城,让广东的高校扩大接纳程度和能力。而这也是广东要建南方教育高地,建立研究性大学群迈出的第一步。

建设目标

（一）面向未来,积极应对知识经济时代的挑战,创造崭新的高等教育模式。

（二）面向世界,有机融合世界多元文化与岭南本土文化,塑造具有国际知名度与国际影响力的高教环境。

（三）面向现代化,完善城市中央智力区的高教、科研、科技生产、孵化、文化、商务、居住、服务、休闲、旅游等多功能综合整体环境。

（四）塑造高品位的艺术景观环境,营造充满活力和魅力的高等教育场所和优异的成长空间,树立可持续发展的典范。

建设原则

空间开放化、资源共享化、建设弹性化、服务社会化、环境生态化、结构秩序化、管理整体化、设施智能化、风格多元化、投资市场化。

提升计划

2012 年 12 月,广州市政府常务会议审议通过《实施广州大学城提升计划工作方案》,广州将争取用 10 年时间,通过实施 71 个项目提升大学城,将大学城打造成为国内一流、国际领先的"文化之城、创新之城、生态之城"。

短期目标(2012—2014 年 8 月)

为教职员工和居民营造良好的居住生活环境。提升大学城科技人文环境。

中期目标(2014 年 9 月—2016 年底)

优化提升大学城教育、商业、生活配套,建成配套教师公寓,完成城中村改造,提升美化绿化水平。"创新性、国际性、社会性、教育性"的社会服务功能全面拓展。

远期目标(2017—2022 年底)

成为具有岭南水乡特色环境、拥有世界一流教学建筑群的高校园区,具有世界影响力的高等教育基地基本建成。

建设成就

进驻高校逐步发展壮大

现在回过头来看,选择进驻大学城的 10 所高校是明智的。华南师大教育科学学院院长卢晓中教授说,大学城让老城区高校实现了"两个突围",一是办学空间大幅拓展,实现了大学扩招的"硬突围";二是学科建设的"软突围",随着广东经济高速发展,对理工类人才的需求日益增加,但是理工科对设备场地要求比较高,过去施展不开,连实验室都不够用,学生没办法做实验。大学城也为各高校学科发展调整提供了空间。例如,华南师大就借机调整了学校理工类学院的架构。

广州大学实现资源整合 综合实力飞速提升

在进驻大学城的 10 所高校当中,广州大学是唯一整体搬迁的学校,所以其变化也是最明显的。之前合并了多个学院的广州大学共有 5 个校区,很分散,管理难度也大。学校统一进驻大学城之后,"就像一家人住在一起,沟通起来都方便多了"。这一点广州大学党委书记庾建设感受最深。他说,进入大学城之后,广州大学的办学质量提高不少,师资队伍水平也提高很快。更明显的是,科研水平提高了,"我刚来的时候,科研经费也就两三百万,现在都有两三个亿了。现在竞争激烈,能够在这种环境之下,通过自己的实力争取科研经费这是很实在的。"一系列综合实力的提升,带来的就是好名气,生源质量也跟着提高,"我们率先在省外实现一本招生。生源很好,超出一本四五十分,甚至七八十分"。大学城绝非是一座毫无魅力的空城,它的诞生还吸引了不少国家重点科研项目进驻。比如,广州大学引进了教育部的重点实验室、培育基地,还有国家的人才培训基地,包括一些学科的硕士点、博士点都是从无到有,"这些原来都是我们不敢想的!"庾建设说。

据统计,各高校大学城校区拥有 30 多个国家特色专业建设点、多个国家级实验教学示范中心和人才培养模式创新实验区,迁入或新增各类国家级创新平台近 20 个,省部级科研平台 50 余个……

广州大学城之所以取得成功,主要得益于广东省政府顺应时代发展,将高等教育发展与经济发展有机结合,在建设过程中有清晰的建设目标,科学超前的规划,政府的大力支持,当然也离不开各高校能够及时配合,积极利用大学城的空间资源,不仅有效解决了高校因快速扩招带来的资源稀缺的矛盾,更通过空间的聚拢实现了资源整合,提升了办学效益。

资料来源:《一纸规划孤岛崛起变大学城 十年回望荣耀亦有遗憾》,http://news.sina.com.cn/o/2014-09-15/052130857860.shtml(阅读时间:2017 年 9 月 8 日)。

第三章

落实和扩大高校办学自主权

习近平总书记在 2016 年 12 月 7 日至 8 日召开的全国高校思想政治工作会议上强调："我们的高校是党领导下的高校，是中国特色社会主义高校。办好我们的高校，必须坚持以马克思主义为指导，全面贯彻党的教育方针。""要坚持不懈培育优良校风和学风，使高校发展做到治理有方、管理到位、风清气正。"①

20 世纪 50 年代，与高度集中的计划经济体制相适应，与其他社会机构一样，我国大学实行的是以政府集权控制为核心的管理制度。在长期计划经济体制的影响下，高校的资源配置和管理实行政府高度集中统一配置，高校不是一个独立利益主体，缺乏追求自身利益和自我发展的动力机制。高等教育长期存在的短缺现象以及由此形成的"卖方市场"使高校没有生存危机，缺乏竞争压力。在既定的制度环境下，高校进行制度创新的组织成本和谈判成本较高。与此同时，经济体制改革的进程推动并制约着高教体制改革的进程。例如，没有劳动力市场的建立就没有毕业生统包统配制度的改革，没有所有制结构的多元化就难以改变国家单一投资办学的格局，没有区域经济的发展和政府管理经济职能的转换，中央部门办学为主的管理体制改革就难以操作实施等。正因为高教体制改革不可能"单兵突进"，它有赖于社会配套改革，包括政府自身改革，因此由政府对改革的总体方案、步骤、措施、进程进行统一规划并协同实施将减少改革的盲目性和组织实施成本，从而提高改革效率。② 当然，经济、政治等行动总是嵌入于社会关系之中③，作为高等教育活动主体的普通高等学校，在资源获取的过程中所结成的利益关系也必将随着市场经济体制的建立而发生相应改变。④ 改革开放

① 《把思想政治工作贯穿教育教学全过程，开创我国高等教育事业发展新局面》，http://www.moe.edu.cn/jyb_xwfb/s6052/moe_838/201612/t20161208_291306.html，2016‒12‒8（阅读时间：2017 年 12 月 15 日）。
② 陈维嘉：《高等教育体制创新与政府行为的调整》，《教育研究》2003 年第 2 期，第 28—33 页。
③ 周雪光：《组织社会学十讲》，社会科学文献出版社 2003 年版，第 120 页。
④ 刘青秀、贾云鹏：《高等教育体制的创新与普通高校间关系的转型》，《社会科学》2006 年第 3 期，第 138—143 页。

以来,落实和扩大高校办学自主权成为中国高等教育改革的一个中心议题。由于高校办学自主权既涉及高校办学与政府、与社会的外部关系,又涉及高校内部的各种关系,高校办学自主权的扩大与落实涉及高校办学制度的根本变革与转换,是高教政策调整的主要内容,在高等教育政策中处于核心地位。因此高等学校自主办学,一方面要在国家政府的宏观调控下,另一方面,则要在市场活动中加以强化,市场则对高等教育的发展有着重要的调节作用。同时,在外部竞争压力和内在利益动力的驱使下,高校逐步形成自我积累、自我发展、自我约束、自我完善的能力,在自主办学、特色办学的前提下,高校还积极地建立横向联系,加强联合协作。当然,随着社会主义市场经济的发展和社会主义民主政治的完善,在政府宏观调控的管理下,教育管理权限下移,高校面向社会自主办学一直是高等教育管理体制改革发展的主要方向。同时,我国区域经济和社区建设的健康发展,需要高等教育参与其中并发挥重要作用,这就使得高校同地区、社区的关系更为紧密。①

一、 从统一管理到大学面向社会自主办学（1978—1999 年）

根据高等教育系统的权力配置,现代高等教育系统主要有两种理想类型:罗马传统的高等教育体系与盎格鲁·撒克逊传统的高等教育体系。前者是国家控制的一元结构,后者是"社会选择"的多元结构。中国高等教育体系在新中国成立前主要受美国影响,属于盎格鲁·撒克逊传统的高等教育体系,大学自治作为一种核心价值理念为人们所认同。中华人民共和国成立之后,随着"以俄为师"的全面展开,中国建立了一套高度集权的计划体制。为了适应高度集权的计划体制,政府采取了一系列强有力的行政措施,对大学的课程、教学、专业设置等进行了改革,并实施了大规模的院系调整,建立了政府统一管理高校的制度。这种制度对于恢复大学秩序、推动新中国的经济建设、建立适应计划经济需要的高等教育体系具有十分重要的意义,但是这种过于集权化的制度还是很快地暴露出其弊端:它抑制了高校办学的主动性,而且挫伤了地方政

---

① 薛素林:《高等教育体制的现状及其发展思路瞻望》,《西南民族大学学报(人文社科版)》2005 年第 7 期,第 317—320 页。

府办学的积极性。1958 年 8 月国务院发布了《关于教育事业管理权力下放问题的规定》，决定结束苏联式高度集中的教育管理体制，实行教育权力下放。权力下放后，地方举办高等教育的热情被调动起来，高教规模因缺乏必要的控制而高速发展，形成了"教育大跃进"和"教育大革命"。① 从 1957 年至 1959 年，高等学校从 229 所增加到 841 所。1960 年高等学校又在一年中增加 448 所，达到 1 289 所。高教规模的急剧扩大超过了国民经济的承受能力，教育质量急剧下降，要求集中整治的呼声开始高涨。②

　　始于 1958 年的整个社会的"大跃进"至 1960 年已难以为继，多、快、好、省地建设社会主义的"总路线"为国民经济建设的"调整、巩固、充实、提高"八字方针所取代。1961 年，为贯彻八字方针，中央要求工业、农业、教育、科学、文艺等各个系统在总结经验的基础上，制定相应的工作条例草案，以指导和规范各方面的工作。在此背景下，教育部出台了《教育部直属高等学校暂行工作条例（草案）》（即《高校六十条》），以此来整顿高等教育发展的无序状况。《高校六十条》确立了两大原则：第一，学术自由原则。《条例》第 4 条规定："高等学校必须贯彻执行百花齐放、百家争鸣的方针，在毛泽东同志'关于正确处理人民内部矛盾的问题'中提出的六项政治标准的前提下，积极开展各种学术问题的自由讨论，以利于提高教学质量，提高学术水平，促进科学文化的进步和繁荣。"第二，集中管理原则。这一原则是《高校六十条》的核心原则。《条例》第 7 条规定："教育部直属高等学校，行政上受教育部领导，党的工作受省、市、自治区党委领导。""教育部直属高等学校规模的确定与改变，学制的改变与改革，都必须经教育部批准。"由此，此前下放给地方的自主权重归中央。由于集中管理原则是核心原则，故《高教六十条》中充斥着"指令性规则"。③ 从教学计划到专业设置，从教师调动到招生，从教学到科研均有细致入微的规定，高校办学自主权并未进入决策者的视野。大学学术事务，事无巨细，条例均有详细的规定，大学实际上只是政府的附属机构。《高教六十条》是中华人民共和国第一部用于指导高等教育的条例，它标志着中国在高等教育管

① 《关于教育事业管理权力下放问题的规定》，http://www. 360doc. com/content/14/0810/12/358614_
　　400762315. shtml（阅读时间：2017 年 9 月 9 日）。
② 周光礼：《中国大学办学自主权（1952—2012）：政策变迁的制度解释》，《中国地质大学学报（社会科学
　　版）》2012 年第 3 期，第 14—16 页。
③ 《中共中央关于讨论和试行教育部直属高等学校暂行工作条例（草案）的指示》，http://cpc. people. com.
　　cn/GB/64184/64186/66668/4493470. html（阅读时间：2017 年 12 月 10 日）。

理上开始探索出了一条摆脱苏联高等教育模式的道路。它的试行使混乱的教学秩序得到恢复,对高等教育的巩固提高起到了一定的积极作用。就政策的价值取向而言,《高教六十条》是一种典型的国家本位的政策范式,政策的出发点是以国家利益为基点的,集权管理是其基调,学术自由原则在高度集中的计划经济体制下只能流于形式。1969 年中央发布了《关于高等学校下放问题的决定》,大学被下放到地方,高等教育再次走向失控。"文革"结束后,人们发现《高教六十条》所确立的政策范式对恢复高等教育仍具有指导意义,于是稍作修订后又重新颁布。

(一) 改革政府对高等学校统得过多的管理体制,扩大高等学校的办学自主权(1978—1992 年)

1978 年十一届三中全会做出了工作重点由阶级斗争转移到经济建设上的决定,并制订了"调整、改革、整顿、提高"新八字方针。高教事业也开始执行新八字方针以恢复教育秩序。虽然以"改革、提高"取代了《高教六十条》中的"巩固、充实",但调整、整顿的思想却一脉相承。然而,这毕竟是在教育大革命的背景下制定的条例,在改革开放的时代重新施行难免无法适应当时高等教育改革发展的要求。正是在这种历史背景中,高校办学自主权问题开始得到高校和媒体的关注。

1979 年 12 月 6 日《人民日报》发表了复旦大学校长苏步青、同济大学校长李国豪、上海交大党委书记邓旭初、上海师大校长刘佛年共同发表的一篇文章,呼吁"给高等学校一点自主权"。《人民日报》在编者按中还提出了"学校应不应该有点自主权,应该有哪些自主权,教育体制应如何改革才能更好地适应工作重点的转移"等一系列值得探讨的问题。

专栏三:上海四位大学负责人呼吁:给高等学校一点自主权

(《人民日报》,1979 年 12 月 3 日,第三版)

编者按:学校(包括大专院校和中小学校)应不应该有点自主权,应该有哪些自主权,教育体制如何改革才能更好地适应工作重点的转移?这是很值得探讨的问题,希望大家积极提出建设性的意见。

　　本报讯　记者肖关根报道：最近，复旦大学、同济大学、交通大学和上海师范大学的校长和党委书记，对办好大学，扩大高校自主权问题，谈了一些看法和意见，现整理如下：

　　复旦大学校长　苏步青：应该相信校长能管好大学

　　学校自主权问题，是个教育体制问题。直属教育部的全国重点大学，权力都集中在教育部。学校要请外国学者讲学或者派人出国学习，招收多少学生，开设什么专业，等等，统统由教育部规定。这样一来，当校长的只要按照上面规定的办就是了。结果是，办出来的学校都是一模一样。拿综合性大学来说，复旦大学与北京大学没有什么区别。各个工科大学也是一个式样。外国人来参观时，每类学校只看一所大学就行了，因为各个大学没有自己的特色。

　　我想，中国这么大，学校这么多，什么事都由教育部管是管不好的。为什么不给大学一点自主权呢？其实，教育部对重点大学每年的人员进出、招生人数和教育经费，订个计划，作出预算以后，就应放手让学校去做。如使用外汇问题，文科和理科情况不一样，上面规定总额后，把钱交给银行或财务部门保管，使用权交给系里，需要时由系主任批准就可到银行提取。但现在不是这样，规定使用经费超过一千元的都由校长批准。复旦大学十几个系，我怎么能具体了解每个系用钱的情况？这样的权可以放到系里，但我没有这个下放的权力。

　　我们是国务院任命当校长的，那就应该相信我们是会用好这个权的。现在学校实行的是党委领导下的校长负责制。方针政策，大的方向，党委会掌握，教学科研由校长负责。现在的大学校长一般都是学者、专家，又在一个学校工作多年，他们熟悉这个学校的情况，完全可以让他们发挥专长，把学校办得很有特色。如果让我这个校长在复旦大学作主的话，在招生考试和教学方面，就不一定完全按照全国统一规定来办。这样，说不定办得更有特色，更有效果。但是，由于学校没有自主权，现在行不通。我觉得，我们党和国家对学者和专家是很重视的，给了我们很高的荣誉和地位，但由于制度还有些缺陷，至今仍不能很好地发挥我们的作用。照现在这样的管理制度，校长的手脚被束缚住，是很难办好学校的。

同济大学校长　李国豪：制度、政策要有利于出人才

现在学校没有什么主动权。我作为校长，只知道教师出差坐飞机要我签字才能报销，其他没有什么权。就以用人权来说，招聘或辞退一个教师或工作人员，都要由上级人事劳动部门批准。如我校有一位外语教师，由于本人有历史问题，肃反时被清除出学校。如今他的问题已经得到解决。这个教师教德语教得很好，我们就请他回来教书。上级人事部门不同意。学校人事部门与他们打过几次交道，他们先是说没有编制，我们说学校有编制，可他们就是不批准。这位教师已上了半年多课，但得不到承认。再如招收研究生，今年我校物理系招收研究生时，有位考生五门功课中有四门成绩都在八十分以上，只有一门功课成绩比较差。物理系领导和指导教师都认为这个考生过去学习成绩一贯优秀，是有培养前途的，决定录取他。学校党委讨论了两次，表示尊重系领导和指导教师的意见。但是，上海市招生部门一再不同意，最后还要学校打报告，由他们来批。一个大学的党委和校长都无权录取研究生，反而要由并不了解情况的上级机关来批，真是没有道理。

学校基建也是这样。设计方案要教育部点头，要上海市教育局批准，建造地点还要由市规划部门指定。最近，我们要造一个食堂，一定要按市规划部门选定的地点造。食堂在学校里又不牵涉到城市规划问题，可是硬要来管。我说，我们现在是"科员统治"，有些事部长、局长还好商量，就是一些办事人员难通过。什么事都由教育部规定，市里批准，科员把关，还要校长干什么？

这种权力过分集中的现象，可以说是几千年的封建社会的残余。重重叠叠的行政机构，有些不是帮助下面出主意，而是制造困难，卡你。这是制度上的问题。还有思想认识上的问题。有些同志总认为只有自己是聪明的，是能掌握原则的，下面的人统统是阿斗，是靠不住的，把权交给他们就会为非作歹。所以一定要管得死死的。在这种情况下，当校长的，可以什么事都不干也用不着检讨。

交通大学党委书　记邓旭初：该统的没有统　不该统的统得太死

有人说，大学办不好，该打校长、书记的屁股。其实打不着。目前事无巨细，唯上面的意旨是从,校长、书记没有多少自主权,屁股何从打起?

拿教学来说,统一教材、统一大纲,乃至统一习题,要求各校办成一个样;拿经费来说,专款专用,不准机动;拿人事来说,上级不批准,优者进不来,劣者送不走。

要想把大学办好,得给大学以适当的自主权。全面铺开,容易搞乱,可否先试点? 我不是反对统一,有些大事应该统一。现在的情况是,该统的没有统,不该统的反而统得死死的。交大有个专业,某工业部不管,教育部不问,另一个工业部想投资而缺乏相应的资金。结果这个专业搞得半死不活。又如起重机专业,是个老专业,师资力量强,潜力大,早在一九六二年,就是出席全国文教群英会的先进集体,但至今科研任务拿不到,有关业务会议也无权参加,对这些专业该统而又为什么不统?

我主张,对大学的规模、专业设置、教职工编制、学生质量的最低要求等,应由国家统一规定。根据学校规模,拨给学校相应经费指标(包括外汇),交给学校包干使用。领导机关可监督检查。学校还可以根据本校实际,同国外直接取得联系,如参加国际学术会议,开辟国际学术交流,并可接受国外的设计、科研、实验等任务。

现在大家都公认,教师比同工龄的工人实际工资低两级以上。如果给大学适当的自主权,就能在不增加国家负担,不减少国家收入的前提下,利用大学现有设备、人力、技术,实行奖金奖励制度。但是,目前有些制度像紧箍咒一样把学校限制得死死的。

上海师范大学校长　刘佛年:教育部门不要只用行政手段管学校

教育管理权有三层,中央、地方、学校。三方面的关系要解决好。从各国的情况看,由于历史发展的关系,大致分两类:一类是中央集权的如法国,大学基本上是直接受中央管的;另一类是地方分权的如美国,宪法规定教育是各州的事,各州也管得不细,大学自主权比较大。现在发展趋向是,中央集权的国家开始给地方和学校多一点自主权,如法国,在一九六八年闹学潮以后,就开始大学体制改革,第一条就是给学校一些自主权。而地方分权的国家,则加强了一些中央集权,中央给学校经费补助,以影响学校的教学和科研的方向。现在大家有一个看法,集权与自主,要保持一个恰当的平衡。有的东西要统一,有的事情要给下面一点权力,没有绝对的自主权和集权。从我们的情况来说,问题是集权太多,自主权太少。这容易束缚下面的手脚,不能发挥下面的积极性,不利于迅速解决问题。近来自主权有所增加,但是还不够。另一方面,在某些事情上也有集权不够的情况。

所谓自主权,包括用人权、财权和教学科研方面的管理权。用人权方面,现在学校行政领导是上级直接任命,其实最好是学校选举产生,报上级批准任命。教育主管机关应该规定学校的人员编制。统一分配的制度也还是必要的,但教职工即使是统一分配进来的,也应该允许学校考核、选择、试用,不合格的可以不要;虽然工作了相当时间但仍不称职的,可以要求人事、劳动部门另行分配工作。另一方面,还应该允许学校招聘人员。今年上半年,我们学校试了一下,从社会上没有正式工作的人当中招考录用了一些外语人员,为外语资料和教学工作补充了一些力量。某些单位有个别的人确有专长,但又无法用其所长,而大学却很需要,应该允许把他们调进大学。总之,教职工要有进有出,才能流水不腐。

在财务方面,经费如何具体使用,可以让各校自作主张。主管机关可以对学校经费使用情况进行检查。年终没有用完的经费不要上缴,这样可以促使学校精打细算,不突击花钱。关于奖金、加班费等,应该作一些统一的规定。过去有些不合理的财务制度应该修改。

再看教学、科研的管理权。我看,全国统一的计划、大纲、教材只能是参考性的,可以用,也可以不用,这样教学才能多样化,各有特点。再如招生制度,入学考试除用统考外,是否可以让某些学校自行招生,或允许他们自招一部分学生,这样可以让某些专业更加认真地挑选适合本专业特点的学生。要允许学校对优秀学生进行特殊培养,如提早毕业,招进研究班,或送到他校进修。要允许校院间互换优秀毕业生,留作助教。教师出国,可以让各校自行掌握。总之,教育部门要多用建议、帮助之类的方法来管学校,不要只靠行政手段来管学校。国外有的教育部门主要是到下面搞调查研究,提出建议,组织交流和给学校提供帮助。我们的教育部门能在这方面多做些工作,大家肯定是欢迎的。

正是在这种情况下,1985 年出台的《中共中央关于教育体制改革的决定》第一次由中央明确提出了高校办学自主权问题。《决定》明确了高教体制改革的指导思想,把提高办学效率作为基本的政策价值理念。《决定》第一个部分详细地分析了办学效率不高的原因:几十年来在行政机构的直接领导下,高等学校没有办学自主权,严重地束缚了高校的办学潜力,已经不能适应社会发展的需要。为了提高办学效率,进行教育体制改革就成为关键。《决定》指出,"中央认为,要从根本上改变这种状况,必须从教育体制入手,有系统地进行改革。改革管理体制,在加强宏观管理的同时,坚决实行简政放权,扩大学校的办学自主权"。《决定》第四部分继续提出,"当前高等教育体制改革的关键,就是要改革政府对高等学校统得过多的管理体制,在国家统一的教育方针和计划指导下,扩大高等学校的办学自主权,加强高等学校同生产、科研和社会其他各方面的联系,使高等学校具有主动适应经济和社会发展需要的积极性和能力"。基于提高办学效率的指导思想,《决定》进而提出了两方面的改革,一是招生计划和毕业生分配制度改革;二是扩大学校办学自主权。①

《决定》明确规定了高等学校有教学、科研、招生、人事、财务与国际交流等六个方面的自主权。由于《决定》是一个纲领性文件,故关于高校办学自主权,《决定》仅作了原则性规定,主要包括:在执行国家的政策、法令、计划的前提下,高等学校有权在计划外接受委托培养学生和招收自费生;有权调整专业的服务方向,制订教学计划和教学大纲,编写和选用教材;有权接受委托或与外单位合作,进行科学研究和技术开发,建立教学、科研、生产联合体;有权提名任免副校长和任免其他各级干部;有权具体安排国家拨发的基建投资和经费;有权利用自筹资金,开展国际的教育和学术交流,等等。对不同的高等学校,国家还可以根据情况,赋予其他的权力。与此同时,国家及其教育管理部门要加强对高等教育的宏观指导和管理。教育管理部门还要组织教育界、知识界和用人部门定期对高等学校的办学水平进行评估,对成绩卓著的学校给予荣誉和物质上的重点支持,办得不好的学校要整顿以至停办。②

---

① 《中共中央关于教育体制改革的决定》,http://old. moe. gov. cn/publicfiles/business/htmlfiles/moe/moe_177/200407/2482. html(阅读时间:2017 年 10 月 15 日)。

② 《中共中央关于教育体制改革的决定》,http://old. moe. gov. cn/publicfiles/business/htmlfiles/moe/moe_177/200407/2482. html(阅读时间:2017 年 10 月 15 日)。

为了贯彻落实这些原则,国务院于 1986 年颁布了《高等教育管理职责暂行规定》,把高校办学自主权扩充为八项,即招生、科研、教学、财务、人事、基建、职称评定和国际交流。① 其主要内容是:(一)在保证完成国家下达的培养人才任务的前提下,可以按照国家规定的比例实行跨部门、跨地区的联合办学,接受委托培养生和自费生。可以提出招生来源计划建议,按照国家有关规定,录取学生,处理和淘汰不合格的学生。落实国家下达的毕业生分配计划,制订毕业生分配方案,并向用人单位推荐部分毕业生。(二)执行勤俭办学的方针并在遵守国家财务制度的前提下,按照"包干使用,超支不补,节余留用,自求平衡"的经费预算管理原则,可以安排使用主管部门核定的年度事业经费。接受委托培养生、自费生,举办干部专修科、函授、夜大学及社会技术服务和咨询取得的收入,按照国家有关规定安排用于发展事业、集体福利和个人奖励。(三)按照主管部门批准的总体设计任务书、总体规划、长远和年度基建计划,在向主管部门实行投资包干的前提下,可以自行择优选择设计施工单位。在保证实现投资效益的前提下,经过主管部门批准可以自行审定设计文件,调整长远和年度基建计划。包干投资,节余留成使用,超支不补。(四)按照干部管理权限,可以根据规定的干部条件、编制和选拔步骤由校长提名报请任免副校长;任免其他各级行政人员;聘任、辞退教师和辞退职工。(五)经过批准的高等学校,可以按照国家有关规定,评定副教授的任职资格,其中少数具备条件的高等学校,可以评定教授的任职资格;审定授予硕士学位的学科、专业,增补博士研究生导师。(六)根据党和国家的教育方针政策及修业年限、培养规格,可以按社会需要调整专业服务方向,制订教学计划(培养方案)、教学大纲,选用教材,进行教学内容和方法的改革。(七)在保证完成国家下达的科学研究任务的前提下,可以自行决定参加科学研究项目的投标,承担其他单位委托的科学研究任务,面向社会开展技术服务和咨询。在不需要主管部门增加基建投资、事业经费和人员编制的情况下,可以自行决定单独设立或与其他单位合办科学研究机构或教学、科学研究、生产的联合体。可以接受企业单位的资助并决定其使用重点。(八)在国家外事政策和有关规定的范围内,积极开展对外交流活动。凡属学校自筹经费(含留成

① 《高等教育管理职责暂行规定》,http://www.people.com.cn/GB/jiaoyu/8216/36635/36644/2720318. html(阅读时间:2017 年 8 月 21 日)。

外汇),经过上一级主管部门批准认为可以接受的对方资助或在主管部门下达的经费外汇限额内,可以决定出国和来华的学术交流人员。经过批准的学校可以自行负责出国人员的政治审查。①

专栏四：刘道玉和武汉大学改革

　　1981 年 8 月,48 岁的刘道玉被任命为武汉大学校长。这位全国重点大学中最年轻的校长在位 8 年期间,对武汉大学进行了一系列改革：学分制、双学位制、主副修制、插班生制、转专业制、第三学期制、贷学金制。

改革举措

插班生制度

　　刘道玉后来在其著作中回忆到,在任校长期间,他收到了不少社会青年的来信,有自学成才的青年,有业余科技发明者,因种种原因失去了上大学的机会。在反复思考后,他决定推出"插班生制",打破按部就班的学习制度。为此,刘道玉1985 年三次奔赴北京,来回奔波 8 个月,请求武大试行插班生制。当年,各系共招收插班生 92 人。插班生制度培养出了不少作家、科学家、经济学家,很多"许金龙"的命运因此改变。武大杰出校友、著名翻译家许金龙的命运,正是因为刘道玉的上述改革而改变。进武大之前,初中未毕业就下乡的许金龙蹬过三轮、做过木工,还曾在澡堂给人服务。1985 年,做卡车司机的许金龙,从报纸上看到武汉大学招收插班生的新闻,大喜。他连夜开着卡车从南京到武汉报名,最终被录取。

作家班

　　与插班生制度一同推出来的,还有轰动一时的作家班。1985 年,武大中文系招收了 22 名作家,单独举办了学历教育的作家班。第六届茅盾文学奖获得者熊召政、著名作家池莉、解放军艺术学院副院长袁厚春、湖南省作协副主席水运宪……一批著名作家都曾是作家班的学员。"作家班和插班生制度是当时教育改

---

① 《高等教育管理职责暂行规定》,http://www.people.com.cn/GB/jiaoyu/8216/36635/36644/2720318.html(阅读时间：2017 年 8 月 21 日)。

革中的两个亮点,从他们当中涌现出了一批杰出的人才。"刘道玉回忆说,"过去文人相轻,文学家瞧不起作家,认为他们没有学历、没有高深的学问;而作家又瞧不起文学家,认为他们一生都写不出一本小说来。于是,我就想打通他们之间的隔阂,萌发出要培养学者化大作家的想法,这与王蒙先生不谋而合。"在中国作家协会的支持下,武大创办了史无前例的作家班,先后两期。鉴于武大作家班的成功,当时北大、西北大学等,也陆续办起了作家班。

校风学风自由民主

当时,刘道玉允许学生不上课,允许学生自由选专业,允许学生跳级,允许学生留长发、穿喇叭裤,允许跳交谊舞、谈恋爱。

学分制全国首吃"螃蟹"

"其实,实行插班生制度,仅仅只是改革的一半。"刘道玉表示,与它配套的另一半是,把通过统考入校但不思进取、成绩差劣者分流出去。践行这一改革理念的举措,即沿习至今的高校学分制。刘道玉调查发现,当时本科学制最大的弊端是,全班学生同灶吃饭,有的"吃不饱",而有的可能"吃不了",从而挫伤了学习的积极性。引入西方大学的"学分制"后,学生多修就可以提前毕业,能力差些的可以根据自身情况缓修,就能克服矛盾。1981年秋,武大率先对历史系和物理系试行学分制,明显的变化是:学生们的积极性调动起来了,学习兴趣广泛了,知识面也拓宽了,由于学生的自由选课,教师们开新选修课的积极性也增加了。直到1985年,《中共中央关于教育体制改革的决定》出台,实施学分制才有了明确的地位。

转学制

和学分制一同推出的,还有转学制。1981年,刘道玉还在全国首创了转学制:在尊重和保护学生兴趣的前提下,不仅允许学生在系内各专业之间转换,还允许学生在系与系之间、文理科之间转专业。武大1985级无线电系学生黎亮说,这项改革举措,被学生们称作是"学习的解放运动"。"上世纪80年代的武大,在全国高校排前十名是毫无疑问的。"作家野夫接受记者电话采访时说,刘道玉治校,率先推行学分制,学生就"自由"了。"'自由'就是教育的灵魂。"刘道玉告诉记者,自己最得意的就是营造了武大宽松自由的校园文化。当时,刘道玉允许学生不上课,允许学生自由选专业,允许学生跳级,允许学生留长发、穿喇叭裤,允许跳交谊舞、谈恋爱。当时有清华、中国科大、同济大学的学生转到武大来,连其他高校的几个院士都要调到武大来工作。自由、开放,刘道玉给武大和中国高教界带来一种全新的校园风气和文化氛围。

从 1977 年参与建言"恢复全国统一高考"到今天,刘道玉的人生起起落落,但没有人能否认,他是中国高等教育改革的"拓荒者"。

易中天谈起他在武大上学时的感受:师生思想活跃,言论自由;研究生论文答辩,可以当面顶撞评审委员;本科生学术演讲,校领导坐在下面洗耳恭听。校长、副校长、书记、副书记的家,敲敲门就进去了。据学生们回忆,在武大,他们不仅把刘道玉看作一校之长,而且把他当朋友,经常给他写信。"刘道",是很多学生对他的昵称。刘道玉也成为众多武大学子心中"难以忘怀的老校长"。对教育爱之深、忧之切的刘道玉,始终没有忘记过心中的教育改革梦想。正如 2012 年 11 月 17 日,《南方周末》"中国梦践行者"评选给刘道玉的颁奖词一样,"他是当代中国最值得记取的大学校长之一,也是虽没有权力却有非凡影响力的教育家",他值得所有人鼓掌致敬。

刘道玉在武汉大学进行了一系列重大改革,第一个在全国推出了学分制、主辅修制、双学位制、插班生制、自由转专业制、导师制、学术假制和贷学金制等。他还试图对高校去行政化,如撤销政治辅导员,实现导师制。自由、民主、宽容……他的系列改革观念,与蔡元培当年在北大"兼容并包"的思想隔着时空遥相呼应。因此,有人称他为"武汉大学的蔡元培"。当年的这些新创举,现在已成为中国高校普遍实行的基本制度,刘道玉也因此成为了中国高校教育改革进程中一位不可忽视的人物。提及改革的动力,他谈到了胡耀邦当时的话:"允许改革犯错误,不允许不改革。"正是这句话给了他改革的动力。理想主义的刘道玉,想把武汉大学打造成一所自己理想中的大学。他在任的八年间,武汉大学师生获得了 32 项国际水平的奖项,其中有 38 项是国内首创。但改革在 1988 年 2 月 10 日戛然而止,那天下午,刘道玉被突然免职。

中国高等教育弊端是什么呢？刘道玉把它概括为六点：一是管得死死的大一统的教育体制；二是填鸭式的灌输教育原则；三是单一学制和狭窄的教学制度；四是单纯以分数高低取舍和评价人才的考试方法；五是大包大揽的学校为社会的小农管理方式；六是单一的非再生式的拨款机制等。在六弊之中，大一统的教育体制堪为弊中之弊，它的大弊端就在于：由一个部门垄断办学，用一个固定的模具把学生铸造成同一规格的产品，导致了"千校一面"、"万人一格"的局面，从而抹杀了人才的差别，束缚了他们的个性、主动性和创造性。

改革收益

激发学生创造力

学分制、双学位制、主副修制、插班生制、转专业制、第三学期制……武汉大学开全国高校风气之先，一系列新制度的推行激发了学生的创造力，使得当时的武汉大学成为全国大学生眼中最令人向往的地方。胥青山就是此次改革的受益者。1983年，已经从武汉水利电力大学毕业的他通过插班生的方式进入武汉大学读书。"不麻烦，只要通过他们的审查就行，我有大学学历，而且工作也还不错，很顺利就进来了。"

自由、民主、尊重之风盛行，广聚人才

彼时的武汉大学，因为思想极为解放而被称为"解放区"，没有其他学校的"三不准"（不准谈恋爱、不准跳交谊舞、不准穿奇装异服）规定。"刘道提出的一句口号就是'尊重学生的志趣'，武大非常自由，学生们非常有激情，干了许多稀奇古怪的事。"田天说。最主要的表现，就是校园里各种各样的社团和刊物。上世纪80年代初，武汉大学一批思想活跃的大学生创办了一个特殊的学术社团——多学科讨论会，也被称为快乐学院。每个星期三的晚上，是多学科讨论会的例会，各个系"不安分"的学生都聚集到学生会议室，高谈阔论，热闹非凡。他们讨论的内容新颖且广泛，从毕加索到原子弹，几乎无所不包。不仅是学生，这股自由风潮还催生了许多极具个性的老师。在胥青山的印象中，数学系的杜金元无疑是最具代表性的老师之一。杜金元当年进入武大时考试成绩：英语0分，政治27分，但两门专业课全国第一。"后来是校长特批才进来的。"杜金元上课所用的工具很经典：

一本已经磨得发黄且发卷的课本、一把小粉笔头。胥青山告诉记者,杜金元每次开始上课的时候就会说:"把你们的眼睛眯起来,好好听我讲。"接着,就开始在教室里来回走动讲课。"他上课从来不在黑板上板书,都是靠嘴说,很多解题步骤和算出来的数就像背出来一样。"一堂课下来,只听杜金元一个人在滔滔不绝地讲,下边的人听得如痴如醉,大呼"解渴"。这样的自由之风为社会培养了大批人才。以最活跃的中文系为例,77 级的高伐林,读书期间在《诗刊》《人民日报》《长江文艺》《中国青年》等刊物上,发表作品近 80 篇,曾经获得中国作家协会"1979—1980 年全国青年诗人新诗奖",在校期间被吸收为中国作家协会会员。78 级方方于 1982 年发表于《长江文艺》的《大篷车上》,曾获湖北创作奖,后被拍成电视剧,她现在是湖北省作家协会主席。"当时有一段话,前面几句记不清了,但最后一句是'玩在武大'。我们那个时候并不是像现在这样整天娱乐,而是在创作。"田天说,现在的大学生早已失去了他们当年所拥有的理想主义和社会责任感,过早成熟。对于钱理群教授提出的"一些大学正在培养精致的利己主义者"这一说法,田天深有同感,"刘道的改革使得武大成为那个时候自由风潮的引领者,如果放到现在,还真不知道这些改革能不能激起那么大的波澜,起码在学生中间很难说。"

夭折的去行政化

在窦德灵的记忆中,刘道玉最常接触两类人,一是学生,二是教授。"他对教授们极为尊重,尤其是一些很有声望的老教授。"当年,刘道玉为了法学系韩德培教授的级别和工资问题,亲赴教育部为之申请,最后得到批准,一度传为佳话。在韩德培的努力下,武汉大学的法学得到重建,并迅速发展为在全国具有重要影响力的学科。"那时的武大,教授治校的局面已经大体形成了,校长如此尊重教授,下边教务之类的行政部门自然不敢造次。"田天还告诉记者,当时行政干部的选拔也非常民主。他回忆道,有一次,校长把他们几个中文系的学生叫了过去,跟他们聊了很久,多数内容是关于中文系一位老师,"我们也有些云里雾里,就是如实回答,那位老师对学生挺好的。"没多久,该老师就被任命为教务处副处长。"我们这才明白过来,原来叫我们谈话是为了考察这位老师。你想想,连普通学生的感受都要问到,其他方面就更不用说了。"而且,刘道玉把教学制度作为突破口,在很大程度上减小了改革阻力。"人才培养是一个大学的立校之本,一旦教学制度松动了,伴随着教学而来的很多配套制度就要慢慢地改变,包括领导体制、后勤制度、教职工分配制度等都会随之改变,最后一定会引起教育行政化局面的变化。"胥青山遗憾地表示,可惜没有等到这些变化的到来,刘道玉的改革就戛然而止。刘道玉并非没有试图直接去行政化。在刘道玉所进行的改革中,最大胆也最引人注目的就是取消政治辅导员制度,同时开始试行导师制,这在全国是第一例。但在刘道玉离职不久,辅导员们就悄然上岗,导师制则除了在刘道玉所在的化学院保留下来,几乎完全被废除了。

资料来源:

1. 方可成:《武大原校长刘道玉:一位超前的教育改革家》,http://news. sciencenet. cn/htmlnews/2012/12/272636. shtm(阅读时间:2017 年 11 月 20 日)。
2. 周超:《倘若让他改下去:刘道玉和他的武汉大学教学改革》,http://news. bandao. cn/news_html/201205/20120515/news_20120515_1909500. shtml(阅读时间:2017 年 11 月 20 日)。
3. 许黎娜:《专访刘道玉:他是"武汉大学的蔡元培"》,http://www. sohu. com/a/35268206_115403(阅读时间:2017 年 11 月 20 日)。

(二) 建立和完善国家统筹规划和宏观管理、学校面向社会自主办学的新体制(1992—1999 年)

1992 年党的十四大正式确立了社会主义市场经济体制的改革目标,建立与市场经济体制相适应的高教管理体制与运行机制提上了议事日程。1992 年 8 月下发的《关于国家教委直属高校深化改革,扩大办学自主权的若干意见》提出:随着我国经济体制改革的深化,高等教育体制也必须进行相应的改革。改革的重要方面是理顺政府与学校之间的关系,转变政府职能,扩大学校办学自主权,逐步确立高等学校的法人地位,进一步明确学校的权利和义务、利益和责任,以利于增强学校办学活力,主动适应和服务于国家经济建设和社会发展需要。据此《意见》,教育部直属高校进一步获得了办学自主权。同时,《意见》要求高校要转变观念和做法,充分发挥主动性和创造性,实现权限与职责的统一,学校要建立健全校内管理的规章制度和审议、监督、考核、评估制度,形成自我发展和自我约束的良性循环机制。在实施扩大办学自主权的过程中,学校要积极主动争取当地政府的支持,注意与社会其他方面的改革相互协调,逐步形成国家宏观管理和高校自主办学相结合的运行机制,促使学校的教育质量、科研水平和办学的整体水平再上新台阶。① 这就为继续扩大高校办学自主权提供了一个初步的样板。

专栏五:1992 年 8 月下发的《关于国家教委直属高校深化改革,扩大办学自主权的若干意见》提出的扩大国家教委直属高校办学自主权的 16 条意见

1. 学校可根据学科发展和社会需要的变化,在学校现设置的本、专科专业内确定与调整专业方向;在学校现有学科范围和核定的专业总数内,可依据国家教委制定的高校专业目录设置、调整本科专业;设置、调整与学校现有本科专业相近的专科专业。专业变动报国家教委备案。

2. 学校可适当增加调节性的招生计划,可在年度本、专科招生计划总数的 25％以内,招收委托培养和自费生,委培生和自费生比例可打通使用。国家教委不因此减少事业经费拨款。

3. 学校在办学条件允许的前提下,可依据经济建设和社会发展需要,在国家教委核定的学校年度本、专科招生计划总数的基础上增招 5％的委托培养和自费生,增招自费生需征得地方同意。学校可接受地方划转的本专科委托培养招生计划,为地方培养急需人才。

4. 在年度研究生招生计划数内,学校可根据实际情况调整在职研究生、定向研究生的比例;学校在办学条件允许的前提下,可依据社会需要,适当招收符合国家录取标准的计划外委托培养、学校自筹经费研究生和自费研究生,国家不负责安排工作。

5. 学校可依据国家经济建设和社会发展需求,在不增加国家事业编制和科学事业费的前提下,根据学校所承担的科研任务,自行确定和调整校内科研机构

---

① 《关于国家教委直属高校深化改革,扩大办学自主权的若干意见》,http://www.chinalawedu.com/falvfagui/fg22598/19350.shtml(阅读时间:2017 年 9 月 9 日)。

和专职科研编制,创办科技产业实体。学校可用国家教委下拨的部分科学事业费自行确定科研课题。

6. 学校可依据社会需要举办多种形式和层次的继续教育及岗位培训等非学历教育;成人高等学历教育在办学条件允许和适当提高录取标准的前提下,可在年度招生计划数的 20% 以内增加计划外招生人数。

7. 在基建投资总额包干的前提下,经国家教委批准授权,学校可以根据批准的设计任务书自行审定生活用房及部分教学用房的设计文件。学校可利用自筹资金适当调整建房标准,有条件的学校可利用贷款解决某些基建项目的急需。

8. 学校可根据办学的实际需要和所在地经济发展与群众收入水平的情况,提出年度学杂费、委培生、自费生等收费的标准,报国家教委核批。

9. 学校按照"包干使用,超支不补,结余留用,自求平衡"的经费预算管理原则以及有关法规,自主统筹安排使用学校的预算内事业经费和预算外经费。

10. 学校在执行国家工资法规和实行工资总额包干的前提下,有权确定适合本校实际的校内分配办法和津贴标准。在国家核定的工资总额内,因精简人员提高效益而结余的工资总额,可同学校自有资金合并用于提高校内津贴标准,用于校内津贴部分不计作奖金。

11. 学校有权依据校内各方面承担的任务和工作性质不同,选择不同的用人制度和管理体制。有权在国家核定的编制总数内,确定校内各类人员的构成比例。在国家不增加投入的前提下,学校可根据事业发展的需要,增设部分流动编制,根据校办产业发展的需要,设立企业编制。

12. 学校有权依据教学、科研任务和师资队伍建设的需要,设置和调整专业技术职务岗位,有权依据有关规定自主进行专业技术职务评聘工作。有教授审定权的学校可自主聘请名誉教授,并报国家教委备案。

13. 除中央和国务院明确规定的必设机构外,学校有权依据实际需要确定校内机构的设置及其人员的配备,可不参照主管部门对口设置校内机构。

14. 学校可按有关规定,提名并考察副校长人选,报国家教委批准任免。学校有权任免副校级以下干部。

15. 学校可根据国家教委的委托和有关规定,由党委书记和校长代行审批出国留学人员;代行审批副校长以下出国进行合作科研、参加国际会议以及校际交流等活动的人员;代行审批来华讲学的外籍人员。

16. 在国家分配下达的来华留学生经费及来华留学生计划指标内,学校可直接录取来华留学生;在办学条件允许的前提下,可直接招收录取自费来华留学生,并规定其学费标准。

1993 年 1 月,国务院批转国家教委《关于加快改革和积极发展普通高等教育意见》的通知,提出进一步改革原有的国家集中计划和政府直接管理的办学体制,逐步建立和完善国家统筹规划和宏观管理、学校面向社会自主办学的新体制。《意见》提出,"高等教育办学体制的改革是要理顺政府、社会和学校三者之间的关系,按照政事分开的原则,使高等学校真正成为自主办学的法人实体,明确学校的权利和义务、利益和责任,进一步促进学校面向社会自主办学。国家要加强高等教育的立法工作,尽快制定高等教育法、高等学校组织法等。政府要转变职能,简政放权,由对学校的直接行政管理,转变为运用法律、经济、评估和信息服务以及必要的行政手段进行宏观管理。保证学校拥有充分的依法办学的自主权,在专业设置、招生、指导毕业生就业、教育教学、科学研究、筹措和使用经费、机构设置、人事安排、职称评定、工资分配、对外交流和学校管理等方面拥有有关法律、法规规定的权限。学校要善于行使属于自己的权力,承担好自己的责任,建立起主动适应国家经济建设和社会发展需要的自我激励、自我发展、自我约束的运行机制。社会各界要积极支持和直接参与高等学校的建设和人才培养、评估办学水平和教育质量,为学校提供生产实习和社会实践基地,公平、择优录用毕业生,逐步为学校提供社会化服务。"随后,1994 年国家教委下发了《关于国家教委直属高校积极推行办学与管理体制改革的意见》,提出要通过办学和管理体制改革,在加强国家统筹规划、宏观管理的同时,进一步扩大学校面向社会依法自主办学的权限,使学校真正成为法人实体。《意见》要求通过立法进一步明确教委直属高校的权利、责任和义务,对属于教委直属高校办学自主权范围内的事,由学校按照相应法律、法规办理,保证学校在专业设置、招生、毕业生就业、经费筹措和使用、人员配置、机构设置、干部任免、职务评聘、工资分配、国际交流等方面的自主权落到实处,增强学校面向社会自主办学的能力。①

1993 年 2 月 13 日颁布的《中国教育改革和发展纲要》进一步强调,"在政府与学校的关系上,要按照政事分开的原则,通过立法,明确高等学校的权利和义务,使高等学校真正成为面向社会自主办学的法人实体。要在招生、专业调整、机构设置、干部任免、经费使用、职称评定、工资分配和国际合作交流等方面,分别根据不同情况,进一步扩大高等学校的办学自主权",并且要求"学校要善于行使自己的权力,承担应负的责任,建立起主动适应经济建设和社会发展需要的自我发展、自我约束的运行机制"。政府要转变职能,"由对学校的直接行政管理,转变为运用立法、拨款、规划、信息服务、政策指导和必要的行政手段,进行宏观管理。要重视和加强决策研究工作,建立有教育和社会各界专家参加的咨询、审议、评估等机构,对高等教育方针政策、发展战略和规划等提出咨询建议,形成民主的、科学的决策程序"②。随后下发的国务院《关于〈中国教育改革和发展纲要〉的实施意见》明确规定,要"通过立法,明确高等学校的权利和义务,扩大学校的办学自主权,使学校真正成为面向社会自主办学的法人单位。学校在政府宏观管理下,自主组织实施教学、科研工作及相应的人、财、物配置,包括制定年度招生方案、自主调节系科招生比例、调整或扩大专业范围、确定学校内部机构设置、决定教职工聘任与奖惩、经费筹集和使用、津贴发放以及国际交流等。同时,要深化学校内部管理体制改革,通过学校内部机构、人事制度、分配制度和后勤管理改革,进一步调动教职工的积极性,促进高等学校建立和完善面向社会自主办学和自我约束的机制"③。

---

① 《关于国家教委直属高校积极推行办学与管理体制改革的意见》,http://www. chinalawedu. com/falvfagui/fg22598/19051. shtml(阅读时间:2017 年 9 月 15 日)。
② 《中国教育改革和发展纲要》,http://www. moe. edu. cn/jyb_sjzl/moe_177/tnull_2484. html(阅读时间:2017 年 9 月 15 日)。
③ 《关于〈中国教育改革和发展纲要〉的实施意见》,http://old. moe. gov. cn//publicfiles/business/htmlfiles/moe/moe_177/200407/2483. html(阅读时间:2017 年 9 月 15 日)。

二、从依法自主办学到完善高校内部治理结构（1999年至今）

在1992年8月颁布的《关于国家教委直属高校深化改革，扩大办学自主权的若干意见》，1993年1月国务院批转国家教委的《关于加快改革和积极发展普通高等教育意见》，1993年3月中共中央、国务院颁布的《中国教育改革和发展纲要》，1994年7月3日国务院下发的《关于〈中国教育改革和发展纲要〉的实施意见》，1994年《关于国家教委直属高校积极推行办学与管理体制改革的意见》基础上，以1999年1月1日颁布实行的《中华人民共和国高等教育法》为标志，在法律框架下扩大并保证高校办学自主权成为1999年后落实与扩大高校自主权改革的主要思路。

（一）高等学校应当面向社会，依法自主办学，实行民主管理（1999—2010年）

1998年，《高等教育法》的颁布标志着政策范式的转换。《高等教育法》从1985年开始起草到1998年正式审议通过，前后近十三年。从某种意义上说，《高等教育法》酝酿的时期就是中国由计划经济体制走向市场经济体制的转型时期，社会转型引发了高等教育体制改革。进入20世纪90年代后，随着市场经济体制的确立，改革高度集权的管理体制进入了实质阶段：一方面高等教育的管理权限从中央向地方转移，这是纵向的地方分权；另一方面，高等学校的管理权限从教育行政部门向高等学校转移，这是横向的职能分权。横向的职能分权成为了改革的重中之重。正如《关于国家教委直属高等学校深化改革、扩大办学自主权的若干意见》中所指出的，"改革的重点方向是理顺政府与学校之间的关系，转变政府职能，扩大学校办学自主权，逐步确立高等学校的法人地位，进一步明确学校的权利与义务，利益与责任，以利于增强学校办学活力，主动适应和服务于国家经济建设和社会发展的需要"[1]。自主权的扩大意味着大学与政府、社会等各种外部关系及大学内部的各种关系发生了深刻变化。

《高等教育法》阐述大学办学自主权的内容包括两个部分：法律原则与具体制度。

---

[1] 《关于国家教委直属高等学校深化改革、扩大办学自主权的若干意见》，http://www.chinalawedu.com/falvfagui/fg22598/19350.shtml（阅读时间：2017年9月15日）。

办学自主权的法律原则有二：第一，面向社会，依法自主办学原则。《高等教育法》第11条规定："高等学校应当面向社会，依法自主办学，实行民主管理。"第二，学术自由。《高等教育法》第10条规定："国家依法保障大学中的科学研究、文学艺术创作和其他文化活动的自由。"①由于高等学校是一个高度专业化的学术机构，发展学术、追求真理是其本质，故大学的办学自主权实质上是学术自主权。

办学自主权主要包括两个方面：第一，大学的法律地位。确定大学的法律地位，是处理大学与国家、与社会以及大学内部各种关系的前提，因而也是办学自主权最重要的内容。《高等教育法》第30条规定："高等学校自批准设立之日起取得法人资格。高等学校的校长为高等学校的法人代表人"，"高等学校在民事活动依法享有民事权利，承担民事责任"。可见，中国大学的法律地位是：在民事活动中依法享有民事权利，承担民事责任的法人。第二，高校办学自主权的具体规定。《高等教育法》第32条到38条明确列出了高校具有"调节系科招生比例"、"设置和调整学科和专业"、"制订教学计划、选编教材、组织和实施教学活动"、"开展科研活动，技术开发和社会服务"、"开展国际交流与合作"、"设置内部机构和聘任人员"、"管理和使用学校财产"等七个方面办学自主权。②

专栏六：1998年《高等教育法》关于高校自主权相关条款

第四章　高等学校的组织和活动

第三十条　高等学校自批准设立之日起取得法人资格。高等学校的校长为高等学校的法定代表人。

高等学校在民事活动中依法享有民事权利，承担民事责任。

第三十一条　高等学校应当以培养人才为中心，开展教学、科学研究和社会服务，保证教育教学质量达到国家规定的标准。

第三十二条　高等学校根据社会需求、办学条件和国家核定的办学规模，制

---

① 《中华人民共和国高等教育法》，http://www.moe.gov.cn/s78/A02/zfs＿left/s5911/moe_619/201512/t20151228_226196.html（阅读时间：2017年11月22日）。

② 《中华人民共和国高等教育法》，http://www.moe.gov.cn/s78/A02/zfs＿left/s5911/moe_619/201512/t20151228_226196.html（阅读时间：2017年11月22日）。

定招生方案,自主调节系科招生比例。

第三十三条　高等学校依法自主设置和调整学科、专业。

第三十四条　高等学校根据教学需要,自主制定教学计划、选编教材、组织实施教学活动。

第三十五条　高等学校根据自身条件,自主开展科学研究、技术开发和社会服务。

国家鼓励高等学校同企业事业组织、社会团体及其他社会组织在科学研究、技术开发和推广等方面进行多种形式的合作。

国家支持具备条件的高等学校成为国家科学研究基地。

第三十六条　高等学校按照国家有关规定,自主开展与境外高等学校之间的科学技术文化交流与合作。

第三十七条　高等学校根据实际需要和精简、效能的原则,自主确定教学、科学研究、行政职能部门等内部组织机构的设置和人员配备;按照国家有关规定,评聘教师和其他专业技术人员的职务,调整津贴及工资分配。

第三十八条　高等学校对举办者提供的财产、国家财政性资助、受捐赠财产依法自主管理和使用。

高等学校不得将用于教学和科学研究活动的财产挪作他用。

第三十九条　国家举办的高等学校实行中国共产党高等学校基层委员会领导下的校长负责制。中国共产党高等学校基层委员会按照中国共产党章程和有关规定,统一领导学校工作,支持校长独立负责地行使职权,其领导职责主要是:执行中国共产党的路线、方针、政策,坚持社会主义办学方向,领导学校的思想政治工作和德育工作,讨论决定学校内部组织机构的设置和内部组织机构负责人的人选,讨论决定学校的改革、发展和基本管理制度等重大事项,保证以培养人才为中心的各项任务的完成。

《高等教育法》的出台,同时也意味着大学面向社会、市场自主办学政策范式在中国的正式确立。20 世纪 90 年代以后,随着市场经济体制的确立及高等教育的国际化,政府高等教育的价值取向发生了重大变化:引入市场机制,增强质量与效益意识。

市场式治理强调质量与选择,要求改变高等教育的科层式治理,给高校以更多的自主权。然而,市场式治理也意味着政府缩小职能范围,从而减少了对高等教育的投入,高校需要在市场中获取办学资源。1999 年以来,中国高校大幅度扩招,但政府对高校的直接经费投入并没有相应地增长,致使高校面临严重的经费问题,教育质量也受到一定影响。

高教政策范式由国家本位向市场本位转换虽说是一大进步,但高等教育的两种治理模式都是从外部的需求考虑公共政策,高校的自主性依然不高。总之,随着高等教育政策范式从国家本位向市场本位的转换,中国高校办学自主权也经历了从无到有、从抽象到具体、从法定权利到实际权利的演变过程。作为高等教育改革的晴雨表,高校办学自主权问题时而浮现,时而隐匿。进入 21 世纪以来,在建立现代大学制度的旗帜下,高校办学自主权问题再次凸显,成为学术界和实践界共同关注的重要问题。

(二) 落实和扩大高校办学自主权,完善高校内部治理结构(2010 年至今)

1995 年《中华人民共和国教育法》第 26 条规定,学校必须具备的基本条件一是"有组织机构和章程",第 28 条学校行使的权利里也要求"按照章程自主管理"。[①] 1999 年 1 月起实施的《中华人民共和国高等教育法》规定了申请设立高等学校所需章程的具体事项,规定了章程包含十项内容,并规定章程的修改应当报原审批机关核准。[②] 吉林大学 2003 年启动了现代大学精神研究,2004 年开始了现代大学制度建设的探索,2005 年出台了《吉林大学章程》,2006 年正式实施。2006 年后,北京大学等知名高校纷纷响应,开始制订了实施各自的章程。2010 年《国家中长期教育规划纲要》要求高校依法制定章程,依照章程规定管理学校。

2011 年《高等学校章程制定暂行办法》颁布实施,其目的是"为高等学校制定章程提供内容指导与程序规范,推动高等学校以章程建设为核心实施整体改革,制定符合

---

① 《中华人民共和国高等教育法》,http://www. moe. gov. cn/s78/A02/zfs__left/s5911/moe_619/201512/t20151228_226196. html(阅读时间:2017 年 11 月 22 日)。
② 《中华人民共和国高等教育法》,http://www. moe. gov. cn/s78/A02/zfs__left/s5911/moe_619/201512/t20151228_226196. html(阅读时间:2017 年 11 月 22 日)。

法律规定、体现学校需求与特色的高质量章程,使其具备应有的法律效力"。① 主要内容包括确立章程的地位与作用、提出制定章程的基本原则、明确高校章程应当具备的要件、规范章程的制定程序、建立章程核准的程序与制度、健全章程的执行与监督机制,共分为总则、章程内容、章程制定程序、章程核准以及附则等,共 5 章 33 条。

2013 年 11 月,党的十八届三中全会通过《中共中央关于全面深化改革若干重大问题的决定》进一步强调深化行政体制改革,创新行政管理方式,进一步简政放权,最大限度减少政府对微观事务的管理,特别是加快事业单位分类改革、推动公办事业单位与主管部门理顺关系和去行政化、建立事业单位法人治理结构等。关于教育领域的综合改革,《决定》要求要"深入推进管办评分离,扩大省级政府教育统筹权和学校办学自主权,完善学校内部治理结构"②。《决定》还提出,教育管理和办学体制改革要点是构建政府、学校、社会之间新型关系,落实和扩大学校办学自主权,建设依法办学、自主管理、民主监督、社会参与的现代学校制度。在《决定》的指导下,2014 年高等教育审批权发生了如下变化:2014 年 2 月 17 日,教育部公开行政审批事项目录,属于教育部的行政审批事项共 24 项,包括了行政许可 11 项,非行政许可审批 13 项。其中,与高校相关的共 19 项,包括了中央部属高等学校章程核准,硕士、博士学位授予单位及其可以授予硕士、博士学位的学科名单审核等。

2014 年 7 月 8 日,国家教育体制改革领导小组办公室印发《关于进一步落实和扩大高校办学自主权完善高校内部治理结构的意见》,重点扩大了高校在选拔学生、调整优化学科专业、开展教育教学活动、选聘人才、开展科研活动、管理使用财产经费和扩大国际交流合作等七个方面的自主权。③《意见》首次以文件形式对扩大高校办学自主权作出全面部署,进一步明确政府管理高等教育的职责权限和高校办学的权利义务,更好地落实高校的办学主体地位。

---

① 《高等学校章程制定暂行办法》,http://www.gov.cn/flfg/2012-01/09/content_2040230.htm(阅读时间:2017 年 9 月 20 日)。
② 《中共中央关于全面深化改革若干重大问题的决定》,http://www.gov.cn/jrzg/2013-11/15/content_2528179.htm(阅读时间:2017 年 12 月 11 日)。
③ 《关于进一步落实和扩大高校办学自主权完善高校内部治理结构的意见》,http://old.moe.gov.cn//publicfiles/business/htmlfiles/moe/s6529/201412/182222.html(阅读时间:2017 年 9 月 20 日)。

专栏七：《关于进一步落实和扩大高校办学自主权完善高校内部治理结构的意见》部分内容

重点扩大了高校在选拔学生、调整优化学科专业、开展教育教学活动、选聘人才、开展科研活动、管理使用财产经费和扩大国际交流合作等七个方面的自主权。《意见》首次以文件形式对扩大高校办学自主权作出全面部署，进一步明确政府管理高等教育的职责权限和高校办学的权利义务，更好地落实高校的办学主体地位。

一、总体要求

全面贯彻党的教育方针，按照中央关于分类推进事业单位改革的精神，以构建政府、高校、社会新型关系为导向，积极推进简政放权，加快转变政府职能，进一步明确政府高等教育的管理职责和权限，进一步明确高校的办学权利和义务，更好地落实高校的办学主体地位，更好地发挥社会的支持和监督作用，加快完善中国特色现代大学制度，加快推进高等教育治理体系和治理能力现代化，形成政府宏观管理、学校依法自主办学、社会广泛参与支持的格局，促进高校办出特色、争创一流。

二、积极简政放权，进一步落实和扩大高校办学自主权

根据《高等教育法》规定，立足现阶段我国高等教育改革发展实际，当前落实和扩大高校办学自主权着重从以下七个方面推进。

——支持高校科学选拔学生，深化考试招生制度改革。加快推进高职院校分类考试招生改革，高职院校以"文化素质＋职业技能"成绩为基本依据，自主确定录取标准和录取方式。深化普通高校考试招生制度改革，高校依据学生的统一高考成绩和普通高中学业水平考试成绩，实行综合评价、择优录取，扩大高校招生自主权。深化高校自主选拔录取改革，支持高校选拔具有特殊才能和创新潜质的人才。支持高校依据经济社会发展需求，自主调整优化同一层次研究生类型结构，加快发展专业学位研究生教育。推进学术硕士和专业硕士研究生分类考试，健全优秀应届本科毕业生推荐免试录取制度，完善以导师团队为主导的复试选拔机制，支持高校选拔符合培养定位的学生。支持高校建立博士研究生选拔"申请-考

核"机制,发挥专家组审核作用,更加注重对学生的专业素养、研究能力和创新潜质的综合评价。

——支持高校调整优化学科专业,鼓励高校办出特色。尊重高校专业设置主体地位,高校可自主设置普通高等学校本科专业目录和高职高专教育指导性专业目录内所有专业(国家控制布点专业除外)。支持高校在博士、硕士一级学科授权内自主设置二级学科。在不增加授权学科总量、保证研究生培养质量的前提下,高校可对博士、硕士学位授权点进行动态调整。研究规范"双学位"设置和授予工作的管理办法,支持高校培养复合型人才。

——支持高校自主开展教育教学活动,深化人才培养模式改革。鼓励高校推进全面学分制等教学管理制度改革。支持高校深化大学英语、计算机基础课教学改革,高校可自主确定大学英语和计算机基础课学分学时。鼓励高校间教育教学资源开放共享,通过搭建平台、对口帮扶、政策引导等方式,支持教师互聘、学生互换、课程互选、学分互认,促进合作育人、协同创新、共同发展。

——支持高校自主选聘教职工,发挥各类人才的积极性创造性。高校可根据实际需要和精简、效能原则,自主确定教学、科学研究、行政职能部门等内部组织机构的设置和人员配备。根据国家法律法规和宏观政策,自主确定内部收入分配、自主管理和使用人才。全面落实公开招聘制度,高校可根据教育教学需要面向社会依法依规自主公开招聘教育教学、科学研究和行政管理等各类人员。教授、副教授评审权逐步下放到高校。支持高校建设职业化管理干部队伍,扩大实施高校职员制,逐步拓宽管理人员晋升通道。

——支持高校自主开展科学研究、技术开发和社会服务,为提升创新能力创造条件。优化财政科研经费的投入结构,稳步增加中央部属高校经常性科研业务经费的投入,鼓励地方为高校设立非竞争性科研经费,支持广大教师特别是青年教师潜心研究、自由探索。按照改进加强中央财政科研项目和资金管理的有关规定,改进科研项目预算编制方法,健全预算评估评审的沟通反馈机制,进一步下放预算调整审批权限。加快推进高校科技成果使用、处置和收益管理改革,完善和落实促进科研人员成果转化的收益分配政策。

——支持高校自主管理使用学校财产经费,提高经费使用效益。完善高校生均拨款制度,建立高校生均拨款标准动态调整机制。新增经费继续向基本支出倾斜,提高基本支出经费比例,降低专项经费的比例,扩大学校对专项经费使用和管理的自主权。捐赠收入财政配比资金由高校统筹安排使用。完善成本分担机制,合理确定学费标准并动态调整。

——支持高校扩大国际交流合作,提高高等教育国际化水平。支持高校与外国高校之间开展教师互派、学生互换、学分互认和学位互授联授。开展高校自主确定举办中外合作办学项目试点,支持高校加大引进国外优质教育资源力度。支持高校优势学科面向世界,参与和设立国际学术合作组织、国际科学计划,与境外高水平教育、科研机构建立联合研发基地。支持具有相应实力的高校海外办学,开展国际合作和跨境教育服务。

深化教育行政审批制度改革,是进一步落实和扩大高校办学自主权的重要内容。在近期取消下放国家重点学科审批、利用互联网实施远程高等学历教育的教育网校审批等教育行政审批项目的基础上,继续研究取消下放一批教育行政审批事项。严格规范教育行政审批,规范简化行政审批流程,不得在行政审批事项公开目录之外实施其他行政审批。精简评审评估评价和检查事项,取消一批评审评估评价事项,整合内容交叉重复或关联度高的评审评估评价事项,统筹常规性、临时性检查。编制确需保留的评审评估评价和检查事项目录清单,不得开展目录清单外的评审评估评价和检查事项。探索实施高校依法自主办学负面清单管理,清单之外的事项由高校自主行使并依法接受政府、社会及校内监督。

三、坚持权责统一,完善高校内部治理结构

高校应严格遵守国家法律法规,着力完善内部治理结构,切实加强自律机制建设,自觉履行社会责任,维护校园和谐稳定,确保用好办学自主权。

——坚持和完善党委领导下的校长负责制。认真落实《中国共产党普通高等学校基层组织工作条例》,健全党委领导下的校长负责制实施规则。结合学校实际,明确党委常委会、校长办公会议事范围、议事规则和决策程序,探索建立高校法人治理结构。凡属学校重大决策、重要人事任免、重大项目安排、大额度资金使用("三重一大")事项必须由学校领导班子集体研究作出决定。对由学校自主决定的事项,要逐项完善决策机制与程序。要理顺校院两级管理体制,进一步向院系放权,调动基层组织积极性。探索建立法律顾问制度,建立规范性文件、重大决策合法性审查机制。按照"谁决策、谁负责"的原则,建立健全责任追究制度。

——保障学术组织相对独立行使职权。认真落实《高等学校学术委员会规程》,依法设立学术委员会,健全以学术委员会为核心的学术管理体系与组织架构,统筹行使学术事务的决策、审议、评定和咨询等职权。高校应当充分发挥学术委员会在学科建设、学术评价、学术发展和学风建设等事项上的重要作用,完善学术管理的体制、制度和规范,积极探索教授治学的有效途径,尊重并支持学术委员会独立行使职权。建立完善对违反学术规范、学术道德行为的认定程序和办法,维护良好的学术氛围。

——完善校内民主管理和监督机制。认真落实《学校教职工代表大会规定》,切实保障教职工参与学校民主管理和监督。学校专业技术职务评聘办法、收入分配方案等与教职工切身利益相关的制度、事务,要经教职工代表大会审议通过;涉及学校发展的重大事项要提交教职工代表大会讨论。积极拓展学生参与学校民主管理的渠道,进一步改革完善高校学生代表大会制度,推进学生自主管理。要完善多元参与的校内治理体系,加强议事协商,积极探索师生代表参与学校决策机构的机制,充分发挥群众团体的作用。

——健全社会参与监督机制。建立健全高校理事会,充分发挥其在加强社会合作、扩大决策民主、争取办学资源、接受社会监督等方面的作用。把公开透明作为高校的基本制度,完善各类信息公开制度,重点加大高校在招生考试、财务资产及收费、人事师资、教学质量、学生管理服务、学风建设、学位和学科、对外交流与合作等方面的信息公开力度,保障教职工、学生、社会公众对学校重大事项、重要制度的知情权,接受利益相关方的监督。建立新闻发言人制度,及时准确回应师生和社会关切。

——健全以章程为统领规范行使办学自主权的制度体系。认真落实《高等学校章程制定暂行办法》,加快章程建设。要按照决策权、执行权、监督权既相互制约又相互协调的原则,健全和规范内部治理结构和权力运行规则。所有高校应于 2015 年前完成章程制定。要依据法律和章程,制定、梳理和完善教学、科研、人事、财务、学生管理、后勤等方面自主管理的制度规范,建立健全各种办事程序、内部机构组织规则、议事规则,实现自主权运行和监督有章可循、有据可依。

四、放权监管同步,健全高校用好办学自主权监管体系

在加大放权力度的同时,要改进和加强宏观管理,综合运用法律、政策、规划、公共财政、标准、信息服务和必要的行政措施,把该放的放开,把该管的管住,针对每一个放权事项建立监管办法,避免"一放就乱、一乱就收、一收就死"。

——健全质量评估监测制度。健全质量标准体系,加快制定实施本专科教育相关国家标准,进一步完善博士、硕士学位基本要求,鼓励行业部门依据国家标准制定相关专业人才培养标准。改进评估办法,加快建立以高校自我评估为基础,以教学基本状态数据常态监测、院校评估、专业认证及国际评估为主要内容,政府、学校、专门机构和社会多元评价相结合的教学评估制度。完善高校质量年度报告发布制度,进一步规范质量报告的内容,完善发布方式,探索建立质量报告核查机制。强化行业自律,鼓励相同类型、层次高校之间组建各类联盟或协作组织,发挥行业协会、专业学会等组织的作用。

——完善依法监管机制。探索建立教育行政执法体制机制,加大对学校办学自主权行使的监管力度。综合运用行政处罚、行政复议等手段,健全对高校自主办学中违法行为的投诉、举报机制,完善教师、学生申诉制度,畅通师生权利的救济渠道,纠正违法违规行为。加强对高校执行国家法律法规、教育方针政策、规范办学行为等事项进行督导,完善教育督导报告公开、限期整改制度,加大复查和监督问责力度。改进巡视工作,把决策程序和自主权使用等情况作为巡视监督重要内容,强化巡视成果运用,督促解决存在的问题。

——建立动态调整机制。教育行政部门对高校依据办学需要提出的本意见以外的办学自主权事项,应牵头认真研究,提出处理意见。根据赋权与能力相匹配原则，对有能力用好、有机制规范的，以协议、试点等方式放权。选择若干自律机制健全、办学行为规范的高校，赋予更多的办学自主权。对出现重大违规办学行为的高校，实行协议暂停或试点退出机制。

2017年3月，国务院转发《关于深化高等教育领域简政放权放管结合优化服务改革的若干意见》，《意见》涉及八个方面共二十条。其主要内容包括：（1）完善高校学科专业设置机制：改革学位授权审核机制，深入推进学位授权点动态调整；改进高校本专科专业设置。（2）改革高校编制及岗位管理制度：积极探索实行高校人员总量管理；高校依法自主管理岗位设置；高校自主设置内设机构。（3）改善高校进人用人环境：优化高校进人环境；完善高校用人管理。（4）改进高校教师职称评审机制：下放高校教师职称评审权；改进教师职称评审方法。（5）健全符合中国特色现代大学特点的薪酬分配制度：支持高校推进内部薪酬分配改革；加强高校绩效工资管理。（6）完善和加强高校经费使用管理：改进高校经费使用管理；扩大高校资产处置权限。（7）完善高校内部治理：加强党对高校的领导；加强制度建设；完善民主管理和学术治理；强化信息公开与社会监督。（8）强化监管优化服务：构建事中事后监管体系；加强协调与指导；营造良好改革环境。《意见》的出台进一步明确了高校办学自主权的内容与内涵。①

---

① 《关于深化高等教育领域简政放权放管结合优化服务改革的若干意见》，http://www.moe.edu.cn/srcsite/A02/s7049/201704/t20170405_301912.html（阅读时间：2017年9月20日）。

第四章

高校党委领导下的校长负责制

　　习近平总书记在 2016 年 12 月 7 日至 8 日召开的全国高校思想政治工作会议上强调:"办好我国高等教育,必须坚持党的领导,牢牢掌握党对高校工作的领导权,使高校成为坚持党的领导的坚强阵地。党委要保证高校正确办学方向,掌握高校思想政治工作主导权,保证高校始终成为培养社会主义事业建设者和接班人的坚强阵地。各级党委要把高校思想政治工作摆在重要位置,加强领导和指导,形成党委统一领导、各部门各方面齐抓共管的工作格局。"①

　　2014 年 10 月 15 日,中共中央办公厅颁布的《关于坚持和完善普通高等学校党委领导下的校长负责制的实施意见》明确提出:"党委领导下的校长负责制是中国共产党对国家举办的普通高等学校领导的根本制度,是高等学校坚持社会主义办学方向的重要保证。"党委领导下的校长负责制,既是现代中国大学根本性的领导管理体制,也是中国特色现代大学制度的核心。② 因此,构建以党委领导下的校长负责制为核心的、具有中国特色的现代大学制度,需要借鉴现代大学制度建设的普适性原则,保证大学的社会主义办学方向才是根本。高等教育事业是我国社会主义事业的一部分,实行党委领导下的校长负责制,就能既保持现代大学的"共性",又突出中国大学所特有的"个性",从而使高校能够更好地承担起参与社会主义建设事业和促进经济建设、社会发展的重任。③

　　高等教育的核心问题是"为谁培养人、培养什么人、怎样培养人"。正如英国著名

---

① 《把思想政治工作贯穿教育教学全过程,开创我国高等教育事业发展新局面》,http://www.moe.edu.cn/jyb_xwfb/s6052/moe_838/201612/t20161208_291306.html,2016 - 12 - 8(阅读时间: 2017 年 12 月 15 日)。

② 管培俊:《党委领导下的校长负责制与现代大学制度》,《中国高等教育》2015 年第 15 期,第 20—26 页。

③ 陈章龙:《新时期高校党委领导下的校长负责制研究》,《国家教育行政学院学报》2015 年第 7 期,第 9—12 页。

教育家阿什比（Eric Ashby）所说，"大学的兴旺与否取决于内部由谁控制"[①]。这一观点深刻地说明，领导体制在确保大学办学方向、变革创新和持续发展方面具有至关重要的意义。[②] 我国是中国共产党领导的社会主义国家，从根本上决定了我国高等教育必须始终坚持党的领导，坚持社会主义办学方向，坚持为社会主义事业培养建设者和接班人。坚持和完善党委领导下的校长负责制，是高校坚持社会主义办学方向的需要，也是高校全部工作的出发点和落脚点，能够确保高校各项工作始终为社会主义现代化建设服务、为人民服务，为全面建成小康社会培养更多高层次拔尖创新人才。与此同时，坚持和完善党委领导下的校长负责制，有利于加强党对高校意识形态工作的领导，牢牢掌握高校意识形态工作领导权、管理权、话语权。所以，必须充分发挥高校党委的领导核心作用，强化高校党委书记和校长的政治责任和领导责任，确保中国特色社会主义理论体系进教材进课堂进头脑，并使之始终在高校意识形态领域中处于主导地位、发挥主导作用。[③] 我国高等教育领导体制的变革大体经历了两个大的阶段：第一阶段是 1950 年至 1976 年，是高校领导体制的探索阶段，包括混乱的"文革"时期；第二个阶段是 1977 年至今，主要是党委领导下的校长负责制的逐步确立。

一、 从校长负责制到党委领导下的以校长为首的校务委员会负责制（1950—1977 年）

中华人民共和国成立以来，我国高等学校的领导体制经历的几次演变，都是在国家经济、政治的宏观大背景下演变进行的，大学的领导管理先后探索过多种体制。一是校长负责制，主要是指 1950 年至 1955 年间和 1985 年至 1989 年间，特别是 1985 年中央《关于教育体制改革的决定》明确，学校逐步实行校长负责制，有条件的学校可设立由校长主持的校务委员会作为审议机构；二是 1956 年至 1966 年间实施党委领导下

---

① 伯顿·克拉克：《高等教育系统——学术组织的跨国研究》，王承绪等译，杭州大学出版社 1994 年版，第 121 页。
② 郭大成：《高校领导体制的研究与探索》，北京理工大学出版社 2014 年版，第 1 页。
③ 杨晓慧：《党委领导下的校长负责制：重大意义、基本要求与实践创新》，《思想理论教育导刊》2015 年第 4 期，第 12—15 页。

的校务委员会制；三是党委领导下的以校长为首的校务委员会负责制；四是党委领导下的校长分工负责制；五是现在的普通高校党委领导下的校长负责制。这一演变过程，反映了我们对大学领导管理体制实践和认识的深化。党委领导下的校长负责制，为高等教育改革发展提供了坚强的制度和组织保障。[①]

（一）中华人民共和国成立初期实施校长负责制（1950—1955 年）

中华人民共和国成立初期，在对国民党时期的高校进行接收、改造的过程中，为保证高校教育的稳定，政府对高校的管理主要是成立由校长、各院院长、学生代表等共同组成的具有临时性、过渡性的校务委员会。校务委员会直接接管学校，担负主持教务、维持教学秩序的重要职责。1950 年 4 月，教育部通知要求所有中央任命的高校都实行校长负责制，由中央人民政府任命的校长领导学校的全盘工作，并代表学校直接向政府负责。稍后颁布的《高等学校暂行规定》进一步明确，所有大学和专门学校都应该采用校（院）长负责制，校长由中央人民政府任命，全面领导学校的教育教学、科学研究和任免教师、批准校务委员会的决议等所有行政事宜，并直接向党和国家政府负责。同时，高校党组织实行党组制，在政治上起核心作用，党组成员以行政负责人的身份贯彻执行党和国家的教育方针政策，但是不领导学校的行政工作，与学校行政管理之间没有领导与被领导的关系，也不存在指导与被指导的关系。中共中央宣传部于 1955 年 5 月发表的《关于学校教育工作座谈会的报告》指出，学校里的党组织和学校行政之间不是领导和被领导的关系，两者应互帮互助，协调配合，共同搞好学校建设。[②]

（二）党委领导下的校务委员会负责制（1956—1961 年）

1956 年 9 月，党的八大通过了新的党章，党章明确规定了包括学校在内的党的基层组织应当领导和监督本单位行政机构和群众组织。1958 年 9 月，中共中央、国务院发布了《关于教育工作的指示》，提出了"一切学校应当受党委的领导"，明确了党在高等院校中的领导地位。随后，高等学校开始普遍采用校党委领导下的校务委员会负责

---

① 管培俊：《党委领导下的校长负责制与现代大学制度》，《中国高等教育》2015 年第 15 期，第 20—26 页。

② 中共中央文献研究室：《建国以来重要文献选编（第 6 册）》，中国文献出版社 2011 年版，第 129 页。

制：校长是校务委员会的主体，校务委员会是党委领导下的权力机构。

(三) 党委领导下的以校长为首的校务委员会负责制(1961—1966 年)

1961 年 9 月，教育部得到中央批准，下发了《中华人民共和国教育部直属高等学校暂行工作条例(草案)》(即《高校六十条》)，对高等学校领导体制又一次明确地作出了规定："高等学校的领导制度是党委领导下的以校长为首的校务委员会负责制。""高等学校的校长，是国家任命的学校行政负责人，对外代表学校，对内主持校务委员会和学校的经常工作。""高等学校设立校务委员会，作为学校行政工作的集体领导组织。学校工作中的重大问题，应该由校长提交校务委员会讨论，作出决定，由校长负责组织执行。""高等学校的党委会，是中国共产党在高等学校中的基层组织，是学校工作的领导核心，对学校工作实行统一领导。高等学校中，党的领导权力应该集中在党委会一级，不应该分散。学校党委会的主要任务是领导校务委员会，贯彻执行党的教育方针和其它各项方针政策。"①《高校六十条》明确了高校党委会是党的基层组织，是学校工作的领导核心，统一领导学校工作，同时高等学校实行党委领导下的以校长为首的校务委员会负责制。②

(四) "文革"时期的革委会体制(1966—1976 年)

1966 年，"文化大革命"开始，教育战线所受到的冲击可谓巨大，高校的领导体制不但被冲垮，各项工作也都陷入瘫痪。"红卫兵代表大会"、"革命委员会"、"军宣队"、"工宣队"先后接管了学校的领导权和管理权，但实际上高校始终处于无政府状态。1971 年 4 月召开的全国教育工作会议通过了《全国教育工作会议纪要》，其中规定全国各高校恢复招生，并要求各地推荐工农兵上大学。此时，各高校实行以革委会为主党的一元化领导。从表面上看，党的一元化领导体制是高度重视党在高校中的领导地位，可是从实际上来讲，该体制对党委的集体领导进行了全盘否定和破坏，将知识分子

---

① 张钰林：《高校实行"党委领导下的校长负责制"的实践与思考》，《绍兴文理学院学报》2001 年第 6 期，第 13—18 页。
② 吴敬东：《完善高校党委领导下的校长负责制的思考与建议》，《湖北社会科学》2016 年第 6 期，第 168—171 页。

的作用也一并取消,更将校长的存在视为无形。这个时期,党的教育事业遭到了严重的摧残和破坏。

二、 从党委领导下的校长分工负责制到党委领导下的校长负责制(1978 年至今)

　　1977 年后,随着十一届三中全会的召开和以经济建设为中心和改革开放战略的确立,高等教育体制进行了整体性改革,高校领导体制进入了一个探索与实践的新阶段,并在实践中逐步确立了党委领导下的校长负责制。

(一) 党委领导下的校长分工负责制(1978—1985 年)

　　1978 年,十一届三中全会召开后,教育部在修订 1961 年颁布的《高校六十条》基础上颁布实施了《全国重点高等学校暂行工作条例》(试行草案)。《条例》明确提出,高校的领导体制是实行党委领导下的校长分工负责制。其中,党的委员会是党在高校中的基层组织,是学校的领导核心,统一领导学校工作。其主要内容为,"高等学校党委委员会,是中国共产党在高等学校中的基层组织,是学校工作的领导核心,对学校工作实行统一领导","校长是国家任命的学校行政负责人,对外代表学校,对内主持学校的经常工作。设副校长若干人,协助校长分工领导教学、科研、总务等方面的工作","学校的教学、科学研究、后勤工作中的重大问题,一定要经过党委讨论,党委做出决定后,由校长负责组织执行","学校党委要支持以校长为首的全校统一的行政指挥系统行使职权,并监督检查他们的工作"。《条例》同时还规定:"校长可召集由副校长、教务长、总务长、系主任、行政办事机构负责人和其他有关人员参加的校务会议,讨论和处理日常行政工作中的重要问题。"并要求"在党委领导下定期举行师生员工代表大会,听取校领导的工作报告,讨论学校有关重大问题,对学校的工作提出批评、建议。对学校的领导干部进行监督。"①《条例》还有一个最重要的变化,第一次规定了系一级的领导体制也仿照学校领导体制,即"实行系总支委员会(或分党委)领导下的系主任分工负责

---

① 何东昌:《中华人民共和国重要教育文献(1976—1990)》,海南出版社 1998 年版,第 1646 页。

制……重大问题提交系总支委员会（或分党委）讨论决定报学校党委会批准后执行"。这意味着党对高等学校的领导和管理进一步扩展和渗透到基层，党组织的权力进一步扩大和延伸，从而更有利于将党委的决议通过系总支对系主任的领导得以贯彻。正如张斌贤教授所说："实际上在很大程度上反映了决策者对'文化大革命'期间'踢开党委闹革命'的无政府状态的余悸。"①

1980年2月，党的十一届五中全会通过的《关于党内政治生活的若干准则》中强调指出：从中央到基层的各级党的委员会，都要按照集体领导的原则实行集体领导与个人分工负责相结合的制度。具体规定如下："凡是涉及党的路线、方针、政策的大事，重大工作任务的部署，干部的重要任免、调动和处理群众利益方面的重要问题，以及上级领导机关规定应由党委集体决定的问题，应该根据情况分别提交党的委员会、常委会或书记处、党组集体讨论决定，而不得由个人专断。在党委会内，决定问题要严格遵守少数服从多数的原则。书记和委员不是上下级关系，书记是党的委员会中平等的一员。书记或第一书记要善于集中大家的意见，不允许搞'一言堂'、家长制。坚持集体领导，并不是降低和否定个人的作用，集体领导必须和个人分工负责相结合。要明确地规定每个领导成员所负的具体责任，做到事事有人管，人人有专责，不要事无巨细统统拿到党委会上讨论。"②

1980年8月，邓小平代表党中央明确提出了改变党委领导下的厂长（经理）、校长、所长负责制的重大意见，强调指出："实行这些改革，是为了使党委摆脱日常事务，集中力量做好思想政治工作和组织监督工作。这不是削弱党的领导，而是更好地改善党的领导，加强党的领导。"③1987年8月，经中央和国务院批准，中央组织部、国家经委、全国总工会联合召开工作会议，全面推行厂长负责制。与此相适应，1987年10月，党的十三大报告明确指出："企业党组织的作用是保证监督，不再对本单位实行'一元化'领导，而应支持厂长、经理负起全面领导责任。事业单位中的党组织，也要随着行政首长负责制的推行逐步转变为起保证监督作用。"④之后修订后的《党章》对实行

---

① 张斌贤：《我国高等学校内部管理体制的变迁》，《教育学报》2005年第1期，第36—42页。
② 《三中全会以来重要文献选编（上）》，人民出版社1982年版，第417—418页。
③ 《邓小平文选（第二卷）》，人民出版社1994年版，第340页。
④ 《十三大以来重要文献选编（上）》，人民出版社1991年版，第37页。

行政首长负责制的企事业单位党组织的职责做了相应的修正："企业和实行行政首长负责制的事业单位中党的基层组织,对党和国家的方针政策在本单位的贯彻执行实行保证监督。这些基层党组织应以主要精力加强党的建设,做好思想政治工作和群众工作;支持行政负责人按规定充分行使职权并对重大问题提出意见和建议。"①这些规定对于调整企事业单位中的党政关系起到了明显的作用,党组织从包揽一切的烦琐中得到一定程度的解脱,党政职责更加明确,但是"党组织的监督保证作用"这一提法没有从理论原则上升到具体的制度规范。

1980年12月,中央组织部和教育部联合颁发了《关于加强高等学校领导班子建设的意见》和《关于高等学校领导干部管理工作的通知》,对于调整与加强高校领导班子提出了具体明确的规定,以进一步保证高校领导班子实现革命化、年轻化、知识化、专业化。这一时期,一批声誉卓著的专家学者纷纷走上高等学校的领导岗位,如吉林大学校长唐敖庆、复旦大学校长苏步青、同济大学校长李国豪、上海工业大学校长钱伟长等。

(二) 试点校长负责制(1985—1989年)

1984年10月,中央宣传部和教育部召开九省市高校校长负责制试点工作座谈会,决定在15所高校试行。1985年5月27日,在《中共中央关于教育体制改革的决定》中,要求学校逐步建立校长负责制,有条件的可以设校务委员会作审议机构,党组织则支持校长工作并保证党的各项方针政策的落实和教育计划的实现。1985年起,经中央批准,北京师范大学、北京工业大学、华东化工学院、同济大学、辽宁大学、中国医科大学、成都科技大学等一批高校率先进行校长负责制试点。试点学校采取了一系列措施强化行政管理,建立了决策审议、行政指挥、监督保证、民主管理、参谋咨询等系统,特别是建立了民主化的决策程序,相继建立了教职工代表大会制度等,以保证校长决策的合理与科学。

1988年3月,全国高等教育工作会议召开。4月27日,当时的国家教育委员会根

---

① 《中国共产党章程(十三大部分条文修正案)》,http://guoqing. china. com. cn/2012-09/05/content_26433548. htm(阅读时间:2017年10月1日)。

据会议研究结果,发出《关于高等学校逐步实行校长负责制的意见》,明确指出:"高等学校必须按照党政分开的原则逐步实行校长负责制。""党组织要转变职能,切实发挥保证监督作用。"《意见》规定高校校长的主要职责是:"根据社会主义现代化建设的需要,支持制定并组织实施学校事业发展规划和年度工作计划;领导教师和职工不断提高教育质量和科学水平,保证完成培养人才和科学研究等项任务;抓好学生的思想政治教育,推动教职工教书育人、服务育人。使学生在德育、智育、体育等方面都得到发展;加强教职工队伍的建设,不断提高他们的政治、思想和业务素质;采取切实措施,逐步改善师生员工的工作、学习和生活条件。""高等学校党组织应当对党和国家的方针、政策在本校的贯彻执行和教育任务的完成负有保证监督的责任。"《意见》同时要求:"高等学校实行校长负责制的方向必须明确,态度要坚定,步子要稳妥,已经实行校长负责制的学校,要认真总结经验,逐步完善这一领导体制,尚未实行校长负责制的学校,要进一步理顺党政关系,加强行政职能,积极创造条件,条件成熟时,改行校长负责制。"①到 1989 年 3 月,全国实行校长负责制的院校共 132 所,仅占全国高等院校总数的 12%。

1989 年 7 月,中共中央、国务院转发了国家教委《关于当前高等学校工作中的几个问题的意见》的文件。《意见》要求各级党委、政府和教育行政部门要切实加强对高校工作的领导,把坚定正确的政治方向放在教育工作的第一位,坚持社会主义方向,坚持马列主义、毛泽东思想教育,加强思想政治工作,严格校纪、校风管理,搞好教育改革,真正把高校办成培养社会主义接班人的坚强阵地。《意见》指出,"在今后一个相当长的时期,高等学校仍应实行党委领导下的校长负责制。"同时,不再扩大校长负责制的试点范围。已经实行校长负责制的学校,搞得好的可以继续实行,问题较多的,要采取果断稳妥的措施恢复原来党委领导下的校长负责制。《意见》还强调,"不论实行哪种领导体制,都要充分发挥党委的政治核心作用。党委书记和校长都应该成为社会主义的教育家,都要围绕办好社会主义大学这个共同目标,各司其职,各负其责,相互支持,密切配合"。1989 年 8 月,中共中央发布《关于加强党的建设的通知》,明确规定高

---

① 刘英杰:《中国教育大事典(1949—1990)(下)》,浙江教育出版社 1993 年版,第 1096 页。

校的领导体制应该是党委领导下的校长负责制。①

(三) 党委领导下的校长负责制和校长负责制并存(1989—1996 年)

为进一步强化党在高校的领导地位,1990 年 4 月,中共中央组织部、中共中央宣传部和国家教委党组在北京联合召开全国高校党建工作会议,参加会议的有全国 30 个省、自治区、直辖市党委的负责同志、党委组织部、宣传部、党委教育部门和教育行政部门的负责同志,国务院 35 个部委教育司(局)的负责同志,以及全国 107 所高等学校的党委书记。举行这样大规模的会议专门研究高等学校党的建设工作,在中华人民共和国成立以后还是第一次。这次会议,从培养社会主义事业的建设者和接班人的战略高度出发,总结高等学校党建工作中的经验教训,提高认识,扎扎实实地研究和解决高等学校党建工作中亟待解决的问题。李铁映作了题为《加强高等学校党的建设,培养社会主义事业的建设者和接班人》的主报告。报告指出,总结四十年,特别是改革开放十年来的经验,我们的一个基本认识是,要办好社会主义大学,党在高等学校的领导地位只能加强、改善,不能动摇、削弱。要坚持高校党委的领导地位,加强领导班子建设,保证领导权掌握在忠于马克思主义的人手中。他说,党对高等学校的领导包括政治、思想、组织领导,体现在中央制定的正确路线、方针、政策上,体现在教育的发展和改革等重大问题的决策上,还体现在加强高等学校领导班子建设、发挥高校党委的领导作用、党总支的保证监督作用、党支部的战斗堡垒作用和党员的先锋模范作用上。中央关于加强党的建设的通知明确规定,高等学校实行党委领导下的校长负责制,党委在学校处于领导地位。党委要以主要精力研究和解决学校工作的重大问题,加强党的建设和思想政治工作。要改进工作制度和工作方法,尊重和支持行政领导独立负责地开展工作,不要包揽行政事务,这是新形势下对学校党委工作提出的更高要求。②

会后,中共中央下发的《关于加强高等学校的党的建设的通知》就高等学校的领导体制做出明确规定:"高等学校实行党委领导下的校长负责制,坚持党委的领导地位;

---

① 吴敬东:《完善高校党委领导下的校长负责制的思考与建议》,《湖北社会科学》2016 年第 6 期,第 168—171 页。

② 张晓清:《高等学校党政领导体制研究》,天津人民出版社 2015 年版,第 110 页。

加强领导班子建设,保证高等学校的领导权掌握在忠于马克思主义的人手中","经上级主管部门和地方党委确定继续进行校长负责制试点的学校,要做好试点工作。党委要发挥政治核心作用,坚持党管干部的原则,全面领导学校的思想政治工作,参与对教学、科研和行政工作中大问题的决策。"这是中华人民共和国成立以来中共中央就高校党的建设发出的第一个专门文件。各地党委、各主管部门迅速贯彻文件精神,除保留个别院校继续进行校长负责制试点外,大部分高校普遍恢复实行党委领导下的校长负责制。高等学校普遍还建立了党校和业余党校,对基层干部、党员和入党积极分子进行培训。高等学校党务和思想政治工作队伍建设得到进一步加强,在学生中发展党员的工作开始恢复。

（四）实行党委领导下的校长负责制,明确党委处于高校领导核心地位（1996年至今）

1996年中央颁发我党历史上第一个高校党的建设法规性文件——《中国共产党普通高等学校基层组织工作条例》,明确规定:"高等学校实行党委领导下的校长负责制。校党委统一领导学校工作,支持校长按照《中华人民共和国教育法》的规定积极主动、独立负责地开展工作,保证教学、科研、行政管理等各项任务的完成。"1999年1月起实施的《中华人民共和国高等教育法》中规定:"国家举办的高等学校实行中国共产党高等学校基层委员会领导下的校长负责制。中国共产党高等学校基层委员会按照中国共产党章程和有关规定,统一领导学校工作,支持校长独立负责地行使职权。""其领导职责主要是:执行中国共产党的路线、方针、政策,坚持社会主义办学方向,领导学校的思想政治工作和德育工作;讨论决定学校内部组织机构的设置和内部组织机构负责人的人选;讨论决定学校的改革、发展和基本管理制度等重大事项,保证以培养人才为中心的各项任务的完成。""社会力量举办的高等学校的内部管理体制按照国家有关社会力量办学的规定确定。"第四十条和第四十一条对高等学校校长的职权做出了规定:"高等学校的校长,由符合教育法规定的任职条件的公民担任。高等学校的校长、副校长按照国家有关规定任免。""高等学校的校长全面负责本学校的教学、科学研究和其他行政管理工作,行使下列职权:(一)拟订发展规划,制定具体规章制度和年度工作计划并组织实施;(二)组织教学活动、科学研究和思想品德教育;(三)拟订内部组织机构的设置方案,推荐副校长人选,任免内部组织机构的负责人;(四)聘任与解聘教师以及内部其他工作人员,对学生进行学籍管理并实施奖励或者处分;(五)拟订和执行年度经费预算方案,保护和管理校产,维护学校的合法权益;(六)章程规定的其他职权。""高等学校的校长主持校长办公会议或者校务会议,处理前款规定的有关事项。"使党委领导下的校长负责制上升为国家的意志。①

2010 年 8 月,中共中央颁布新修订的《中国共产党普通高等学校基层组织工作条例》规定:"高等学校实行党委领导下的校长负责制。高等学校党的委员会统一领导学校工作,支持校长按照《中华人民共和国高等教育法》的规定积极主动、独立负责地开展工作,保证教学、科研、行政管理等各项任务的完成。"

2014 年 10 月 16 日,中共中央办公厅印发《关于坚持和完善普通高等学校党委领导下的校长负责制的实施意见》。《实施意见》共 5 部分,20 条。其中,第一部分"党委统一领导学校工作"和第二部分"校长主持学校行政工作",主要是关于党委领导和校长负责的主要方式和内容,着重对"党委领导什么、怎么领导"和"校长负责什么、如何负责"进行明确。第三部分"健全党委与行政议事决策制度",对高校党委会设置和全委会、常委会、校长办公会(校务会议)的议事范围、议事规则作出规定。同时,对党委会议和校长办公会议(校务会议)讨论决定重大事项的议事决策程序等提出具体要求。第四部分"完善协调运行机制",主要从强化领导班子分工负责,健全党委书记和校长沟通制度,加强领导班子协调配合,严格党内组织生活等方面作出规定;提出探索教授治学有效途径、推进民主管理等要求。第五部分"加强组织领导",要求选好配强高校领导班子特别是党委书记和校长,不断提高领导干部思想政治素质和办学治校能力;加强基层党组织建设和思想政治工作,夯实实行党委领导下的校长负责制的组织基础和思想基础;上级党组织和有关部门要加强监督检查和工作指导。②

---

① 《中华人民共和国高等教育法》,http://www. moe. gov. cn/s78/A02/zfs_left/s5911/moe_619/201512/t20151228_226196. html(阅读时间: 2017 年 11 月 22 日)。

② 《关于坚持和完善普通高等学校党委领导下的校长负责制的实施意见》,http://www. gov. cn/xinwen/2014-10/15/content_2765833. htm(阅读时间: 2017 年 10 月 1 日)。

专栏八：《关于坚持和完善普通高等学校党委领导下的校长负责制的实施意见》关于党委书记与校长职责的规定

一、党委统一领导学校工作

1. 高等学校党的委员会是学校的领导核心，履行党章等规定的各项职责，把握学校发展方向，决定学校重大问题，监督重大决议执行，支持校长依法独立负责地行使职权，保证以人才培养为中心的各项任务完成。

（1）全面贯彻执行党的路线方针政策，贯彻执行党的教育方针，坚持社会主义办学方向，坚持立德树人，依法治校，依靠全校师生员工推动学校科学发展，培养德智体美全面发展的中国特色社会主义事业合格建设者和可靠接班人。

（2）讨论决定事关学校改革发展稳定及教学、科研、行政管理中的重大事项和基本管理制度。

（3）坚持党管干部原则，按照干部管理权限负责干部的选拔、教育、培养、考核和监督，讨论决定学校内部组织机构的设置及其负责人的人选，依照有关程序推荐校级领导干部和后备干部人选。做好老干部工作。

（4）坚持党管人才原则，讨论决定学校人才工作规划和重大人才政策，创新人才工作体制机制，优化人才成长环境，统筹推进学校各类人才队伍建设。

（5）领导学校思想政治工作和德育工作，坚持用中国特色社会主义理论体系武装师生员工头脑，培育和践行社会主义核心价值观，牢牢掌握学校意识形态工作的领导权、管理权、话语权。维护学校安全稳定，促进和谐校园建设。

（6）加强大学文化建设，发挥文化育人作用，培育良好校风学风教风。

（7）加强对学校院（系）等基层党组织的领导，做好发展党员和党员教育、管理、服务工作，发展党内基层民主，充分发挥基层党组织的战斗堡垒作用和党员的先锋模范作用。加强学校党委自身建设。

（8）领导学校党的纪律检查工作，落实党风廉政建设主体责任，推进惩治和预防腐败体系建设。

（9）领导学校工会、共青团、学生会等群众组织和教职工代表大会。做好统一战线工作。

（10）讨论决定其他事关师生员工切身利益的重要事项。

2. 党委实行集体领导与个人分工负责相结合，坚持民主集中制，集体讨论决定学校重大问题和重要事项，领导班子成员按照分工履行职责。

3. 党委书记主持党委全面工作，负责组织党委重要活动，协调党委领导班子成员工作，督促检查党委决议贯彻落实，主动协调党委与校长之间的工作关系，支持校长开展工作。

二、校长主持学校行政工作

4. 校长是学校的法定代表人，在学校党委领导下，贯彻党的教育方针，组织实施学校党委有关决议，行使高等教育法等规定的各项职权，全面负责教学、科研、行政管理工作。

（1）组织拟订和实施学校发展规划、基本管理制度、重要行政规章制度、重大教学科研改革措施、重要办学资源配置方案。组织制定和实施具体规章制度、年度工作计划。

（2）组织拟订和实施学校内部组织机构的设置方案。按照国家法律和干部选拔任用工作有关规定，推荐副校长人选，任免内部组织机构的负责人。

（3）组织拟订和实施学校人才发展规划、重要人才政策和重大人才工程计划。负责教师队伍建设，依据有关规定聘任与解聘教师以及内部其他工作人员。

（4）组织拟订和实施学校重大基本建设、年度经费预算等方案。加强财务管理和审计监督，管理和保护学校资产。

（5）组织开展教学活动和科学研究，创新人才培养机制，提高人才培养质量，推进文化传承创新，服务国家和地方经济社会发展，把学校办出特色、争创一流。

（6）组织开展思想品德教育，负责学生学籍管理并实施奖励或处分，开展招生和就业工作。

（7）做好学校安全稳定和后勤保障工作。

（8）组织开展学校对外交流与合作，依法代表学校与各级政府、社会各界和境外机构等签署合作协议，接受社会捐赠。

（9）向党委报告重大决议执行情况，向教职工代表大会报告工作，组织处理教职工代表大会、学生代表大会、工会会员代表大会和团员代表大会有关行政工作的提案。支持学校各级党组织、民主党派基层组织、群众组织和学术组织开展工作。

（10）履行法律法规和学校章程规定的其他职权。

《实施意见》体现了党的十八大、十八届三中全会和习近平总书记系列重要讲话精神，体现了党要管党、从严治党方针，体现了深化党的建设制度改革的要求，就进一步坚持和完善党委领导下的校长负责制提出要求、作出规定，为加强高校党的建设工作和完善中国特色现代大学制度提供了重要依据。坚持和完善党委领导下的校长负责制，首先必须明确，党委在学校处于领导核心地位，统一领导学校的工作；校长和其他行政领导班子成员自觉接受党委的集体领导，认真贯彻执行党委决定。其次，要正确处理党委领导和校长负责的关系。党委总揽学校改革发展稳定的全局，把好方向，抓好大事，管好干部，加强党的建设和思想政治工作，尊重和支持校长独立负责地开展工作，力戒包揽行政事务。校长在党委集体领导下依法行使职权，积极主动地做好教学、科研和行政管理工作。第三，要认真贯彻执行民主集中制。党委领导下的校长负责制是高校贯彻执行民主集中制的具体体现。要按照"集体领导、民主集中、个别酝酿、会议决定"的原则研究决定重大事项。坚持集体领导和个人分工负责相结合，集体决定了的事情，领导成员按照分工分头去办，勇于负责，防止推诿和扯皮。各地各高校通过建立健全具体的工作制度和机制，保证党委领导下的校长负责制的贯彻执行。《实施意见》强调，高校党委是学校的领导核心，履行党章等规定的各项职责，把握学校发展方向，决定重大问题，监督重大决议执行，支持校长依法行使职权，保证学校各项任务完成。对党委发挥领导核心作用从三方面作出规定：一是在《普通高等学校基层组织工作条例》规定的党委职责基础上，从管方向、管全局、管干部、管人才以及党要管党等方面，概括了党委的十项工作任务，对党委领导的内容和途径作了规定。二是强调高校党委实行集体领导与个人分工负责相结合，坚持民主集中制原则，同时对党委书记的主要职责作了明确。三是对党委议事决策制度进行规范。《实施意见》强调，校长是学校的法定代表人，在党委领导下，贯彻党的教育方针，组织实施党委决议，行使国家法律规定的职权,全面负责教学、科研、行政管理工作。从两方面提出保证校长依法行使职权的具体措施:一是明确校长负责的主要内容和形式。在《高等教育法》规定的校长职权的基础上,结合高校改革发展形势,从十个方面对校长负责的内容进行归纳和界定。二是对高校行政议事决策机构的设置和会议制度等作出规定。明确校长办公会议(校务会议)为学校行政议事决策机构,校长通过校长办公会议(校务会议)研究提出拟由党委讨论决定的重要事项的方案,具体部署落实党委决议的有关措施,研究处理教学、科研、行政管理工作。同时,对其议事范围、议事规则、参会人员等提出要求。①

　　党委领导下的校长负责制是党领导高校的根本制度,是中国特色现代大学制度的重要内容,其中党委是学校的领导核心,统一领导学校工作,实行集体决策和有针对性的领导。当然,党委是一个集体,实行集体决策而非个人领导,在这个集体中,不存在任何个人特权,凡是涉及党的路线方针政策的大事、事关学校发展的重大问题和影响师生员工利益的重大决策,都必须由党委集体讨论决定,少数服从多数,任何个人都必须服从集体的意志,防止个人专断。党委的决策形式是民主集中制,每一项重大决策都要历经"民主——集中——民主"三个阶段,即决策前首先要充分发扬民主,在更大范围、以更多形式走民主程序,广泛听取群众的意见建议。在此基础上,综合分析各方利益诉求、汇聚群众智慧,通过集中来形成统一的集体意志。最后再用民主的方式进行决策。党委是一个领导集体,作为学校的领导核心,主要通过强有力的政治领导、思想领导和组织领导,保证以人才培养为中心的各项任务完成。同时,党委支持校长依法独立负责地行使管理职权,是党委领导下的校长负责制的重要内容。校长是学校法人代表和行政主要负责人,主持学校行政工作,全面负责教学、科研、行政管理工作。校长要对党委负责,全面贯彻党的教育方针,组织实施党委集体讨论决定的重大事项,切实把党委决策部署落到实处;要全面负责教学、科研、行政管理工作,独立负责地行使管理权力,依法依规(包括学校章程)对校务及事关师生员工现实利益的重大问题作

---

① 《完善内部治理结构　促进高校科学发展——中组部、教育部负责人就〈关于坚持和完善普通高等学校党委领导下的校长负责制的实施意见〉答记者问》,http://www.qstheory.cn/science/2014-10/17/c_1112863661.htm(阅读时间:2017年10月1日)。

出决定并付诸实施,或形成议案提交党委研究决策。同时,校长是行政事务的最终决策者,主要运用行政权力推进工作。可见,坚持和完善党委领导下的校长负责制,根本出发点和落脚点是要形成党政合力,办好让人民满意的大学,培养中国特色社会主义事业的合格建设者和可靠接班人。要完善学校领导班子组织制度,健全党委全委会、党委常委会、校长办公会或校务会议的议事规则,规范重大问题和重要事项的决策程序,切实贯彻执行民主集中制;坚持集体领导和个人分工负责相结合,集体决定的事情,班子成员按照工作分工各司其职、各负其责,相互支持、密切配合;健全党委书记与校长、领导班子成员之间的沟通协调机制,切实做到日常工作定期沟通、重要决策事先沟通、紧急事项及时沟通。①

---

① 崔锐捷:《深刻领会党委领导下的校长负责制的精神实质》,《光明日报》2014 年 12 月 18 日,第 7 版。

第五章

建立现代大学制度，完善高校内部治理结构

　　2015年8月18日，中共中央总书记、国家主席、中央军委主席、中央全面深化改革领导小组组长习近平主持召开中央全面深化改革领导小组第十五次会议并发表重要讲话，强调："要全面贯彻党的教育方针，遵循教育规律，以立德树人为根本，以中国特色为统领，以支撑创新驱动发展战略、服务经济社会为导向，推动一批高水平大学和学科进入世界一流行列或前列，提升我国高等教育综合实力和国际竞争力，培养一流人才，产出一流成果。"同时，"要引导和支持高等院校优化学科结构，凝练学科发展方向，突出学科建设重点，通过体制机制改革激发高校内生动力和活力。"①高等学校是人才培养、科学研究和社会服务的主战场，是办学的主体也是构成高等教育的基本单位。高等教育是否能够满足社会发展需要，是否能够促成人类文明和促使社会进步，在很大程度上取决于高校适应社会的程度以及高校发展是否富有活力和生机。

　　改革开放前，在高度集中的计划经济体制下，国家包揽一切，高校完全受控于政府：高校不仅按照行政指令办事，而且在学校内部也建立起一套行政思维和行政管理方式，高校的发展缺乏主观能动性和自觉的适应性。改革开放以后，社会主义市场经济的发展，要求高校必须面向市场开放，主动地适应市场发展，在此情况下，中央政府逐步向地方政府和高校放权，高校获得了独立法人地位和自主发展权。加强高等学校内部管理体制改革，不仅是高等教育体制改革的一项重要内容，而且是高等教育体制改革的一个关键性环节。必须理顺高校与政府关系，树立发展的主动性才能更好地运用自主发展的权力；只有明确高校作为学术组织特有的使命和责任，划定行政权力与学术权力的界限，才能使高校在知识的生产、创造、传播和应用中历久弥芳；只有健全现代大学制度，才能使高校在发展中形成品性和习惯，实现有序运行。中国改革开放的历程，就是激发体制活力、促进科学发展的过程。在高等教育领域，以激发学校的办

---

① 《中央全面深化改革领导小组第十五次会议召开》，http://www.gov.cn/xinwen/2015-08/18/content_2915043.htm(阅读时间：2017年12月15日)。

学活力为目的,宏观上简政放权、微观上激励搞活一直是改革的主旋律。高等学校要从过去政府的一级机构或者说是附属机构,逐步变成面向社会自主办学的相对独立实体。在这种情况下,高等学校面临两种压力和责任:一是获得自主权之后如何既按照高等学校发展内在要求,又适应社会发展的需要进行科学决策,保证高等学校发展的正确方向。二是如何通过建立外部约束和自我约束机制恰当地运用自主权。目前,高校开始着力推进治理结构、治理体系和治理能力现代化改革。完善治理结构包括内外部两方面的关系,外部关系使得高校具有面向社会自主办学的权力,内部治理结构重在协调行政与学术权力关系,确保有能力实现自主办学。完善高校内部治理结构既是保障大学办学自主权的需要,也是促进高等教育内涵式发展的需要。

一、 推进以大学章程为核心的现代大学制度建设

《国家中长期教育改革和发展规划纲要(2010—2020 年)》提出,要大力推进依法治校、依法办学,建立完善符合法律规定、体现自身特色的学校章程和制度。其中,大学章程是现代大学制度的主要载体。大学章程是大学最高权力机构,是依据国家法律法规、尊重大学组织特性、遵守行政法规制定程序,制定出来的上承国家法律法规,下启内部各项规章制度的大学最高纲领。作为大学的"宪章",大学章程奠定了一个大学的基本秩序构架一个完整的大学章程应该包括特许状、决策机构的议事规则和大学管理规则。大学章程的主要功用是规制大学权力运行,建立完备的大学章程是依法治校、依法办学的基础。教育部于 2012 年颁布的《高等学校章程制定暂行办法》对高校章程的制定工作提出了明确要求和具体规范,要求大学章程的制定必须在教育政策法规的指导下,在遵循高等教育规律的基础上,必须厘清存在于大学发展过程中的各种内外部关系。并且,提出要以章程制定为契机,不断完善大学治理结构,加强制度化建设和规范化建设,持续推进现代大学制度建设。大学治理是联系大学内部以及外部各利害关系人的正式的和非正式关系的制度安排。大学的治理结构旨在明确大学内外部各利害关系人各自的权利、责任和利益及其相互关系。实现大学内外部效率和公平

的合理统一,是现代大学制度的本质与核心。①

(一) 现代大学制度的探索与实践

现代大学制度的变革是一个渐进的过程,推动大学制度变革必须考虑大学的组织特性。大学首先是一个学术组织,追求真理和发展学术是大学本质属性。基于这一组织特性,完善现代大学制度必须坚持学术自由、大学自治等传统价值观。然而,大学又是一个资源依赖型组织,获取外部资源和实现组织持续生存是大学变革的内在动力。对外部需求的回应能力是衡量当代大学生存能力的尺度。当代大学植根于相互联系的网络之中,组织所需要的各种资源都是从环境中得到的,大学不得不依赖这些资源的外部提供者。作为一个能动的行动者,基于对生存资源的需要,大学的内部治理结构和制度形态必须重视所处环境中的组织,其中最重要的是政府组织。

关于现代大学制度的探讨与研究最初出现于 20 世纪 90 年代中期,在 21 世纪初开始成为一个研究热点。有研究者通过"学术期刊网"检索发现,在 1994 年到 2004 年间,全国发表有关现代大学制度的各种论文 86 篇,其中 90% 以上的论文是 2000 年以后发表的。在研究内容方面,主要涉及政府与大学的关系、大学内部的治理结构等。② 综合已有研究,现代大学制度的内涵被界定为:一是建立政府与大学间的新型目标管理关系,即政府对高等学校进行整体规划,在各高校合理定位的基础上向它们提出目标要求、提供财政和政策支持、进行绩效评估,大学则在《高等教育法》和大学章程的框架约束之下,面向社会依法自主办学,并在政府与大学之间逐步建立起"合约型"的合作伙伴关系。二是明确大学的治理结构,合理确定政府、社会参与大学管理的机制,进一步完善党委会领导下的校长负责制,加强大学基层学术组织建设,形成以学术为主导的管理机制。三是建立规范性的大学章程制度,通过章程把大学的办学和管理行为纳入法治的轨道,使章程切实成为大学发展与建设的"宪法",成为推动和规范大学自主办学、建立自我发展自我约束机制的基础,成为处理学校与政府、社会及内部关系的准则。③ 一般而言,现代大学制度主要包括大学法律章程、大学使命宣言和大学治理

---

① 湛中乐:《现代大学治理与大学章程》,《中国高等教育》2011 年第 9 期,第 18—20 页。
② 马陆亭:《从高等教育体制改革到现代大学制度建设》,《中国高等教育》2013 年第 21 期,第 4 页。
③ 马陆亭:《从高等教育体制改革到现代大学制度建设》,《中国高等教育》2013 年第 21 期,第 4 页。

结构等三大核心要素。现代大学制度建设必须要有根（以大学章程为代表的国家完整法律体系）、有魂（以大学宣言所体现的大学精神与核心价值）、有骨架（以大学治理体系所支撑的大学组织制度与运行机制）。①

自 2010 年起，为落实《国家中长期教育改革和发展规划纲要（2010—2020 年）》关于建立现代大学制度的意见，教育部开始在 28 所高校开展现代大学制度建设的试点工作。2011 年 11 月，教育部在华中师大召开完善现代大学制度的研讨会，主要任务是交流试点工作进展情况，研讨大学章程建设和大学内部治理结构的相关问题，进一步明确推动现代大学制度试点工作的思路和举措。来自国家教改试点南方片区 13 所高校的负责人和专家参加了研讨会。会议认为，13 所南方试点高校在若干现代大学制度建设上取得了突破性的进展，主要包括：

第一，坚持和完善党委领导下的校长负责制。湖南大学提出了完善党委全委会、常委会、校长办公会和书记办公会的议事规则和权力，进一步明确了权力的边界。有的高校明确了校党委的权力范围，制定了校党委各工作岗位的职责条例，明确了以校长为首的行政管理系统的权力范围，制定了行政系统的党内工作职责条例。重庆大学探索形成了职责分工不分家、相互支持不拆台的党委行政有效分工配合的工作方法。

第二，建立和完善了教授治学体制和学术管理体制。探索充分发挥学术委员会重要作用的学术机制。有的高校出台了完善校学术委员会相关工作的实施意见，明确了校学术委员会的工作职能，构建思路和运行组织框架，进一步完善和修订了校学术委员会章程，调整组建了新的校学术委员会；西北农林科技大学明确了教授委员会是学院、系的学术最高决策机构，确定了教授委员会组建的基本原则、基本程序，议事的基本规则，委员资格的取消和条件等；华中师大明确了教授委员会在学术资源配置、学术评价、学术决策、学术论证、学风建设等方面的工作职责，并规定校领导、职能部门负责人、院系负责人，不能担任学术委员会主任委员、副主任委员，仅作为一般的委员进入教授委员会。

第三，完善了校院两级管理体制。天津大学研究制定院校两级管理模式实施细则，明确学院在学校事业发展中的主体地位。复旦大学赋予医学学科相对独立和完整

① 史静寰：《现代大学制度建设需要"根""魂"及"骨架"》，《中国高教研究》2014 年第 4 期，第 1—6 页。

的管理权限，保证医学学科建设和人才培养的完整性。西北工业大学研究制定学院管理权限，确定学院目标责任的关键指标，对学院进行整体绩效目标考核和实施奖励。东华大学建立了阳光下的活力机制，按照分类指导、公开透明、公平公正的原则，明确了学院人财物的投入和相应的管理权限。

第四，深化了人事分配制度的改革。浙江大学通过设置教学科研并重岗、研究为主岗、教学为主岗、知识转移岗、团队科研教学岗，对教师岗位进行了分类管理。四川大学提出建立业绩贡献和能力水平的分配体系，实施绩效工资分配制度。华中师大制定了不同岗位不同学科领域的人才评价标准，实施综合素质评价和特殊才能评价相结合、近期绩效和长期绩效相结合、完善与鼓励创新和业绩贡献为导向的薪酬分配办法，建立人才特区制度。中国政法大学建立了教师学术能力公开报告制度和当场票选制度。

第五，探索建立理事会或董事会。早在20世纪80年代中国就有高校成立了学校董事会。目前全国已有超过200所公办高校建立了学校的理事会或董事会。中国特色的高校理事会或董事会的建立与发展，有助于打破传统的行政管理观念和封闭的管理体制，推动高校主动适应经济社会发展，改变学校内部决策方式，形成利益相关者共同讨论和制定学校改革发展的良好的治理模式。有的高校如北师大，创新了高校共建模式，探索建立了高校与中央部委、地方政府、社会组织等合作共建的新模式。

第六，探索学校的大部制改革。推进学校大部制改革有利于复归学术本位，进一步降低行政成本，提高管理效能和效率。中科大推动实现了行政权力由管理向服务的转变，加强了服务窗口建设，建立起扁平化、简约化的服务组织结构，成立了行政服务中心和学生服务中心，为师生提供"一站式"的便捷服务，实行了"首问负责制"、"限时办结制"。西南财经大学提出发挥学校财经学科优势，试行总会计师制度，完善了总会计师为核心的财务管理制度。

第七，创新基层学术组织。北师大搭建了以学科为基础的数量适当、分布合理、运营高效的学术制实体单位布局。东南大学探索建立实行学术特区，给学术特区在人员聘用、薪酬分配、实验室建设等方面充分自主权。哈工大则全面推进国际首席学术顾问计划，将各学术、各学科的首级学术顾问，纳入学科发展战略研究团队，参考基础交叉研究院的模式，建立起若干人文、社科类的学术特区。华南理工大学通过集成相关学科优势,构建创新平台,将学校不同人员充实到基层学术组织,扩大了基层学术组织的人事管理和财务管理的权限,建立健全了奖赏和退出机制。

第八,推行校务公开制度。四川大学推广了系主任民主直选制,华东师范大学不断加强学校信息公开制度建设,实行了教育质量年度报告的公开制度。中国政法大学推进党务公开,健全了党内情况通报制度,建立起学校党委新闻发言人制度、党委成员网上定期与学校教职工网上见面制度、党委成员网上值班制度、党委决策听政等制度。

第九,制订和完善学校章程。华东师范大学积极建立大学章程,规定了大学的宗旨和使命,组织机构、各利益相关方的运行机制和学术事务的处理等问题。

(二) 以大学章程建设为核心,推进现代大学制度建设

在现代大学制度建设过程中,大学章程建设是最为核心的、关键的内容。大学章程的主要内容是关于大学权力的分配和制约。具体说来,主要包括如下几个方面:第一,规范大学与政府之间的权力关系。大学章程既规范大学办学行为也规范政府管理行为,由于大学章程对政府也具有约束力,故它具有一定的外部法律效力。第二,规范大学内部各群体之间的权力关系。这些关系包括党委与行政之间的权力关系、行政人员与学术人员之间的权力关系、行政人员与学生之间的权力关系。第三,规范大学与院系之间的权力关系。保障院系等基层学术组织的自治权是激活学术的心脏地带的需要。① 实际上,自 1990 年代中期起,以《中华人民共和国教育法》的颁布实施为起点,已经开始了大学章程建设的酝酿与准备,到 2012 年教育部颁布《高等学校章程制定暂行办法》要求各校普遍制定各自的章程,我国大学开启了以大学章程为核心的现代大学制度建设的新阶段。

1. 依法自主办学,推行"一校一章程"(1995—2010 年)

大学章程的建设,是与经济、社会体制与高等教育管理的变革紧密相关的,随着 1985 年 5 月中共中央出台的《关于教育体制改革的决定》提出要改革高等教育招生与分配制度,扩大高等学校办学自主权,建立"自我发展、自我约束、面向社会依法自主办学"的现代大学制度,制定大学章程被提到日程上来。1992 年,中共十四大明确提出

---

① 刘宇文:《高校办学自主权研究》,湖南人民出版社 2014 年版,第 177 页。

进行经济体制改革，建立社会主义市场经济体制。① 为适应这一改革目标，1993 年《中国教育改革和发展纲要》指出，要初步建立起与社会主义市场经济体制、政治体制、科技体制相适应的教育体制。《纲要》明确要求要改变过去政府包揽办学的格局，转变为宏观管理与指导，并进一步明确了政府与大学的关系，使大学成为面向社会独立自主办学的实体。②

　　1995 年 3 月通过的《中华人民共和国教育法》第 26 条明确规定："设立学校及其他教育机构，必须具备以下基本条件：（一）有组织机构和章程；（二）有合格的教师；（三）有符合规定标准的教学场所及设施、设备等；（四）有必备的办学资金和稳定的经费来源。"③同年 8 月原国家教委下发《关于实施〈中华人民共和国教育法〉的若干意见》进一步指出，"各级各类学校及其他教育机构，原则上应实行'一校一章程'。《教育法》施行前依法设立的学校及其他教育机构，凡未制定章程的，应当逐步制定和完善学校的章程，报主管教育行政部门核准"。④ 1999 年 1 月 1 日起施行的《中华人民共和国高等教育法》承应《教育法》的要求，再次明确规定高等学校必须有自己的章程，该法第 27 条规定："申请设立高等学校的，应当向审批机关提交下列材料：（一）申办报告；（二）可行性论证材料；（三）章程；（四）审批机关依照本法规定要求提供的其他材料。"不仅如此，第 28 条还对高等学校章程的内容做出了明确细致的规定，包括学校名称、校址，办学宗旨，办学规模，学科门类的设置，教育形式，内部管理体制，经费来源、财产和财务制度，举办者与学校之间的权利、义务，章程修改程序以及其他必须由章程规定的事项。⑤ 1999 年 12 月 2 日教育部印发《关于加强教育法制建设的意见》提出实现依法治教的主张，要求"各级各类学校特别是高等学校要提高依法管理学校的意识，依据

①《中共中央关于教育体制改革的决定》，http://old. moe. gov. cn/publicfiles/business/htmlfiles/moe/moe_177/200407/2482. html（阅读时间：2017 年 10 月 15 日）。

②《中国教育改革和发展纲要》，http://www. moe. edu. cn/jyb_sjzl/moe_177/tnull_2484. html（阅读时间：2017 年 9 月 15 日）。

③《中华人民共和国教育法》，http://www. moe. edu. cn/s78/A02/zfs＿left/s5911/moe_619/201512/t20151228_226193. html（阅读时间：2017 年 10 月 1 日）。

④《关于实施〈中华人民共和国教育法〉的若干意见》，http://laws. 66law. cn/law-15456. aspx（阅读时间：2017 年 10 月 1 日）。

⑤《中华人民共和国高等教育法》，http://www. moe. gov. cn/s78/A02/zfs＿left/s5911/moe_619/201512/t20151228_226196. html（阅读时间：2017 年 11 月 22 日）。

法律、法规的规定，尽快制定、完善学校章程，经主管教育行政部门审核后，按章程依法自主办学"①。2003 年 7 月《教育部关于加强依法治校工作的若干意见》再次强调："学校要依据法律法规制定和完善学校章程，经主管教育行政部门审核后，作为学校办学活动的重要依据，按章程自主办学。"②同年 11 月，教育部发布《教育部办公厅关于开展依法治校示范校创建活动的通知》具体提出了教育部依法治校示范校的 8 条标准，其中第一条就是"管理制度完善健全。依法制定学校章程，经教育行政部门审定并遵照章程实施办学活动。依法制定教育教学、财务、教师、学生、后勤、安全等各项管理制度，内容合法、公正、公开，并得到切实有效执行"③。该文同时指出创建"依法治校示范校"一票否决的三个条件中的第一个条件就是"没有章程"一票否决。④ 据公开媒体报道，2001 年 9 月 12 日诞生的《黑龙江大学章程》是我国《教育法》、《高等教育法》颁布后出台较早的大学章程。2003 年 12 月 19 日，《扬州大学章程》正式提交学校二届二次教代会，标志着江苏省首部高等学校章程的诞生。⑤

吉林大学自 2004 年起就在我国著名法理学家、时任吉林大学党委书记的张文显教授的主持领导下率先开展了大学章程建设工作，2005 年 12 月 28 日《吉林大学章程》经学校第十二次党代会议通过，并于 2006 年 1 月 1 日起施行。同年，教育部在吉林大学召开了"教育部直属高校依法治校现场经验交流会"，吉林大学被评为"依法治校示范校"。继吉林大学之后，佳木斯大学、广东外语外贸大学、上海交通大学、北京师范大学、华东政法大学、中国政法大学、北京工业大学、合肥工业大学、华北电力大学、中南林业科技大学、东北农业大学、南京农业大学等近 30 所高校开始着手制定并陆续颁布了章程。其中，《广东外语外贸大学章程》于 2006 年 1 月 1 日颁布试行，这是我国较有影响的省属高校大学章程。

---

① 《教育部关于加强教育法制建设的意见》，http://old. moe. gov. cn//publicfiles/business/htmlfiles/moe/moe_623/200501/5144. html（阅读时间：2017 年 10 月 1 日）。

② 《教育部关于加强依法治校工作的若干意见》，http://old. moe. gov. cn//publicfiles/business/htmlfiles/moe/moe_623/200501/5145. html（阅读时间：2017 年 10 月 1 日）。

③ 《教育部办公厅关于开展依法治校示范校创建活动的通知》，http://old. moe. gov. cn//publicfiles/business/htmlfiles/moe/moe_40/200311/170. html（阅读时间：2017 年 10 月 1 日）。

④ 湛中乐：《现代大学治理与大学章程》，《中国高等教育》2011 年第 9 期，第 18—20 页。

⑤ 李化树、杨璐僖：《建设高等教育强国——美国证实研究》，西南交通大学出版社 2012 年版，第 263—264 页。

2010 年，吉林大学承担了国家教育体制改革试点项目"推动大学内部治理结构改革，完善大学章程建设"。2012 年，吉林大学被遴选为"教育部章程建设试点高校"。2013 年，学校按照《高等学校章程制定暂行办法》的新精神和新要求，根据改革发展的新探索和新实践，开展了章程的修订完善工作。2014 年 5 月，教育部核准并公布了修订完善后的《吉林大学章程》。章程依据《高等教育法》、《中国共产党普通高等学校基层组织工作条例》等有关规定，对党委和校长的主要职权与职责分别做了切合学校实际的具体规定，明确界定了党委与校长的不同权限范围。根据《吉林大学治理结构与管理体制改革纲要》，将学校的管理体制定位为校、院两级管理，确立了学校对学院的管理模式，进一步明确了校部机关的机构设置和权责划分各类学术组织是教授治学的重要载体和手段，章程通过规定学校、学部、学院三级学术委员会和学位评定（分）委员会的职权，为学术权力的有效行使提供了制度保障。章程关于组织机构及其权责配置和师生员工权利的规定，集中体现了学校的民主管理思想。章程规定学校依法行使办学自主权，这是大学法人自治的制度表达。章程规定了学校的名称、住址、法律地位、办学宗旨、法定代表人、机构组成、法人财产，涵盖了学校作为独立法人主体的基本要素，对学校运行的合法性基础做了制度性规定。作为学校的"宪章"，《吉林大学章程》在学校改革发展中发挥了重要作用，使学校的各项改革探索有法可依、有章可循，为深入推进依法治校，实现学校治理体系和治理能力的现代化，夯实了制度基础。[①]

2. 章程是高等学校依法自主办学、实施管理和履行公共职能的基本准则（2011 年至今）

为落实教育规划纲要要求，教育部经过认真研究、反复征求意见，以教育部第 31 号令的形式颁布了《高等学校章程制定暂行办法》，并于 2012 年 1 月 1 日起施行，对推动高等教育体制改革、建设现代大学制度具有里程碑意义。《高等学校章程制定暂行办法》规定："章程是高等学校依法自主办学、实施管理和履行公共职能的基本准则。"《高等学校章程制定暂行办法》共分为总则、章程内容、章程制定程序、章程核准与监督以及附则等五章三十三条，从实体和程序两个方面，对高校章程制定的原则、内容、程序以及核准和监督中所涉及的主要问题、主要环节进行了全面规范。其主要内容

---

① 蔡莉：《吉林大学：大学章程建设的十年探索》，《中国教育报》，2015 年 5 月 25 日，第 12 版。

包括：①

（1）确立章程的地位与作用。《高校章程制定办法》第三条规定："章程是高等学校依法自主办学、实施管理和履行公共职能的基本准则。高等学校应当以章程为依据，制定内部管理制度及规范性文件、实施办学和管理活动、开展社会合作。高等学校应当公开章程，接受举办者、教育主管部门、其他有关机关以及教师、学生、社会公众依据章程实施的监督、评估。"其中确立了章程在学校的制度体系中所具有的基础性、准则性作用，通俗地讲就是学校校内的"宪章"；强调章程具有规范和统领校内管理制度的功能，是学校行为的基本准则；明确章程要成为高校接受外部监督、实施自我监督的基本依据。

（2）提出制定章程的基本原则。首先是法治的原则，即高校章程要遵循法制统一的原则，遵守法律的原则与规定，以中国特色社会主义理论体系为指导，把握社会主义办学方向，将依法自主管理的理念落实到具体规范当中。第二是改革的原则，即制定章程不应成为学校现有制度规范的集合和汇编，或者现有体制的重复描述，而是要成为高校系统改革的一部分，使高校管理体制改革与章程建设相互促进，以改革为制定章程提供动力与内容，以章程建设作为改革的切入点和系统集成的载体。第三是自主的原则，即章程要着力完善学校自主管理、自我约束的体制、机制，反映学校的办学特色。

（3）明确高校章程应当具备的要件。《高校章程制定办法》的第二章从三个方面对高校章程内容作了规定：首先，章程要具备法定内容，明确章程要包含《高等教育法》第二十八条确定的章程基本内容。其次，章程要包含法律和教育规划纲要提出的自主权内容，明确办学自主权的行使与监督规则。第三，章程要包含现代大学制度的内涵与要求，要将决策机制、治理结构、民主管理、学术体制、专业评价、社会合作等建立现代大学制度所必备的制度要件与要求纳入其中，明确高校内部各种权力的运行规则，要体现以人为本的办学理念，突出对教师、学生权益、地位的确认与保护。

（4）规范章程的制定程序。明确章程由学校组织起草，学校的起草组织要具有广

---

① 唐景莉：《〈高等学校章程制定暂行办法〉颁布》，http://old.moe.gov.cn//publicfiles/business/htmlfiles/moe/moe_627/201201/129246.html（阅读时间：2017 年 10 月 1 日）。

泛的代表性，起草章程要遵循民主、科学、公开的原则，采取开门立法的方式，使章程起草成为学校凝聚共识、促进管理、增进和谐的过程。在起草程序上要广泛征求校内各方面的意见，重大问题要充分发扬民主。章程制定办法充分吸取了有关高校的实践经验，规定章程草案由教职工代表大会讨论、校长办公会议审议、学校党委会审定，审定后由法定代表人签发的机制，以保证章程草案在学校内部得到充分讨论，反映各方面意见。同时，《高校章程制定办法》还规定，高校的举办机关或者主管部门应当以适当方式参与章程的制定，按照政校分开、管办分离的原则，以章程明确界定政府与学校的关系，明确学校的办学方向与发展原则，尊重和维护学校的办学自主权。

（5）建立章程核准的程序与制度。根据国务院行政审批制度改革的原则与精神，章程制定办法依据高教法对章程的核准权做了下放，即地方政府举办的高等学校的章程由省级教育行政部门核准，其中本科以上高等学校的章程核准后，报教育部备案；教育部直属高等学校的章程由教育部核准；其他中央部门所属高校的章程，经主管部门同意，报教育部核准。办法同时规定章程核准要经过章程核准委员会的审核，这是新的制度创设，目的就在于进一步提高章程的效力与权威，保障章程的稳定性。

（6）健全章程的执行与监督机制。为保障章程制定颁布后能够得到执行，《高校章程制定办法》规定学校内部要设立依据章程的内部制度、文件审查机制，落实章程在学校管理中的核心地位；明确主管部门应当认可高校在章程中做出的自主规定，对高等学校履行章程情况应当进行指导、监督，对高等学校不执行章程的情况或者违反章程规定自行实施的管理行为，应当予以纠正。

为推动《高等学校章程制定暂行办法》的学习宣传与贯彻实施工作，教育部办公厅发出通知，要求各地、各高等学校：抓紧组织、深入开展《高等学校章程制定暂行办法》的学习宣传工作，形成推动高等学校章程建设、内部管理体制改革的大学习、大讨论；全面部署高等学校章程建设工作，推动所有高等学校在 2012 年内全面启动章程制定或者修订工作；做好章程制定的分类指导与试点工作，确定若干有代表性的高等学校作为试点单位，尽快形成具有示范和推广意义的成果；建立健全章程核准程序与机制，组织具有权威性的章程核准委员会，完善章程核准机制；进一步推动高等学校的依法治校工作，以章程建设为核心，系统梳理高校内部管理体制，推动高校整体改革，实现依法治校的良好局面。①

2013 年 9 月 22 日,教育部下发《中央部委所属高等学校章程建设行动计划(2013—2015 年)》,计划自 2013 年 9 月起实施,到 2015 年底已分批全部完成教育部及中央部门所属的 114 所高等学校章程的制定和核准工作。为此,还提出了明确的实施步骤,主要包括:

(1) 2013 年 10 月,完成中国人民大学、东南大学、东华大学、上海外国语大学、武汉理工大学、华中师范大学等 6 所第一批申请核准高校章程的核准与发布工作。

(2) 2013 年 11 月底前,同济大学、西北农林科技大学、西南大学、中国矿业大学、东北师范大学、四川大学、长安大学等 7 所教育部直属高校,以及中华女子学院、南京森林警察学院等 2 所中央部门所属高校的章程完成起草,报送核准。

(3) 2013 年 12 月底前,北京外国语大学、北京语言大学、中国政法大学、北京中医药大学、天津大学、东北大学、吉林大学、上海交通大学、华东师范大学、上海财经大学、浙江大学、山东大学、中国石油大学(华东)、武汉大学、重庆大学、西南财经大学、陕西师范大学、兰州大学等 18 所高校的章程完成起草,报送核准。

(4) 2014 年 6 月底前,北京大学、清华大学、北京师范大学、中国农业大学、南开大学、大连理工大学、复旦大学、南京大学、厦门大学、中国海洋大学、华中科技大学、湖南大学、中南大学、中山大学、华南理工大学、电子科技大学、西安交通大学、北京理工大学、北京航空航天大学、哈尔滨工业大学、西北工业大学、中央民族大学、中国科学技术大学等 23 所"985 工程"高校的章程完成起草,报送核准。

(5) 2014 年年底前,北京科技大学、北京化工大学、北京交通大学、北京邮电大学、中国地质大学(北京)、中国矿业大学(北京)、中国石油大学(北京)、中国传媒大学、北京林业大学、中央音乐学院、中央财经大学、对外经济贸易大学、华北电力大学、东北林业大学、华东理工大学、河海大学、江南大学、南京农业大学、中国药科大学、合肥工业大学、中国地质大学(武汉)、华中农业大学、中南财经政法大学、西南交通大学、西安电子科技大学等 25 所教育部属的"211 工程"建设高校的章程完成起草,报送核准。

———————————

① 《教育部办公厅关于学习宣传、贯彻实施〈高等学校章程制定暂行办法〉的通知》:http://old. moe. gov. cn/publicfiles/business/htmlfiles/moe/s5972/201201/129750. html(阅读时间:2017 年 10 月 15 日)。

2014 年年底前，北京体育大学、南京理工大学、南京航空航天大学、暨南大学等 4 所其他部委所属"211 工程"建设高校的章程完成起草，报送核准。

（6）2015 年 6 月底前，中央戏剧学院、中国科学院大学、中国人民公安大学、外交学院、北京协和医学院、中国青年政治学院、华侨大学、西北民族大学、大连海事大学、中国民航大学、西南民族大学、大连民族学院、北方民族大学、铁道警察学院、广州民航职业技术学院等 15 所高校的章程完成起草，报送核准。

（7）2015 年底前，中央美术学院、哈尔滨工程大学、中南民族大学、中国刑事警察学院、中国人民武装警察部队学院、公安海警学院、北京电子科技学院、中央司法警官学院、中国劳动关系学院、中国民用航空飞行学院、防灾科技学院、华北科技学院、上海海关学院、长沙航空职业技术学院等 14 所高校的章程完成起草，报送核准。

教育部还决定，高等学校章程核准委员会将分别于 2013 年 10 月、2013 年 12 月，以及 2014 年 3 月、5 月、7 月、9 月和 11 月召开会议，每次评议 10 所左右高校章程，在 2014 年底前完成 70 所左右高校章程的核准；2015 年再召开 3—4 次会议，完成其余高校章程的核准工作。经过这一计划的实施，到 2015 年底，教育部和中央部门直属高校完成章程制定并经教育部高等学校章程核准委员会核准后颁布实施。

2014 年 5 月，教育部办公厅下发《关于加快推进高等学校章程制定、核准与实施工作的通知》，要求各省（直辖市、自治区）根据《高等学校章程制定暂行办法》的要求，"健全工作机制，制订实施规划，依法开展章程核准工作；同时建立指导、督查机制，推动高校加快章程起草工作。要按照核准工作需要，组建本省（区、市）高等学校章程核准委员会，有条件的地方，可以聘请政府有关领导担任委员会负责人，加强部门合作，提高委员会评议的权威性。教育部章程核准的具体工作流程，按照《教育部高等学校章程核准工作规程》（附后）执行。各省级教育部门也要明确工作程序，优先核准'211 工程'高校章程。各地核准的本科层次高等学校章程，以省级教育行政部门的名义分批次向教育部备案"①。随后，各省（直辖市、自治区）便开启了省属高校章程的制定与核准工作。

《通知》还以附件形式下发了《教育部高等学校章程核准工作规程》，就中央部门所

---

① 《关于加快推进高等学校章程制定、核准与实施工作的通知》，http://www.moe.edu.cn/srcsite/A02/s5911/moe_621/201405/t20140529_170122.html（阅读时间：2017 年 10 月 15 日）。

属高等学校章程制定做出了进一步的规定。其中,章程起草说明"应包含以下主要内容:章程起草的过程(包括:校内外征求意见的情况,有关意见的采纳和反馈情况等)、章程的主要内容及其说明、章程特色,以及有关制度创新或者办学自主权改革重大问题的说明等"①。

二、 完善高校内部治理结构,推进治理能力现代化

高等学校内部管理体制是指学校的内部组织系统及其构建的原则与功能的规定,涉及到机构设置、职责分工、权力分配及其相互关系等一系列重要且具体的方面。中华人民共和国成立以来,我国高校内部管理体制改革,实际上主要是在两个方面进行的:即领导体制的改革和以人事制度、分配制度为主要内容的改革。其中提及分配制度,就不得不提权力分配,高等教育中的权力分配涉及到两个大的层面,一是高等学校与政府之间,另一个是高等学校内部权力分配。高校内部权力分配重点处理行政权力和学术权力之间的关系。

(一) 以体制改革为核心的高校内部管理体制改革(1978—1999 年)

高校内部的改革是随政府和大学间关系的调整而逐步推进的,1978 至 1999 年是高校办学自主权逐步确立的时期。从 1978 年《全国重点高等学校暂行工作条例(试行草案)》(简称《条例》)实施,到 1985 年《中共中央关于教育体制改革的决定》颁布,再到1993 年《中国教育改革发展纲要》实行,在内外部结构调整中,高校内部管理体制逐步恢复和建立。

1. 逐步恢复和理顺高校内部管理体制(1978—1985 年)

1978 年《全国重点高等学校暂行工作条例(试行草案)》的颁布奠定了中央向地方和高校放权的基调,自此以后在拨乱反正中各高校逐步恢复和理顺了内部管理体制。这一时期的改革主要集中在调整高等学校领导班子;恢复教师职称评审制度,建立高

①《教育部高等学校章程核准工作规程》,http://gaokao.chsi.com.cn/gkxx/zc/moe/201406/20140616/1031352105.html(阅读时间:2017 年 10 月 15 日)。

等学校教师考核、培训制度和机关干部岗位责任制；恢复和改进校内分配制度、后勤管理制等三个方面。①

1978年3月7日，国务院批转教育部提交的《关于高等学校恢复和提升职务问题的请示报告》，恢复了职称评定制度，要求在国务院没有作出新规定前，仍执行1960年国务院颁发的《关于高等学校教师职务名称及其确定与提升办法的暂行规定》；原来确定和提升的教授、副教授、讲师、助教一律有效，恢复职称，并增加了"可以越级提升教授、副教授，提升教授的审批权限改为由省、市、自治区批准，报教育部备案"的新规定。② 各高等学校都以此为依据恢复了原有职称，并按照"坚持标准，保证质量，全面考核，择优提升"的原则，分期分批进行了提升和确定教师职称工作。到1981年底，全国范围内共提升和确定了13万多名教师的职称，其中提升教授2 400多名，副教授20 700多名，讲师116 100多名。③ 为推动职称评定规范有序，1982年2月颁布了《关于当前执行〈国务院关于高等学校教师职务名称及确定与提升办法的暂行规定〉的实施意见》，对确定与提升教师职称的政治思想条件、业务条件、评审程序、批准权限等作出了具体的规定，并指出此项工作自此以后将转入常规性工作。④

与此同时，重视和加强了对教师的考核和培训。在教师考核方面，重视市场机制的引入，打破了"一刀切"的制度设计。1979年11月27日，教育部颁发《关于高等学校教师职责及考核的暂行规定》，分别对助教、讲师、副教授和教授的职责和考核依据作出具体规定，对各级教师的考核内容主要包括政治表现、业务水平和工作成绩等三个方面。对教师的考核应重在平时考查，结合教学、科研和进修等工作进行，实行定期考核，一般每学年或学期进行一次，填写《高等学校教师工作登记卡》，考核结果存入教师的业务档案，作为奖惩的依据。⑤ 1981年4月20日，《高等学校教师工作量试行办法》和《高等学

---

① 张茂聪、李松玉等：《现代大学管理制度改革与创新：国际比较的视野》，山东教育出版社2013年版，第145页。

②《1978年3月7日高校恢复职称评定》，http://news.xinhuanet.com/science/2016-03/07/c_135155848.htm(阅读时间：2017年10月15日)。

③ 张晋藩等：《中华人民共和国国史大辞典》，黑龙江人民出版社1992年版，第816—817页。

④ 郝维谦、龙正中：《高等教育史》，海南出版社2000年第1版，第379页。

⑤ 中国高等教育学会：《改革开放30年中国高等教育发展经验专题研究(1978—2008)》，教育科学出版社2008年版，第307页。

校教学工作量超额酬金暂行规定》等文件颁布,进一步打破了"一刀切"的制度设计,试行教师工作量制度,有利于调动教师的积极性。教师和干部培训制度也得到了进一步的完善。在教师培训方面,1980 年 7 月 10 日,教育部发布《全国重点高等学校接受进修教师工作暂行办法》,规定:全国重点高校接受进修教师,是高校师资培训提高工作的一项重要制度,其接受对象是中青年骨干教师和急需开课的教师,以掌握一门课程的各个教学环节、提高教学水平为主。[①] 1980 年 12 月 31 日,教育部党组颁布《关于加强高等学校干部教育工作的意见》。《意见》指出:"要举办各种类型的短训班,分期分批地对高等学校党政干部进行轮训,争取在三、五年内,把能够参加学习的干部轮训一遍……逐步实行正规的干部教育制度,把训练在职干部,培养优秀中青年干部的工作经常化、制度化,建设一支又红又专的干部队伍。"[②]为建立正规的干部培训制度,1982 年 2 月教育部又颁发了《关于举办高等学校干部进修班培训各院校中层干部的通知》,委托北京师范大学、华东师范大学、东北师范大学、陕西师范大学、华中师范学院、西南师范学院举办高等学校干部进修班,分别负责所在大区各高等学校处系级领导干部的培训工作,并对培训对象、规模学习期限、办班方针、学习内容、学员招收办法等内容做了明确规定。[③]

此外,高校还进行了后勤管理的改革,更加明确了后勤的服务职能,已经开始注重竞争机制的引入,试图打破"大锅饭"的制度设计。虽然改变的范围较小,且大都以单项改革的方式推进,但意味着高校管理体制改革已迈出了第一步。在改革中还涌现出上海交通大学、北京工业大学、中国科技大学、华南师范大学等先行试点学校,其中,以上海交通大学内部管理体制改革试点最具代表性。

专栏九:上海交通大学内部管理体制改革(王宗光口述)

改革以校内管理体制为切入口

1978 年,上海交大已经从"文革"的阴影中走了出来,重新奋起。是什么力量

---

① 杨放:《教育法规全书》,南海出版公司 1990 年版,第 934 页。

② 中华人民共和国商业部教育局:《教育工作文件汇编》,内部资料 1982 年版,第 109 页。

③ 中国高等教育学会:《改革开放 30 年中国高等教育发展经验专题研究(1978—2008)》,教育科学出版社 2008 年版,第 308 页。

让交大发生重新振作，重新奋起呢？我记得很清楚，是党中央"拨乱反正"的政策措施和"实践是检验真理的唯一标准"的大讨论；是党中央总结了新中国成立以来的历史经验，英明地提出了"一个中心，两个基本点"的政治路线和"解放思想，实事求是"的思想路线，深深地打动了交大共产党员和师生员工。当时我们学习小平同志讲话精神，给我留下深刻印象的是，他在一次讲话中指出：我们党和国家所面临的体制问题，确实到了不能容忍的地步，人民不能容忍，我们党也不能容忍，如果不进行改革，不只是四个现代化没有希望，甚至于要涉及亡党亡国的问题，可能要亡党亡国。① 交大党委和广大小学骨干经过苦苦思索之后，一致认识到必须进行改革。在学校党委领导下，广大师生员工的思想得到了空前解放，工作热情高涨，都想把"文革"损失了的时间补回来。学校党委书记邓旭初和党政领导一班人，遵循党的十一届三中全会的思想路线，志向高远，动力巨大，以"第一个吃螃蟹"的精神敢为天下先，带领大家投身改革，确定要从政治上最敏感、困难最大的校内管理体制作为改革的切入口，大胆突破。

当时，我校在提出校内管理体制改革之前是有前奏曲的。早在1977年8月邓小平主持的科学教育工作座谈会上，我校教师代表吴健中发言，第一个提出要为"解放后（即新中国成立后）17年教育的成绩是主要的"正名。他说17年的教育不是黑线，是党领导下的红线，17年来中国教育培养出了一大批新中国的建设者、接班人。他的这个发言，反映了全国教育战线干部和教师迫切希望冲破"两个估计"②思想禁区的强烈心声，得到了邓小平同志的首肯。

接下来，交大在1978年研究生的招生中冲破"唯成分论"的束缚，坚持"择英举贤"，把一位成绩优异、思想作风好的优秀人才招进了交大数学系。在此之前，这位学生因家庭出身不好，曾未被其他名校录取。这一举动，打破了长期极"左"

---

① 《邓小平文选（第二卷）》，人民出版社1994年版，第396—397页。
② 1971年由张春桥、姚文元修改审定的《全国教育工作会议纪要》提出了所谓的"两个估计"，即中华人民共和国成立后17年"毛主席的无产阶级教育路线基本上没有得到贯彻执行"，"资产阶级专了无产阶级的政"；大多数教师和新中国成立以后培养出来的高等学校学生的"世界观基本上是资产阶级的"。"两个估计"长时期成为广大教师乃至知识分子的沉重精神枷锁。

路线下"唯成分论"的困扰,《人民日报》和《解放日报》等媒体报道后,得到了社会普遍的良好反响。

紧接着,到了1978年秋,也就在党的十一届三中全会召开和中美两国正式建交的前夕,交大率先打开国门,组建由邓旭初带队的12人教授代表团,顺利出访美国。这次访美,是经小平同志同意的,而且得到了国务院副总理王震和当时学校的上级主管部门第六机械工业部(简称六机部)部长柴树藩的大力支持。代表团考察了美国高等教育事业,与四所美国高校建立起校际交流关系,还会见众多美籍华人和海外校友,与交大美洲校友会重新建立正式联系。通过访美,代表团不仅看到了外部开放的世界,架起了我校与海外校友、朋友的交流桥梁,开通了向海外引智和引资的道路,还证明了在计划经济下长期形成的僵化的学校管理模式必须改革,给了人们极大的启示。

改革是怎样动真格的?

在20世纪70年代末80年代初"解放思想"的背景下,人们说交大是一个"藏龙卧虎"之地。那么,如何让龙能腾、虎能跃呢?我们对比和研究了国内外高等学校的历史和现状,得出结论:认为高校是知识分子集中的地方,关键要解放以知识分子为特点的生产力,为此要解决好生产关系问题。长期以来计划经济体制造成的僵化了的人事制度、管理制度,还在束缚着人们的手脚,无法解决苦乐不均问题,平均主义的习惯势力使人们手端"铁饭碗",口吃"大锅饭",谈什么奖勤罚懒?更加缺少积极进取的精神,按劳分配原则只能是一种理想状态。于是,交大党委决定从学校的人事、劳动、分配制度人手,寻找突破口,大胆地推出了校内管理体制改革的措施,制订出硬性的实施办法。

在长期的计划经济体制下,人们习惯于把人才"单位所有制""部门所有制"看成是天经地义,把工作视为"铁饭碗"。为了调整和确立教职工合理的结构比例,我们学校经过半年多的酝酿,决定实施人才流动,也就是要端走一些人的"铁饭碗"。当宣布要实行人才流动时,全校一片哗然。基层领导普遍感到人才流动工作难做,容易得罪人。教职当中有的人认为交大名气响、条件好,也有的人害怕丢面子,因此不愿意调离交大。针对这些反应,学校领导反复动员,提出人才流动的具体要求和工作纪律,强调人才流动绝不是"踢皮球""丢包袱",而是为了把长期积压的人员用到更能发挥作用的岗位上去。经过一系列耐心细致的工作,在上海市人事部的支持下,我们学校从 1980 年到 1983 年,实现人才流动 500 多人,其中教师有 300 多人。后来的调查证明,绝大部分人在新的单位都发挥了更大的作用。比如说,一些青年教师原来在交大轮不到上讲台的机会,调到新建学校或工厂后,很快成了教学或科研的骨干;还有教师调到外地工业部门当负责人,工作非常出色。通过人才流动,有力地支援了兄弟单位,为一些长期被积压的"有用人才"提供了"用武之地",同时在一定程度上克服了在校教师"铁饭碗"思想,促使广大教职工努力工作,刻苦钻研业务。这么大规模的人才流动,在当时国内高校中具有首创性,对于突破"单位所有制""部门所有制"的人事桎梏,有着重大的体制改革的意义。到了 1984 年 1 月 21 日,国务院副总理万里在接见我校领导时说:"你们交大流动出去 500 多人,这是不容易的。"后来,人员流动就成了学校的一项经常性工作,有进有出,"活水长流",给学校带来了蓬勃生机。

在人才流动的基础上,1982 年我校根据教育部有关文件精神,制订了《定编工作实施办法》和《教学、科研、教学辅助人员定编计算办法及分配方案》,积极推行人员定编,目的是要为劳动制度改革打下基础。定编的步骤是先领导后群众,先机关后基层。根据精简人员、合署办公的原则,将校部机关业务相近的机构进行压缩合并,精简了约 1/6 的人员。教师的定编工作也推动了师资队伍建设,通过分期分批地开展师资培训,逐步建立起合理的、有作为的学术梯队;同时,抓紧办理到龄教职工的离休、退休工作,逐步缓解队伍结构老化的问题。

结合定编,我校还制订和实行了《教师工作规范》和《机关岗位责任制》,进一步明确教职工的劳动标准和进取目标。教师们工作忙闲不均的情况有了改善,副教授就要干副教授的活,讲师就要干讲师的活,完不成《规范》规定的任务,就是不合格。大家从原来的"等米下锅"变为了"找米下锅",都抢着多干活,争着往学科梯队里挤,生怕被淘汰。机关工作面貌也发生了很大的变化,过去"工作松松垮垮,遇事踢皮球"的现象减少了,普遍出现了工作有计划、办事有条理、期末有总结的良好局面。大家主动为基层服务,提高了工作效率,增强了主人翁意识。

我校在实施人事制度、劳动制度改革的同时,积极探索分配制度改革,根据社会主义按劳分配原则,多劳多得,奖勤罚懒,颁发校内奖金,试行岗位津贴,进行工资制度自费改革,也就是要打破"大锅饭"。在第六机械工业部和上海市政府的支持下,学校从 1979 年下半年开始,试行教职工综合奖金。奖金划分为三个等级,一等 8 元,二等 6 元,三等 4 元,根据每个人的工作态度、贡献大小来评定,按月发放。通过发放奖金,打破了长期以来高等院校只发固定低工资的制度,起到了鼓励先进、鞭策后进的激励作用。为了进一步调动全校教职工的积极性,改善知识分子的生活待遇,1982 年学校决定试行岗位津贴,结合定编和落实干部教师岗位责任制,对达到工作规范要求而又职级不符的人员发放一定金额的职务职称补贴。经过考核测算,全校约有 70% 的教师和干部可以享受津贴。在前两步改革实践的基础上,到了 1983 年,经国家劳动人事部、教育部和上海市政府的批准,学校正式启动工资制度自费改革。通过建立统一的职务职称工资和正常的升级制度,初步解决了工资制度中的混乱现象,使教师、干部职级不符的状况有一定程度的改善,较多地提高了知识分子特别是中年知识分子的工资待遇。这项改革将工资与贡献挂钩,较好地冲破了工资制度上吃"大锅饭"、搞平均主义的弊端,更加鲜明地体现了按劳分配原则。比如说,全校原来拿 133 元工资的正副教授,在自费工资改革后最低的调到 160 元,最高的调到 208 元,拉开了差距,这在以往工资调整中是做不到的。

通过这一系列改革,初步克服了"铁饭碗""大锅饭"现象,广大教职工工作积极性高涨。学校顺势引导,依据中央关于"经济建设必须依靠科学技术,科学技术工作必须面向经济建设"的方针,鼓励教师带着科研成果走向社会,走向企业,为经济发展作有偿服务。在 1982 年定编之后,教职工超编数有 700 多人,其中教师超编约 300 人。我校考虑到这是一支很可观的队伍,也是潜在的智力资源,学校专门成立了技术服务部,制订出一系列政策,鼓励教师在确保完成国家下达的教学、科研任务的前提下,积极开展对外科技服务。许多教师主动走向社会找事干,创造了多种技术服务形式,包括举办培训班、专修班,参加校外的委托科研、成果推广应用、技术咨询、实验测试、合作研究、建立联合体等。通过技术服务,不仅为国家创造了财富，扩大了校内财政收入的"蓄水池"，也锻炼了教师队伍，增强了科研活力，提高了学术水平和教学质量。

改革"一石激起千层浪"

在改革开放初始的几年里，新华社、《人民日报》《光明日报》《解放日报》《文汇报》等国内主要新闻媒体，一直对我校管理改革做及时的跟踪报道。仅仅在1984年的10个多月内，各媒体发表新闻报道70多篇。可谓"一石激起千层浪"，全国各地大学、科研和企事业单位的同志蜂拥而至，到我校考察了解。1983年，我校编辑出版《上海交通大学管理改革初探》一书，发行了7万册，引起了不小的轰动。我曾在1984年临时受命，在由国家教委、中宣部、团中央在北京京西宾馆召开的全国思想政治工作会议上，代表学校作上海交大管理体制改革的情况介绍。无论是对我们改革赞成的、怀疑的，还是有不同意见的，都把"我"视为"明星"。因为上海交大的改革是"第一个吃螃蟹"。

正当我校改革进入攻坚阶段时，邓小平同志接见了我校领导和师生员工代表。我记得，1984年2月16日，时任中共中央政治局常委、中央军委主席的邓小平同志，在上海西郊宾馆接见我们，其中有交大党政领导成员、校务委员会委员、师生代表53人，我们怀着激动的心情列好队伍等候小平同志。上午9点30分，邓小平同志在中共中央政治局委员王震、上海市委第一书记陈国栋等陪同下，来到接见大厅，与站在前排的我校领导和教授一一握手，和大家合影留念。

这次接见，邓小平同志当场没有说话。当天下午，王震在上海市教卫党委书记陈铁迪等陪同下，来到交大视察，并代表邓小平同志对全体师生员工表示慰问。王震说："邓小平同志对你们的管理改革工作非常关心，非常支持。对你们在改革中取得的成效表示满意。他对你们在当前的改革中认真贯彻执行中央、国务院的精神很高兴。"

1984年5月15日，在全国大人六届二次会议上，国务院的《政府工作报告》中写了这样一段话："上海交通大学等院校改革管理制度，层层扩大自主权，实行定编定员，人员流动，挖掘学校科研潜力，承担经济建设研究课题，制定教师工作规范，明确干部岗位责任，试发岗位津贴和职务工资，提高了教学质量，出现了科研新局面。"就这样,上海交通大学的管理改革,载入了中华人民共和国的政府工作报告。

1985 年 5 月,在全国教育工作会议和《中共中央关于教育体制改革的决定》推动下,交大成为招生和分配改革的两所试点大学之一,同时与其他重点高校一起在扩大办学自主权等 8 个方面得到支持,使我校在教学、科研、师资队伍建设等方面获得了全面发展的机会。这一轮改革,也为上海交大 20 世纪 80 年代后期和 90 年代初的改革打下了良好的思想基础,开辟了持续发展的前景。

资料来源:中共上海市委党史研究室等:《口述上海:改革创新(1978—1992)》,上海教育出版社 2014 年版,第 47—182 页。

2. 高校内部管理体制改革的推进阶段(1985—1999 年)

1984 年党的十二届三中全会通过的《中共中央关于经济体制改革的决定》和 1985 年 3 月《中共中央关于科学技术体制改革的决定》,既为教育体制改革创造了重要条件、提供了重要前提,同时也为教育体制改革提出了迫切要求。[1] 1985 年 5 月《中共中央关于教育体制改革的决定》颁布,使高校内部管理体制的改革有了政策的依凭与政策驱动。[2]《决定》指出:"当前高等教育体制改革的关键,就是改变政府对高等学校统得过多的管理体制,在国家统一的教育方针和计划的指导下,扩大高等学校办学自主权,加强高等学校同生产、科研和社会其他各方面的联系,使高等学校具有主动适应经济和社会发展需要的积极性和能力。"[3]

1992 年 8 月,国家教委印发《关于国家教委直属高校内部管理体制改革的若干意见》和《关于国家教委直属高校深化改革,扩大办学自主权的若干意见》,明确了改革的指导思想和目的、改革的基本思路、学校内部管理的权限、改革工作的领导和实施等,提出国家教委直属高校要全面推行校内管理体制改革,并要求学校逐步理顺学校内部管理体制,在教学、科研、科技开发和后勤服务等方面建立不同的管理体制和运行机

---

① 张德祥:《高等学校的学术权力与行政权力》,南京师范大学出版社 2002 年版,第 166 页。
② 张乐天:《高等教育政策的回顾与反思(1977—1999)》,南京师范大学出版社 2008 年版,第 108 页。
③《中共中央关于教育体制改革的决定》,http://old.moe.gov.cn/publicfiles/business/htmlfiles/moe/moe_177/200407/2482.html(阅读时间:2017 年 10 月 15 日)。

制。调整学校队伍结构，实行人员合理分流；通过国家工资制度改革和校内分配制度的改革，争取使学校教职工的实际收入和生活条件达到或超过当地全民所有制职工的中上水平；强调校内人事、分配、住房、医疗、退休保险制度诸方面改革要统筹考虑，配套实施。①

1993 年 2 月 8 日，国家教育委员会、国务院学位委员会颁发《关于普通高等学校内部管理体制改革的意见》，主要包括改革目标、思路、校内人事制度改革、校内分配制度改革、校内住房及保障等内容，共分 6 部分 21 条。《意见》提出改革的总体思路为："根据事企分开的原则及学校各方面的不同职能，建立不同的管理模式；调整队伍结构，促进人员合理分流；实行编制和工资总额动态包干管理；以人事、分配制度改革为重点，把各方面改革有机结合起来，配套实施，整体推进。"②1993 年 2 月 13 日《中国教育改革和发展纲要》颁布，指出："教育体制改革要采取综合配套、分步推进的方针，加快步伐，改革包得过多、统得过死的体制，初步建立起与社会主义市场经济体制和政治体制、科技体制改革相适应的教育新体制。"③此外，《纲要》就高校人事制度、分配制度改革等方面提出了具体策略。可见，这一时期的改革依然主要集中在校长负责和任期制、人事聘任和津贴分配制度、后勤社会化等方面，改革相比前一时期改革覆盖面更广且更加深入。

（1）高校教师职称制度建设。1986 年 3 月 3 日，中央职称改革工作领导小组印发《关于转发国家教委〈高等学校教师职务试行条例〉等文件的通知》，涵盖《高等学校教师职务试行条例》、《关于〈高等学校教师职务试行条例〉的实施意见》、《高等学校教师职务评审组织章程》等文件，包括各级职称相应的职责、任职条件、任职资格、聘任和任命等相关内容。1993 年《中国教育改革和发展纲要》提出："建立和完善高等学校毕业生的考核录用制度，推行学历文凭、技术等级证书、岗位资格证书并重的制度，扭转升学、文凭、职称对于教育运行的片面导向作用。逐步建立职业岗位资格考核机构，实施各种岗位的资格考试和资格证书制度……改革高等学校职称评定和职务聘任制度。

---

① 中国高等教育学会：《改革开放 30 年中国高等教育发展经验专题研究（1978—2008）》，教育科学出版社 2008 年版，第 314 页。

② 顾明远：《世界教育大事典》，江苏教育出版社 2000 年版，第 1315 页。

③ 包金玲：《去行政化：日本教育行政地方分权改革》，西南师范大学出版社 2015 年版，第 229 页。

评定职称既要重视学术水平,又要重视有实用价值的研究成果和教学工作、技术推广应用的实绩。高等学校教师实行聘任制。"①同年 10 月 31 日,《中华人民共和国教师法》颁布,对教师的权利和义务、资格和任用、培养和培训、考核、待遇、奖励、法律责任等 8 个方面作了法律上的规定,特别是明确将"国家实行教师职务制度"写入《教师法》,标志着我国教师队伍建设和管理进入法制化、规范化的轨道。② 1994 年 3 有 1日,国家教委、人事部发出《关于进一步做好授予高等学校教授、副教授任职资格评审权工作的通知》,对有授予教授、副教授任职资格评审权的学校必须具备的条件、审批办法和监督制度作出明确规定,并强调要严格教师高级技术职务的评审。此外,1995年 12 月 12 日,国务院发布《教师资格条例》,教师资格制度开始建立。③

(2) 教师培训制度也在逐步完善。1996 年 4 月 8 日,国家教委发布《高等学校教师培训工作规程》,首次以法律的形式规范高校教师培训行为,标志着我国高校教师培训工作开始走上规范化、制度化的道路。《规程》明确了高校师资培训工作的性质、方针、原则与目标,并对培训的组织和职责、培训的主要形式、培训的考核与管理、培训的保障与有关待遇作出了相应的规定。④ 1997 年 1 月 31 日,根据《教师资格条例》和《高等学校教师培训工作规程》,国家教委印发了《高等学校教师岗前培训暂行细则》,对新补充到高等学校从事教育教学工作的人员的岗前培训作了规定。培训涉及高等教育法规、高等教育学、高等教育心理学和高等学校教师职业道德基础等方面内容,同时,颁布了《高等学校教师岗前培训教学指导纲要》,作为培训的基本依据。⑤

(3) 推进分配制度改革,实施津贴制。依据 1985 年 6 月 4 日中共中央、国务院发布的《关于国家机关和事业单位工作人员工资制度改革问题的通知》精神,以及 1985年 7 月 31 日国家教委下达的《普通高校人员编制的试行办法》的规定,高校在教职工

① 刘国新、贺耀敏:《中华人民共和国历史长编第四卷(1978—1994)》,广西人民出版社 1994 年版,第 226页。

② 成都师范学院教育科学学院:《教师教育改革与应用型教育人才培养》,西南交通大学出版社 2015 年版,第 72 页。

③ 中国高等教育学会:《改革开放 30 年中国高等教育发展经验专题研究(1978—2008)》,教育科学出版社 2008 年版,第 313—318 页。

④ 辽宁省教育厅:《现行教育法律法规规章汇编(下)》,吉林人民出版社 2013 年版,第 797 页。

⑤ 中国高等教育学会:《改革开放 30 年中国高等教育发展经验专题研究(1978—2008)》,教育科学出版社 2008 年版,第 316 页。

中普遍实行了以岗位责任制为中心的管理制度,即在国家有关制度和规定的范围内,根据岗位和职责定编、定人。① 1993 年《中国教育改革和发展纲要》指出:"动用劳动工资等政策杠杆,推动教育体制改革。大、中专学校毕业生的起点工资,用人部门可以按照实际水平和实际表现拉开档次。为鼓励各级各类学校毕业生到农村、边远地区、艰苦行业工作,各地要制定津贴和奖励政策。"②改革的核心在于,运用正确的政策导向、思想教育和物质激励手段,打破平均主义,调动广大教职工积极性,转换学校内部运行机制,提高办学水平和效益。③ 而《关于普通高等学校内部管理体制改革的意见》更是对校内分配制度改革作出专门的规定:"在主要依靠国家改善教职工待遇的同时,实行校内津贴,逐步形成国家工资为主、校内津贴为辅,双轨运行、统筹管理的高等学校分配制度……在执行国家基本的工资法规和工资总额包干的前提下,制定校内分配办法,将学校基金开支的奖酬金纳入校内津贴,使收入分配规范化。"④此外,在建立正常晋级增薪制度的同时,还制定了对有突出贡献的专家和学者实行政府特殊津贴制度。改革期间,教师工资有了大幅度提升。

(4) 推进后勤社会化改革。《中共中央关于教育体制改革的决定》中明确指出,高校后勤服务工作改革的方向是实行社会化。1993 年颁布的《关于普通高等学校内部管理体制改革的意见》对后勤社会化的内涵和意义加以阐述:"后勤保障要逐步转为经营性服务,在承包制基础上推行事业单位企业化管理,并创造条件逐步实行社会化。后勤改革的社会化方向和企业化管理模式探索,是适应市场经济发展的必然趋势,有利于提高后勤运作效率。"⑤如在解决高校教师住房问题上,《关于加快解决高等学校教职工住房问题的若干意见》中提到要通过收取住房保证金、调整住房租金、

---

① 中国高等教育学会:《改革开放 30 年中国高等教育发展经验专题研究(1978—2008)》,教育科学出版社 2008 年版,第 311 页。

② 教育部法制办公室:《中华人民共和国教育法律法规规章汇编(上)》,华东师范大学出版社 2010 年版,第 27 页。

③ 吴德刚:《中国教育改革发展报告——改革开放二十年回顾与展望》,中共中央党校出版社 1999 年版,第 44 页。

④ 尹青山、时元第等:《中国改革开放政策大典》,中国建材工业出版社 1993 年版,第 841 页。

⑤ 顾明远:《世界教育大事典》,江苏教育出版社 2000 年版,第 1315 页。

建立学校住房公积金、试行出售住房等措施改革住房制度。[①] 这些市场化运作的形式,有效地改善了教师住房条件。在此阶段,同济大学等一批高校都先后实现了后勤的企业化运作。

(二) 以法人治理为核心的高校内部管理体制改革(1999—2010 年)

21 世纪前后,中国加入 WTO,为适应 WTO 规则,我国经济、社会制度发生了深刻变化,国有企业大力推行现代企业制度,实施减员增效,用工制度发生了根本性变化;政府机关实行以机构精简、裁员一半,力度之大,前所未有;许多科研单位科研人员已经实行全员聘任,待遇与岗位和绩效直接挂钩;全国高校新一轮社会保障体系也逐步建立,医疗保险制度、失业保险制度和住房制度改革已开始实施,等等。外部环境的变化为高校内部管理体制改革的深化提供了契机。1999 年 1 月《中华人民共和国高等教育法》的颁布实施,标志着以法人治理为核心的高校管理改革时期的开启:政府指导性文件较前两个阶段大大减少,而改革的涉及面却更广、力度更大,理论研究的投入更积极。由政府强制推行改革逐步过渡到自下而上的主动改革。[②]

1. 实施高等学校机构编制改革,全面推行聘用制

2000 年 6 月,中共中央组织部、人事部、教育部联合印发《关于深化高等学校人事制度改革的实施意见》的通知,改革的目标是"通过规范政府及其职能部门、高等学校主管部门与高等学校的职责权限,理顺政事关系,下放管理权限,落实高等学校办学自主权,为高等学校的改革和发展创造良好的社会环境;逐步建立符合高等学校特点的学校自主用人、人员自主择业、政府依法监督、配套措施完善的人事管理新体制;进一步健全高等学校内部的竞争机制和激励机制,转换人事管理的运行机制,搞活用人制度和分配制度。"[③]改革包括"按'总量控制、微观放权、规范合理、精减高效'的原则进行高等学校机构编制改革;全面推行聘用制,建立符合高等学校办学规律、充满生机与

---

① 《关于加快解决高等学校教职工住房问题的若干意见》,http://www.chinalawedu.com/falvfagui/fg22598/56535.shtml(阅读时间:2017 年 10 月 15 日)。

② 张应强:《精英与大众:中国高等教育 60 年》,浙江大学出版社 2009 年版,第 247—249 页。

③ 教育部政策研究与法制建设司:《中华人民共和国现行教育法规汇编:1996—2001(下卷)》,高等教育出版社 2002 年版,第 137 页。

活力的用人制度；加大分配制度改革的力度，健全高等学校的分配激励机制；坚持党管干部原则，改进高等学校领导人员管理办法"等主要内容。[①] 从全国来说，通过改革高校内设机构普遍由原有的 30、40 个精简到 20 个左右，机关管理工作人员精简了 40%—50%。北京大学、清华大学等高校推进教师队伍建设改革，以校内岗位津贴制度来加大对教师的激励；逐渐推行聘任制以达到精简教职工数量的目的，缩减冗员。一系列的激励政策调动起教师的积极性，激发高校活力。在这一阶段，高校人事制度改革在全社会引起强烈关注，达到了前所未有的广度和深度。

专栏十：北大人事制度改革

　　2004 年 4 月 6 日，北京大学发布"北大招聘教授公告"，面向海内外公开招聘教授，除医学部外，28 个院系所提供了 95 个岗位。从人数看，这是北大历史上最大规模的一次教授公开招聘。7 日傍晚，该公告刊登在北大官方网站上；8 日，《中国青年报》刊登采访北大人事部负责人的文章，证实了这一消息。而此前，北大党政联席会于 2 月 10 日审议通过了《北京大学教师聘任和职务晋升（暂行）规定》（后文简称"暂行规定"）。此次通过的暂行规定，是在征求意见稿一、二、三稿的基础上修订完成的。暂行规定获通过，尤其是招聘教授公告的发布，标志着自 2003 年初开始酝酿的人事改革正式启动。

　　北京大学人事改革，学界亦称"癸未改革"，是中国 2003 年发生的重要事件之一。在北大校内，这一事件被评为"北京大学 2003 十大新闻"之五。在学界，这一事件是 2003 年讨论最热烈的议题之一。众多高校教师、学者参与了这场讨论；国内主要媒体（网站、电视、报纸、杂志等）以及海外一些媒体都进行了报道，有的还开设专栏予以讨论；部分思想、学术类刊物也发表了大量讨论文章。

　　北大的"癸未改革"不仅关涉高等学校人事制度改革，而且关涉高等教育管理体制改革，或者更广义地说，是我国改革开放攻坚阶段发生的一次制度变革，是典型的"转轨政治学"。根据改革推动的进度尤其是方案变化的情况，北大人事制度

---

① 中央纪委法规室、监察部法规司：《事业单位工作人员处分暂行规定及相关法规》，中国方正出版社 2012 年版，第 150 页。

改革可分为五个阶段：（1）改革酝酿；（2）激烈批评；（3）深入争论；（4）争论降温与方案形成；（5）方案通过及施行。

（一）改革酝酿阶段（2003 年初至 2003 年 5 月 12 日）

酝酿阶段主要是北大校方提出人事改革原则并设计了具体方案。起始事件是 2003 年 1 月底北大召开校领导寒假工作会议，终止事件是 5 月 12 日校方公布、下发《北京大学教师聘任和职务晋升制度改革方案（征求意见稿）》（通称第一稿）。

此次改革的背景或原因，北大校方的解释是"创建世界一流大学的目标和近期面临的形势和任务"。首先，学校领导认为，"创建一流大学的关键是人才，建设一支优秀的教师队伍的关键是科学合理的人事制度"，而"人事制度中最核心的是教师聘任和职务的晋升制度"。但是"计划经济体制下形成的人事体制"，"不可能把北大的师资队伍变成一流的"。其次，学校领导意识到，北大目前面临日益激烈的外部竞争，这种竞争压力不仅来自国外大学，而且来自国内大学，甚至于"北大在国内大学的地位正在受到越来越大的挑战"。第三，学校担心北大的发展速度有愧于国家支持和社会对北大的期望。改革方案主要起草者张维迎先生代表校方曾明确提到，"仅 985 工程第一期三年北大就得到国家财政 18 亿的额外支持"，"北大有责任做出最优秀的成绩"，但目前取得的成绩并不令人满意，"我们的教员在全国排名的相对位置远远低于我们的学生在全国的排名"，"一些政府部门的主要官员甚至明确地提出对我们的批评，说北大教师质量的提高速度和科研水平远远赶不上国家对北大的支持速度和北大教师的工资增长速度"。寒假工作会议结束后，北大成立了以校长许智宏为首的人事改革领导小组和以校长助理张维迎先生为首的人事改革工作小组。前者领导人事改革工作，后者负责改革方案的起草。方案起草工作历经两个月，到 5 月形成了第一稿。

改革酝酿阶段的特点是：变革压力主要来自于政府，即政府设定"创建一流大学"的目标、提供了额外财政支持等；行政权力主导，即由学校高层推动、领导；制度设计色彩浓厚，知识权力发挥明显作用，即方案主要起草者是主流社会科学的学者；改革路径是"自上而下"。《商务周刊》一篇社论文章也恰当地指出："这是一次由制度经济学家们和从国外学习了公共管理先进经验的海归们亲自操作的制度设计。"

（二）激烈批评阶段（2003 年 5 月中旬至 6 月中旬）

这一阶段始于 5 月 12 日第一稿公布、下发，面向学校教职员工征求意见，终于第二稿出台。这一阶段的特点是，方案引发激烈批评。在北大校内，批评者以中青年教师为主体，批评主要指向方案本身，批评言辞相当激烈；校外，香港大学甘阳先生率先且措辞严厉地基本否定了改革方案。校方以及媒体的反应也从一个侧面反映了批评激烈的程度。

从文本上看，改革方案第一稿包括导言、基本原则、实施意见；主体部分是基本原则、实施意见两部分，共 47 条。"导言"仅一段，主要交代了改革人事制度的背景——"创建世界一流大学的目标和近期面临的形势和任务"。"基本原则"有9 条规定，校方概括为六个特征：教员实行聘任制度和分级流动制、学科实行"末尾淘汰制"、在招聘和晋升中引入外部竞争机制、原则上不直接从本院系应届毕业生中招聘新教员、对教员实行分类管理、招聘和晋升中引入"教授会评议会制"。"实施意见"是对上述原则的具体规定，如分类管理实施后教学科研型与专任教学型编制的比例，新聘教师招聘的前提、公开招聘的范围、固定聘期规则，实施聘任制后现职讲师、副教授的聘期、晋升次数等，聘任和晋升的标准、组织与程序，等。"实施意见"通过对比例、年限、次数等做出了细致而明确的规定，具体体现并强化了基本原则，使得预期改革更加彻底。批评也因此由这些具体条文开始。

首先提出批评的是北大部分中青年教师，尤其是部分文科副教授、讲师。他们在方案发布后的几天里迅速作出反应。主流意见虽然赞同改革并基本肯定改革方案，但也表达了对部分条文的强烈不满；也有意见基本否定方案第一稿，包括方案的主要原则。

6 月 2 日，"思与文"网刊以"能这样'朝世界一流大学迅跑'吗?"为题，摘登了该网站搜集的"北大部分文科教师对学校人事制度改革方案征求意见稿的意见"。形式上，这份文献包括九篇短文（从文本看，可能是编辑了九个人的意见），有两篇标明写作日期是 2003 年 5 月 18 日。内容上，主要是在基本肯定改革及改革原则、方案的基础上对部分条款提出质疑。如第二篇文章对方案的6个条款逐一进行质疑，认为学科末位淘汰、教师分类管理等不可行以及讲师和副教授采取固定聘期制不合理等。另外一些较为集中的意见包括：学校应尊重青年教师、重视教师的培养，"而不应纯依靠'竞争逼迫'法则"；应同时推行学校行政人员管理体制改革；不应完全排除本校毕业生；应科学分析与合理借鉴"国际惯例"等。其中第四、第五篇对方案基本否定，且比较情绪化。如第四篇认为改革方案"缺少全盘的周详考虑和论证"；第五篇写道，"我们都愤怒的不能形成文字了，只是没有失望到和这个世界同归于尽"，"我们吃的连草都不是，挤出来的却是牛奶"。这篇文献随后被"学术批评网"、"世纪中国"等全文转载。

尤其令人瞩目的，是一位署名为蒋非非的北大历史系教师（副教授）此间在北大未名 BBS 上发表了四论北大教师改革的文章，即《为什么我们默默无语？》（写作时间标明为5月20日）、《"自宫"之后又如何？》（5月21日）、《以"人性"与"理性"去思考》（5月23日）、《改革的成本和风险》（5月25日）。这些文章的标题与文中的一些具体表述，集中反应了部分教师对方案的批评和相当激动的情绪。

接着，北大部分教授、尤其是文科教授，也发表了批评言论。如北大政府管理学院一位教授称改革为"负和或零和博弈"，一旦方案主体获得通过，那么对于北大教师的切身利益来说，境遇最优的也只是维持原状，而相当一部分人的利益会受损，甚至"忍痛"离开学校；一位北大教授在接受《21世纪经济报道》记者采访时，抨击改革方案不切实际，认为改革者对北大各个专业的具体状况缺乏起码的了解和调查，对人文社会科学的内在特性和工作机理缺乏充分的体认。

校外的批评者以香港大学甘阳先生为代表。6月5日，他发表《大学改革的合法性与合理性》，矛头直指改革本身的合法性问题与改革方案的合理性问题，否定北大改革方案第一稿，认为"基本上是不成熟的"。他提出：北大改革不仅"无法可依"，而且也"无章法可言"：其一，改革方案以固定期合同取代长期聘任至退休的规定没有任何法律根据是根本"不合法"的；其二，改革方案中将聘用期与职务晋升挂钩的方式与西方对同类情况的处理方法相比较是极端"不合理"的。由于批评者的影响力、尤其是批评力度，该文在学界产生了重要影响。

需要指出的是，上述批评意见中，虽然大多针对方案本身，但也有一些超出了改革方案。属于方案（教师聘任和晋升）的问题有：终身职位定在哪一级、应不应该留本校应届毕业生、晋升次数的限制是否合理等。另外一些，如行政人员管理体制的改革以及改革孰先孰后等问题，这些讨论虽然由教师人事制度改革而引发，但超出方案本身。而且，随着时间推移，针对方案之外问题的评论越来越多，从而导致了改革下一阶段更热烈、深入的争论。

改革引发的激烈批评，超出了校方意料。如，5月中下旬，在众多意见通过北京大学网站主页上的校长电子邮箱反馈时，管理者甚至不得不提醒发言者，"就此问题的讨论已经由有关部门上报给学校人事部门，相关讨论请注意言辞"。北大党委书记7月3日在接受中央电视台《面对面》记者采访时坦陈，"这个事情的反响超出我们的意料"。北大校长7月9日接受中国《新闻周刊》记者采访时，承认一些老师的批评中"有些过激的言论"，并暗示有30%的教师不赞同或不满意改革方案。

（三）深入争论阶段（2003年6月16日至2003年8月）

在意料之外的激烈批评声中，北大校方于6月16日公布、下发了《北京大学教师聘任和职务晋升制度改革方案》（第二次征求意见稿），即第二稿。根据校方的计划，第二稿征求意见的截止时间是6月30日，正式方案出台时间是9月。但是，改革引发的讨论刚刚开始，尤其是许多议题已经超出方案本身，争论随即不可避免地迅速升温。

6月16日发布的第二稿，形式上与第一稿变化不大。除导言外，仍分为基本原则、实施意见两部分，共54条。"导言"由两段话构成，除保留第一稿有关改革背景的说明外，主要增加的内容是制定改革方案、实施改革的法律依据。如，开头的显要位置援引了国家人事部的一份文件，第二段强调以《教育法》、《高教法》为基础。无疑地，这是对"改革方案不合法"的批评的回应。内容上，第二稿相较于第一稿，特点是原则不变、方案微调。具体看，共有15处较大改动。"基本原则"部分的主要改动是取消了第一稿中有关讲师、副教授流动比例的规定，另外词句上作了一些调整。如以语义上更容易接受的"分级流动制"替换了"刺眼"的"分级淘汰制"，在"不直接从本单位应届毕业生中聘用教师"后用括号补充了"部分特殊学科除外"等。"实施意见"部分,较大改动 14 处,其中,增补 8 项规定(增加 5 条、补充 3 条)、删改 6 项规定(其中删除 3 项)。增加的规定包括:给予部分副教授长期职位(第二稿第 12、13 条),编制管理(第二稿第 17 条),教师晋升申请的次数(第二稿第 29 条),破格晋升(第二稿第 30 条),保证晋升标准一致(第 40 条),院长(系主任)在教师晋升中的权力,等。删改的规定有:空缺教授岗位二分之一以上对校外公开招聘、部分副教授 2003 年之后只有一次晋升机会、新聘教授用一门外文教学授课等。总的来说,第二稿调整了第一稿中批评较为集中的一些规定,删除了比例、年限、次数等的限制,给予部分副教授终身职位,允许破格晋升等,但前述六项基本原则没有动摇。

这一阶段主要特点是争论热烈而深入。其一,校方有组织地开展了宣传活动,向校内外系统解释了改革方案,同时也对批评予以回应;其二,改革方案的支持者、反对者之间展开了辩论;其三,争论的许多议题超出了改革方案甚至人事制度改革的范围,讨论更加深入;其四,关于改革路径、方式以及这场讨论本身的评论增多。

北大校方在这一阶段集中力量展开宣传攻势,以求得到学校教师、舆论及社会对改革方案的理解和支持。如在第二稿公布之日,北大校长发布《致北大各院系所中心的信》,表明了"广泛听取广大教员的意见,争取在广大教员中达成基本的共识"的态度;张维迎先生代表校方在校园网上发表了三万余字的《关于北大改革方案的说明》,就改革方案的原则、具体规定等做出说明,回答了"为什么要对现行的教师人事管理体制进行改革"、"新体制的基本特征和设计的理由"、"终身教职从哪一级开始"、"有限年内有限次申请晋升"、"招聘和晋升中引入外部竞争机制"、"留不留本院系应届毕业生"、"分类管理"、"配套改革"、"晋升的学术标准"、"'教授会'与学术委员会的关系"、"《方案》的政策和法律依据"等问题,从十四个方面一一回应了来自校内外的批评,并着力论证了改革方案的合理性、合法性;北大校园网还专门开通北大人事制度改革主页,全文登载方案与说明等,供网上讨论。6 月中下旬,北大负责人通过媒体向社会呼吁支持,如校长于 18 日、23 日先后接受北大校园网、《21 世纪经济报道》等记者的采访,再次表达改革的决心和集思广益的诚意，以及声明北大的改革方案决不是"休克疗法"，"'休克疗法'是没有生命力的"；23日，北大党委书记专门约见新华社、人民日报等新闻单位记者，介绍北大改革的起源及意义，呼吁社会支持。7月，北大负责人还先后参与了中央电视台《面对面》(7月3日)、《对话》(7月6日)等有较大社会影响的节目，介绍或阐述改革，引起了更广泛的社会关注。7、8月间，北大负责人还多次接受采访或发表谈话、演讲等，继续宣讲改革并呼吁社会支持。

从参与讨论者的特征、议题范围、媒体关注等角度看，这一时期在高等教育领域乃至华人学者社区形成了一场关于北大改革的大辩论。一是讨论者人数众多，且地域、学科分布广泛。校内、校外，海内、海外，人文社会科学领域、自然科学领域等，几乎所有的华人学者较为集中的社区(大学、研究机构等)一时间都在讨论北大改革。二是议题广泛，随着讨论深入，争论涉及到当前我国大学中的许多问题(后文专段介绍)。三是媒体高度关注。此间，《21世纪经济报道》、《中国青年报》、《经济观察报》、《南方周末》、《文汇报》、中国《新闻周刊》、《商务周刊》、《瞭望新闻周刊》、《三联生活周刊》等新闻类报刊，《读书》(2003年第8、9期)、《新华文摘》(2003年第9期)、《书城》(2003年第7、8期)等思想、学术类期刊，首发或编辑了大量讨论文章。一些电视媒体也进行专题采访、介绍，如中国中央电视台、香港凤凰卫视等。四是网络讨论火爆。许多重要文献，包括北大校方关于改革的说明、重量级的批评文章等，或者首发在网络上，或者一经正式发表即时刊发在网络上。主要网络除北大官方网站外，还包括世纪中国、思与文、学术批评网、新浪网等。尤其是北大BBS、"世纪中国"的"学术沙龙"等，由于即时更新，有关改革的讨论火爆一时，成为不同观点交锋的平台。

(四)争论降温与方案形成(2003年9月至2004年2月上旬)

这一阶段主要事件是改革方案形成。特点是：校方积极、稳妥地推动改革，采取低调态度和方式处理改革问题；争论降温。

方案形成中，北大校方改变策略，"以'低调、稳妥、务实'的方针积极推动改革"。校内，9、10月间，形成了第三稿，即《北京大学关于教师聘任和职务晋升的若干规定(暂行)》；10月16—18日，召开师资人事会议专门讨论第三稿，北大新闻网称,"会议进一步统一了学校师资改革的思想,加强了对改革重要性的认识,就文件的基本精神达成了进一步的共识";会后,学校下发了第三稿,并要求各院系结合自身情况制定实施意见;12 月 18—20 日,北大十一届党代会也讨论了相关问题。对外,与 6、7 月间校方极力宣传相对照,此间校方相当"低调",不仅很少有解释、宣传工作,而且未对外公布第三稿全文。

此间,争论骤然降温。虽陆续发表了一些批评或评论文章,如《中国大学的问题与改革》(钱理群)、《大学理念何妨多元》(许纪霖)等,但数量不多,且议题或观点基本上是前一阶段的继续。

值得注意的是,改革的主要设计者与改革的主要批评者在这一阶段都做了更为深入的思考、研究。如张维迎在充实、完善改革方案及其论证、向校内外系统阐释改革方案、回应批评等工作中作了诸多努力。他相继接受《21 世纪经济报道》(9 月)、香港凤凰卫视"世纪大讲堂"(12 月)等专访,在全国青联企业论坛、北大教育学院教育学博士班等发表演讲,阐述《大学的逻辑与大学改革》、《大学何以基业长青》、《大学的理念与治理》、《大学的治理与改革》等。2003 年 11 月中旬,他把有关著述结集为《大学的逻辑》,并公开出版。这部著作从阐明"大学的理念"这一大学改革的逻辑起点问题开始,讨论了大学治理的基本问题——大学治理结构,论述了"试用期基础上的终身教职"、不留本校应届博士毕业生、大学发展目标的本土化与国际化等问题,也提出试图通过校内改革推动高校管理体制改革的思路,说明了当前大学改革的必要性、迫切性。《大学的逻辑》成为改革设计者提供的迄今为止关于大学改革问题的最系统的文献。

与此同时,改革方案的主要批评者甘阳先生、李猛先生也发表《大学改革与学术传统》(李猛)等,并编辑出版了《中国大学改革之道》。针对张维迎关于改革必要性、迫切性的强调,他们提出,中国的大学改革首先要强调的或许不是改革的必要性和迫切性,而是在改革中继承和建设中国学术传统的必要性和迫切性。否则改革只会变成一场不断摧毁、永无休止的"革命",不会给中国大学的未来留下任何有价值的东西。

（五）改革方案通过及施行（2004 年 2 月 10 日至 2004 年 4 月上旬）

这一阶段的主要事件是改革方案合法化及推行。校方在听取意见、修订完善方案的基础上，实现改革方案的合法化，即完成了由征求意见稿到具有合法效力的正式规定的过程，并致力于新制度的推行。特点是：校方低调主导；学界、媒体反应平静。

校方主导改革方案合法化的标志事件，是 2004 年 2 月 10 日北大第 2 次党政联席会（十一届党委第 3 次常委会、第 521 次校长办公会）审议通过《北京大学教师聘任和职务晋升（暂行）规定》，并决定自发布之日起实行。校方致力于新制度实行的标志，是 2004 年 4 月 6 日北大人事部发布《北大招聘教授公告》，面向海内外公开招聘教授，并承诺遵照暂行规定中的原则、程序、要求等开展工作。校方低调主导的突出体现，一是没有对外公布正式方案通过的消息及文本，二是通过北大校园网这一唯一途径公布了招聘教授公告。

这一阶段，学界、媒体的反应比较平静。正式方案获通过的消息，虽经学术批评网等发布，但仅有零星的公开讨论；至 2004 年 4 月，北大公开招聘教授公告发布，这虽标志着正式改革方案的施行，该消息也经几乎经所有主流媒体刊登，但是"波澜不惊"，少有评论。暂行规定在形式上较前三稿有较大变化。如，"导言"进行了"浓缩"，不足一百字，主要保留了法律、文件依据方面的内容。主体部分则改变一二稿由"基本原则"、"实施意见"两个板块构成的方式，分为五章，共 30 条。比较而言，第一章"教师聘任和职务晋升的原则"（13 条），是在征求意见稿"基本原则"的基础上充实、完善的；而接下来的三章"教师聘任和职务晋升的要求"（3 条）、"教师聘任和职务晋升的基本程序"（6 条）、"教师聘任和晋升的若干政策"（5 条）实质是在前三稿"实施意见"的基础上予以分解、修订的；第五章"附则"（3 条）为新增，主要涉及授权下属单位制订实施细则、"暂行规定"获通过的有关情况及其解释权权属等。

内容上，与第二稿比较，共有 18 处较大改动。其中增加的条款主要有 6 项、删改 12 处（近 20 个条款）。增加的内容主要有："坚持人才资源是第一资源的原则"（第 1 条）；岗位设置遵循"总量控制、按需设岗"原则（第 1 条）；学校与受聘教师在确定聘用关系时须遵循"平等自愿、协商一致"原则以及明确双方的权利与义务(第1条);校方将加强对教师的培养、继续教育(第11条);在学部和校学术委员会设申诉和投诉受理委员会(第22条);等。删改的内容主要是:(1)教师类别中增加专任科研岗位及相应职务系列(第2、3条);(2)实行学术评审和行政审核相结合的机制,增加院系行政(院系党政联席会审议)审核的环节(第6、18、20条);(3)少数教授实行固定聘期及相应规定(第7、8条、25条第7款);(4)取消了第二稿第35条对讲师"突出的学术贡献"的要求;(5)进一步明确了长聘期副教授的要求,"学术水平原则上应高于固定聘期的副教授,或应有突出的教学业绩和社会服务业绩"(第16条第1款),且"任职满五年"(第23条第2款);(6)取消晋升教授必须具有博士学位的规定(第15条);(7)将聘任助教、讲师及批准助教晋升讲师的权力下放,如程序由院系自行规定等(第17、19条);(8)明确规定教学科研岗位教师、专任教学岗位教师、专任科研岗位教师随着自身条件的变化和工作的需要,可以应聘其他教师或非教师岗位(第23条第3款),第二稿只规定教学科研教师向其他系列转聘(第二稿第32条);(9)明确规定由院长(系主任)召集本单位教授会议,并明确教授会议的组成(全体长聘期的教授、副教授)(第24条第2款);(10)取消第二稿第46条、第50条两项关于晋升程序(如"三封以上专家推荐信")的规定;(11)适当延长了现任教师尤其是青年教师(改革方案实施前在职)的聘期(第25条第3、4款),如暂行规定第4款规定"现任讲师可以有一至三个聘期",而第二稿第26条规定"现职教师中硕士到校任教4年不能晋升为讲师的,即终止聘任"等。

比较而言,正式方案虽然坚持了改革初确定的基本原则与方向,但更加"温和",不仅继续作出让步,如取消了晋升教授须具备博士学位的规定、适当延长了现任教师的聘期等,而且吸取了部分批评、建议,如增补保障教师权益的有关内容,明确在确定聘用关系时须遵循"平等自愿、协商一致"原则以及双方的权利与义务关系、规定设立申诉和投诉委员会、将加大对教师的培养和继续教育的力度等。经过了三稿,北大的人事制度改革的逐步走向了"温和"。

可见,大学的改革不是一帆风顺的,改革触及的是不同利益相关者之间权力的较量与斗争，注定充满荆棘，最终走向妥协。

　　资料来源：王礼鑫、周捷：《北大人事制度改革始末与争论》，《中国制度经济学年会精选论文》2005 年，第 1083—1092 页。

　　2. 开展教育职员制度试点

　　教育部于 1999 年 12 月制定了《高等学校职员制度暂行规定》，对教职员的岗位职责和任职条件、岗位设置、聘任与解聘等事宜做了具体规定。从 2000 年初开始，教育部率先在武汉大学、华中科技大学、华中师范大学、厦门大学、东北师范大学等 5 所院校进行教育职员制度试点工作。2002 年 4 月中旬，教育部在武汉大学召开深化高校职员制度试点工作研讨会，总结了两年多来教育职员制度取得的成效：理顺了试点高校的人员关系，做到人员分类管理，管理队伍分开跑道运行；强化了岗位职责和岗位管理，推进了职员任用机制的转换；强化了以岗定薪和按劳取酬的积极性；通过改革对学校职员进行了深入的爱岗敬业的教育，学校管理队伍的服务意识、服务水平有了明显提高；有合并任务的试点高校，通过实行教育职员制度还有力地促进了学校管理队伍的实质性融合。[①]

　　3. 推进以用人和分配制度改革为中心的高校人事制度改革

　　2000 年印发的《关于深化高等学校人事制度改革的实施意见》提出要推进以用人和分配制度改革为中心的高校人事制度改革，旨在探索强化岗位、以岗定薪、按劳取酬的工资分配制度。根据《实施意见》精神，在"长江学者奖励计划"的辐射带动和"985工程"的重点支持下，一些高校首先开始尝试建立"以岗定薪"的高校岗位津贴制度。岗位津贴制度在高校很快普遍推开，到 2004 年，除个别地区的少数高校外，全国绝大多数高校都建立了岗位津贴制度。[②]

　　4. 推广后勤社会化改革

　　1998 年《面向 21 世纪教育振兴行动计划》提出："大力推进高等学校内部管理体

[①] 中国高等教育学会：《改革开放 30 年中国高等教育发展经验专题研究（1978—2008）》，教育科学出版社 2008 年版，第 320—321 页。

[②] 中国高等教育学会：《改革开放 30 年中国高等教育发展经验专题研究（1978—2008）》，教育科学出版社 2008 年版，第 321—322 页。

制改革。逐步推行聘任制,减少冗员,精简高校职工队伍,使学生与教职员工之比、学生与职工之比和专任教师与职工之比均有较大提高;加速学校后勤工作社会化改革,精简分流富余人员。高等学校招生计划的扩大要同学校后勤工作社会化的进度挂钩。选择若干条件较好的城市组建企业化经营管理的高校后勤生活服务集团公司,从事学生公寓物业管理以及学校后勤生活服务。争取 3—5 年内,大部分地区实现高校后勤工作社会化。"①为缓解由高等教育大众化的推进带来的后勤压力,步入新世纪之初,后勤社会化改革更是迫在眉睫。国务院办公厅先后于 1999 年 11 月、2000 年 12 月、2001 年 12 月、2002 年 12 月连续召开了四次全国高校后勤社会化改革工作会议(第四次为电视电话会议),部署和大力推动高校后勤社会化改革。此外,还颁布了推动后勤社会化改革的系列政策和方案:2000 年 1 月,教育部、国家计委、财政部、建设部、国家税务总局、中国人民银行等六部门联合出台《关于进一步加快高等学校后勤社会化改革的意见》,进一步明确了高校后勤社会化改革的指导思想、原则、目标、步骤、政策、重点、办法和要求;随后,财政部、国家税务总局印发了《关于高校后勤社会化改革有关税收政策的通知》;与此同时,教育部经过论证并经有关部门同意后,提出了《关于大学生公寓建设标准问题的意见》。此外,为推进后勤社会化,教育部、国家计委、财政部、建设部、国家税务总局、中国人民银行联合组成了专门的机构——全国高校后勤社会化改革部际协调办公室,开展对高校后勤社会化改革的指导、协调和督办工作。②

专栏十一:武汉大学后勤社会化纪实

(《人民日报》,2000 年 12 月 15 日,第五版头条)

成立后勤服务集团:改条块分割为"航空母舰"

今年 8 月 2 日,原武汉大学、武汉水利电力大学、武汉测绘科技大学、湖北医科大学合并建成新的武汉大学。新班子刚上任,便成立了以党委书记和校长为组长的后勤社会化改革领导小组,主管副校长亲自抓。校领导认为,后勤改革不是

---

① 《面向 21 世纪教育振兴行动计划》,http://old. moe. gov. cn//publicfiles/business/htmlfiles/moe/s6986/200407/2487. html(阅读时间:2017 年 10 月 15 日)。

② 中国高等教育学会:《改革开放 30 年中国高等教育发展经验专题研究(1978—2008)》,教育科学出版社 2008 年版,第 322—323 页。

简单的甩包袱，而是转变办学模式的一个重要举措。学校做出果断决策：以合校为契机，打破条块分割，统一规划，整体推进后勤社会化改革。

10月8日，武汉大学后勤服务集团宣告成立，学校决定对已初步具备自主经营、独立核算、自负盈亏的生产经营服务单位，成建制地从原属各部门中规范分离，纳入后勤服务集团，一步到位；对水电管理等尚不具备自主经营能力的单位，由学校暂将其交给后勤服务集团托管，其人头费和日常运行费由学校予以核拨，并逐年递减，最后整体改制。集团按行业归口对原四校的后勤实行垂直管理，组建了饮食服务中心、接待服务中心等10个服务中心。后勤服务集团的组建，使近1 300名职工成建制地从学校专业编制中分离出来，仅人头费每年就节省了2 600多万元。

后勤管理招标投标：改行政拨款为有偿收费

武汉大学是我国"招标投标"理论的首倡地，而今他们将它运用于后勤管理，改后勤服务行政拨款为有偿收费，学校对后勤服务项目以招标方式向社会选择承接单位，双方以订立服务合同的形式运行。过去，后勤承接的学校任务常常出现讨价还价的现象；现在，各单位争活干，争干好。道理很简单——有活干才有钱赚，干不好就会被其它单位"把活给揽走"。据统计，学校经营服务项目的30％已被社会上其它单位通过竞争从后勤集团手中"抢"走。

面对校外企业"瓜分"服务项目的情况，后勤服务集团认识到"要中标，靠实力"。为此，后勤集团在管理水平和服务质量上做好文章，进一步引入现代企业制度，员工一律实行公开招聘、竞争上岗，并完善以岗定薪，按劳取酬，优劳优酬的激励机制。通过专家定期培训、技术大比武等方式提高员工的服务水平。集团还从经营利润中拿出1 000多万元投入基础设施和技术设备的改进，食堂、宿舍等服务场所全部改造一新。

与此同时，校内单位的竞争也如火如荼地展开。"楼上楼下"现象也许最能反映出后勤改革带来的新气象。武汉大学的学生食堂大都分上下两层，楼上楼下独立核算，为"争夺生源"，他们只有在价格、质量、服务态度上使出自己的"绝活"。各食堂一律提供全天候服务，主食有60多种，副食有100多种，还竞相推出系列特色服务项目。

后勤保障服务体系："安全阀三位一体"显威力

进入市场化运作的后勤服务实体需要健全的约束机制。武汉大学的做法是给后勤社会化系上"安全阀"。第一道"阀门"是"三位一体"的新型后勤保障服务体系。"三位一体"是指后勤服务集团行使经营服务职能、后勤保障部行使管理职能、后勤党委行使监督职能三者目标一致、协调运行。后勤保障部在一定意义上说是代表学校利益的一个小甲方。履行后勤工作的计划、管理、协调等职能，行使学校维修经费预算、项目招标、合同签约、服务价格检查等职权。如果后勤集团出现一些不合理定价，后勤保障部可以通过招标方式，引进社会力量参与。后勤党委参与后勤改革的决策，加强职工的思想政治教育，发挥党组织的战斗堡垒和监督保证作用。

第二道"阀门"是消费者监督参与机制。师生们通过伙管会等维权组织对后勤服务的质量、价格、进货渠道、利润率都有权审核。

通过推进后勤社会化，武汉大学加大了自身投入力度。学校斥资 3 500 万元，对校园进行了力度较大的整治；投资 1 360 万元改造学生公寓 73 300 平方米；投入 353 万元，维修教学楼 20 400 平方米；建成各类学生新宿舍 97 053 平方米。最近，学校又和多家企业共同开发学生宿舍，有望 2 年内新增宿舍 2 万多平方米，为扩招 12 000 人做好了准备。

资料来源：李宏伟：《墨香集》，河南人民出版社 2013 年版，第 193 页。

（三）完善高校内部治理结构，提升治理能力现代化（2010 年至今）

《国家中长期教育改革和发展规划纲要（2010—2020 年）》提出了现代大学制度建设的四项内容——完善治理结构、加强章程建设、扩大社会合作和推进专业评价，均涉及高校内部治理结构调整。《纲要》指出要："完善大学内部治理结构，健全内部治理制度，公办高校要坚持和完善党委领导下的校长负责制，充分发挥学术委员会的作用，加强教职工代表大会、学生代表大会建设；加强大学章程建设，鼓励大学依法制定章程，依照章程规定治理学校，使大学治理有法可依；扩大社会合作，健全社会支持和坚持学校发展的长效机制，推进高校与科研院所、社会团体的资源共享；推进专业评价，鼓励专门机构和社会中介机构对高等学校学科、专业、课程等水平和质量进行评估，建立科学、规范的评估制度，形成中国特色学校评价模式。"①在《纲要》的推动下，短期的工作重点是构建新型学者共同体实现模式、界定"党委领导、校长负责"的分工机制、剥离非学术型行政岗位负责人的职称头衔和改革大学校长的遴选制度等，以此推进高校治理能力现代化。②

2011 年中共中央、国务院《关于分类推进事业单位改革的指导意见》明确了事业单位改革的目标："到 2020 年，建立起功能明确、治理完善、运行高效、监管有力的管理体制和运行机制，形成基本服务优先、供给水平适度、布局结构合理、服务公平公正的中国特色公益服务体系。今后 5 年，在清理规范基础上完成事业单位分类，承担行政职能事业单位和从事生产经营活动事业单位的改革基本完成，从事公益服务事业单位在人事管理、收入分配、社会保险、财税政策和机构编制等方面改革取得明显进展，管办分离、完善治理结构等改革取得较大突破，社会力量兴办公益事业的制度环境进一步优化，为实现改革的总体目标奠定坚实基础。"③2014 年 5 月 15 日，国务院公布《事业单位人事管理条例》，确立了事业单位人事管理的基本制度，在公开招聘、聘用合同、社会保险、工资收入等方面做出了相关规定。④《条例》把聘用制度改革与岗位设置管理结合起来，实施更加灵活的用人机制，同时加快高校教职工的收入分配制度改革，从而有利于调动教职工的积极性，激发高校创新活力和改革动力，使高校人事制度改革不断向前推进。

2013 年 11 月 12 日，中国共产党第十八届中央委员会第三次全体会议通过审议通过的《中共中央关于全面深化改革若干重大问题的决定》明确指出，全面深化改革的总目标是完善和发展中国特色社会主义制度，推进国家治理体系和治理能力现代化。⑤

---

① 《国家中长期教育改革和发展规划纲要（2010—2020 年）》，http://old. moe. gov. cn/publicfiles/business/htmlfiles/moe/moe_838/201008/93704. html（阅读时间：2017 年 10 月 15 日）。
② 马陆亭：《完善高等学校内部治理结构》，《现代教育管理》2014 年第 7 期，第 1—5 页。
③ 尚晓丽：《西方公共事业管理概论》，新世纪出版社 2015 年版，第 48 页。
④ 《事业单位人事管理条例》，http://www. gov. cn/zhengce/2014-05/15/content_2680034. htm（阅读时间：2017 年 10 月 15 日）。
⑤ 陈宪：《宏观经济政策与发展规划》，机械工业出版社 2016 年版，第 232 页。

这一改革总目标,必然要求高校在国家深化改革的总框架下和总过程中,完善高校内部治理结构,以适应国家治理体系和治理能力现代化、特别是教育治理体系和治理能力现代化的要求,提升自身治理水平,提高办学能力。

2014 年 12 月,国家教育体制改革领导小组办公室颁发《关于进一步落实和扩大高校办学自主权完善高校内部治理结构的意见》,围绕《高等教育法》规定的七个方面的办学自主权,提出以转变职能和简政放权为重点,加强部门协同,确保放权到位,同时坚持放权与监管同步,避免"一放就乱,一乱就收",概括起来就是"七个进一步支持、三个坚持"。"七个进一步支持",即进一步支持高校自主科学选拔学生,进一步支持高校自主调整优化学科专业,进一步支持高校自主开展教育教学,进一步支持高校自主开展科学研究、技术开发和社会服务,进一步支持高校扩大用人自主权,进一步支持高校自主管理使用资产经费,进一步支持高校自主扩大国际交流合作。"三个坚持",即坚持推进行政审批改革,改善高校自主办学环境;坚持权责统一和规范运行,推动完善高校内部治理;坚持放权和监管同步,健全高校自主办学监管体系。①

三、 推进以学术委员会建设为核心的教授治学

康德曾经说:"大学是一个学术共同体,它的品性是独立追求真理和学术自由。"学术是大学的灵魂和大学活动的核心。② 高校的本质属性决定了高校的学术管理模式。然而,在改革开放之前,国家的行政权力一度凌驾于学术权力之上,造成了学术权力与行政权力的失衡。改革开放后,随着国家向高校的放权,以及去行政化的开展、学术组织和机构的建立等一系列工作的落实,高校正在回归学术共同体的角色。

(一) 探索建立学术委员会(1978—1999 年)

1978 年 10 月,教育部出台《全国重点高等学校暂行工作条例(试行草案)》(以下简称《暂行工作条例》),在第 51 条提出高校应"设立学术委员会",其主要职责是在校

---

① 《〈关于进一步落实和扩大高校办学自主权 完善高校内部治理结构的指导意见〉解读》,http://www.scedu.net/p/8/? StId = st_app_news_i_x4001_43921.(阅读时间:2017 年 10 月 7 日)。
② 窦衍瑞:《现代大学制度研究》,山东大学出版社 2016 年版,第 151 页。

长或主管副校长的领导与主持下，对学校教育事业的发展规划、科研工作和研究生培养工作中的重大问题提出建议；审查、鉴定科研成果进行；评定研究生的毕业论文、毕业设计进行；参与教授、副教授晋升工作的审议；主持校内学术会议，组织参加国内外学术交流活动等。[①] 但草案并未对学术委员会的人员构成、产生方式、运作规则等细节作进一步说明。之后，"文革"前初步建立了学术委员会的高校开始进行了委员会恢复建设，如 1978 年 11 月上海交通大学成立第二届学术委员会（第一届 1959 年 4 月）[②]；1979 年北京邮电学院成立第二届学术委员会等[③]；还有部分高校开始新建学术委员会（见表 5 - 1）。

表 5 - 1　1978 年左右国内部分高校新建学术委员会的时间、定位与主要职责[④]

学校	成立时间	定位	主　要　职　责
武汉大学	1977 年 12 月	党委领导下开展学术活动的科研咨询机构	(1)对学校科研年度计划、长远规划、学报出版计划、学术活动、教师和研究生培养工作提出意见建议；(2)评议学校重大科研成果、学术著作及论文；(3)对教授、副教授的晋升提出学术性意见；(4)讨论党委和校领导交付的其他学术问题。
重庆大学	1978 年 4 月	—	
清华大学	1978 年 7 月	党委领导下，校长在教学、科研和生产工作中的咨询和评议性的学术组织	(1)对学校教育事业计划、专业设置、教学计划、对副教授以上职称的晋升、科研规划和年度计划提出意见建议；(2)评议审定学校学术活动计划；(3)组织全校性学术报告活动和学术会议；(4)对教师进修、国内外交流活动的组织、学术考察、聘请专家来校讲学等工作提出建议。

[①] 上海高等教育局研究室、华东师范大学：《中华人民共和国建国以来高等教育重要文献选编(下)》，上海高等教育局研究室 1979 年版，第 404 页。

[②] 上海交通大学校志编纂委员会：《上海交通大学志 1896—1996》，上海交通大学出版社 1996 年版，第 369—370 页。

[③] 《北京邮电大学校史》编委会：《北京邮电大学校史 1955—2005》，北京邮电大学出版社 2005 年版，第 180 页。

[④] 雷雨：《我国高校学术委员会制度变迁研究》，陕西师范大学 2015 年，第 31—37 页。

续　表

学校	成立时间	定位	主要职责
复旦大学	1978 年 9 月	校长领导下开展学术性咨询与审议的机构	(1)对学校发展规划、教学科研工作中的重大问题进行学术咨询与审议；(2)讲师以上教师职称的提升的审议；(3)重大科研成果的审查工作。
南京大学	1978 年 9 月	党委领导下,党委和校长在学术上的咨询机构	(1)审议学校科研工作的年度计划和长期规划,检查科研计划的执行情况；(2)研究讨论科研工作和研究生培养工作方面的重大问题,并向党委和校长提出建议；(3)定期评审学校重要科研成果与拟提升的教授、副教授和讲师的学术水平并向党委提出评审意见；(4)组织全校性的学术报告会,联络组织国内外学术交流活动；(5)指导学报工作,党委和校长委托的其他学术性工作。
杭州大学	1978 年		(1)对学校教学、科研和教师队伍建设的计划、发展规划提出建议；(2)组织学术活动；(3)审定学报来稿。
华东师范大学	1979 年 4 月	校长领导下的学术性咨询机构	(1)对学校发展规划、教学科研和研究生培养等工作提出建议；(2)评定研究生毕业论文或设计；(3)审定科研成果；(4)参与教授、副教授的评定工作。

　　1980 年 2 月,教育部颁发《关于中等专业学校确定与提升教师职务名称的暂行规定》,《规定》指出："提升副教授,由高教(教育)局组织或委托高等学校学术委员会进行评定。"[1]1981 年《国务院学位委员会关于审定学位授予单位的原则和办法》规定各高校向国务院申请授予硕士学位时,需经本单位学术委员会审议通过。[2] 1982 年 10 月,教育部颁布《关于加强教育学院建设若干问题的暂行规定》,提出"有条件的可设学术

---

[1] 杨放:《教育法规全书》,南海出版公司 1990 年版,第 507 页。

[2] 国务院法制办公室:《中华人民共和国法规汇编(1960—1963、1979—1981)》,中国法制出版社 2005 年版,第 624 页。

委员会",并将其职能定位于"开展学术研究、教学业务活动和教师晋升职称的评审等"方面。① 1983 年 3 月,教育部印发《关于高等学校教育管理干部评定职称的通知》,规定"在业务管理干部职称评审"时,学术委员会负责人是评审组的当然成员。② 1984 年 9 月《关于加强和改进高等院校马列主义理论教育的若干规定》和 10 月份颁布的《关于办好暨南大学、华侨大学的报告的通知》两个文件,进一步明确学术委员会在职称评审中的权力:"为妥善解决评定职称的问题,各院校的学术委员会应设置马列主义课教师职称评审小组,其成员可由本校有关领导和马列主义课程的教师组成……教学人员的职称,教授按教育部的有关规定审批,副教授以下均由学校学术委员会按照国家学衔制度审定,学校批准。"③1988 年 11 月下发的《高等学校社会科学科研管理暂行办法》中针对学术委员会在科研工作方面的职责,提出委员会应参与学校重大科研项目、成果的审议和鉴定工作,发挥参谋与咨询的作用④;1996 年 10 月,国家教委发布《国家教育委员会人文社会科学研究项目管理办法》,规定项目申报人所在的校学术委员会和科研管理部门要对申报书进行审查。⑤

由上述文件可知,这个时期成立的高校学术委员会是处于党委和校长领导之下的咨询和审议机构,各校对具体职责的阐释也是紧紧围绕《暂行工作条例》展开的,能发挥的作用非常有限。此外,1978 年后高校学位评定委员会(1981 年)⑥和教师职务评审委员会(1983 年)等学术管理组织的相继成立,将原本有限的学术委员会的职能"蛋糕"进行了"瓜分"。⑦

(二)作为独立的专门负责学术事务机构的学术委员会(1999—2010 年)

随着 1999 年 1 月《中华人民共和国高等教育法》的颁布实施,标志着学术委员会

---

① 国务院法制局:《中华人民共和国现行法律行政法规汇编(1949—1994)上册》,中国法制出版社 1995 年版,第 451 页。
② 全国人大常委会法制工作委员会研究室:《中华人民共和国法律法规及司法解释分类汇编(第 6 卷)》,中国民主法制出版社 2000 年,第 3823 页。
③ 孙绵涛等:《高校学术委员会制度研究》,人民出版社 2015 年版,第 69—70 页。
④ 中国法律年鉴编辑部:《中国法律年鉴(1989)》,法律出版社 1990 年版,第 311 页。
⑤ 欧少亭:《教育政策法规文件汇编(第四卷)》,延边人民出版社 2001 年版,第 3466 页。
⑥ 国务院法制办公室:《中华人民共和国教育法典》,中国法制出版社 2012 年版,第 212 页。
⑦ 雷雨:《我国高校学术委员会制度变迁研究》,陕西师范大学 2015 年,第 31—37 页。

作为一个独立的专门负责学术事务的机构的职能得以明确。其后,学术委员会制度在各高校中得到全面推广,并在学科专业设置、教师聘任晋升和学风建设等各个方面发挥了重要作用。

1998 年 8 月,第九届全国人民代表大会常务委员会第四次会议通过了《中华人民共和国高等教育法》,以法律的形式将党委领导下的校长负责制确立下来。第四十二条规定高校要"设立学术委员会",其职责是"审议学科、专业的设置,教学、科学研究计划方案,评定教学、科学研究成果等有关学术事项。"[1]与 1978 年的《条例》规定的学术委员会的职责相比,不再涉及教师职务评定和学位评定(此两项分别由教师职务评审委员会和学位评定委员会负责)。此时的学术委员会已经成为一个独立的专门负责学术事务的机构,教师参与学术事务决策和管理的性质和范围得以明确,学术权力的作用更加突出,充分调动了广大教师参与学术管理的积极性。[2] 各校对学术委员会的人员组成、工作制度、隶属关系等具体问题,依据《高教法》的规定和各校情况,作了不同层次、不同程度的解释,有些高校还专门制定了学术委员会章程(见表5-2)。

表 5-2 1998 年左右部分高校学术委员会的成立时间、定位与主要职责[3]

学校	成立时间	定位	主 要 职 责
武汉大学	2001 年 4 月		(1)审议学科与专业设置、教学与科研计划方案,教师和科研人员的科研业绩与学术水平,申报的教学、科研项目及成果奖项等事项;(2)指导学校重点研究基地以及平台建设,全校性学术交流活动;(3)咨询重大研究领域、方向的确定,人才队伍建设的重大决策与方案,学校委托的其他重大决策;(4)评价拟引进人才学术水平;评议学术失范、学术纠纷事件。

① 何东昌:《中华人民共和国重要教育文献:1998—2002 年》,海南出版社 2003 年版,第 167 页。
② 王春燕:《我国大学学术委员会制度研究》,徐州师范大学 2011 年,第 13 页。
③ 雷雨:《我国高校学术委员会制度变迁研究》,陕西师范大学 2015 年,第 31—37 页。

续　表

学校	成立时间	定位	主 要 职 责
华中科技大学①	2001 年 10 月	党委与校长领导下的学术权威机构	(1)审议学校专业设置、学科建设方案、教学改革、科研计划、院系研究机构的调整与设置，重大教学、科研、学科建设立项和基金；(2)评定教学科研成果和学术奖励；(3)咨询国内外学术交流计划、教师职称评定有关学术的条例；(4)为党委或校长有关学术方面重大决策提供咨询。
吉林大学②	2003 年 7 月	校长领导下的学术机构	(1)审议专业设置、学科建设方案、学校重大教学改革及科研规划；(2)评定学校重大教学、科研成果，受理学术争议等事项。
四川大学③	2004 年 7 月	在校长领导下的最高学术审议机构	(1)审议学科与专业设置、学科发展规划、教学科研工作规划、师资队伍建设规划；评议学校关于教学、科研工作中的重要决策、拟引进的高级人才；(2)评审拟申报的教学科研重要成果、组织和联络国内外重要学术交流活动；(3)指导学校研究基金工作，制定研究基金的政策文件，决定研究基金资助的方向领域，评审并监督项目实施等。④

　　1999 年 6 月教育部《普通高等学校人文社会科学重点研究基地建设计划》对于研究基地建设计划规定："高校以学校为单位，在教育主管部门负责人、校(院)长的领导下，由学校学术委员会审议评定，社科研究管理部门具体实施。"规定确定了学术委员会在研究基地建设方面的实质性权力。2002 年 2 月教育部《关于加强学术道德建设

---

① 《华中科技大学学术委员会工作条例(试行)》，《高等工程教育研究》2002 年第 1 期，第 58 页。
② 《吉林大学学术委员会章程》，http://jwc. jlu. edu. cn/info/1009/1588. htm(阅读时间：2017 年 10 月 20 日)。
③ 《四川大学学术委员会成立并召开第一届会议》，http://www. scu. edu. cn/news/xsdt/webinfo/2004/07/1204269553384666. htm(阅读时间：2017 年 10 月 20 日)。
④ 张诚：《四川大学年鉴 2004》，四川大学出版社 2006 年版，第 120—121 页。

的若干意见》明确提出，"要充分发挥学校学术委员会、学位评定委员会等学术管理机构在端正学术风气、加强学术道德建设中的作用"。① 此后，2002 年 8 月财政部、教育部联合颁发的《高等学校博士学科点转向科研基金管理办法》、2003 年 1 月教育部颁发的《教育部关于高等学校进一步做好名誉教授聘请工作的意见》、2004 年 12 月教育部颁发的《高等学校特聘教授工作考核评估办法（实行）》和 2009 年 3 月教育部出台的《教育部关于严肃处理高等学校学术不断行为的通知》等文件，分别在科研管理、学术人才聘任、特聘教师监督管理、学风建设等方面肯定了学术委员会的地位。② 2009 年 8 月，教育部印发《教育部对十一届全国人大二次会议第 1363 号建议的答复》，学术委员会被放置于"依法落实高等学校办学自主权，促进高等学校建立自我发展、自我管理和自我约束机制"的"高校管理体制改革"语境下，定位在"学科建设、教学与科研评价"中发挥"主导作用"的地位，比《高等教育法》中在具体事项上"评定"、"审议"的模糊定位又前进了一步。③

　　虽然这一时期学术委员会制度在各个学校学术发展领域推广开来，但在实际运行过程中，由于缺乏程序约束，或程序欠正当，学术权力往往被行政权力所代替，委员会规程或章程往往被视为"一纸空文"。随着高校学术不端行为的屡次出现和"去行政化"呼声的日益高涨，一些高校开始对学术委员会章程或工作规程进行重新制定或修订。2009 年 7 月，吉林大学率先修订了学术委员会章程，规定校领导不得参加委员会。此后，山东大学、复旦大学等学校也纷纷修订了委员会章程，规定担任校级党政领导不得参加学术委员会。

（三）学术委员会是高校最高学术机构（2010 年至今）

　　2010 年 7 月《国家中长期教育改革和发展规划纲要（2010—2020 年）》关于"完善中国特色现代大学制度"的章节中明确指出，公办高校应当充分发挥学术委员会在学

---

① 华中科技大学科协、武汉大学科协：《高等学校科协工作指导手册》，华中科技大学出版社 2015 年版，第 354 页。
② 孙绵涛等：《高校学术委员会制度研究》，人民出版社 2015 年版，第 71—73 页。
③ 安子明、齐海滨：《制度文本与章程中的学术委员会——高校学术委员会章程之比较》，《上海政法学院学报（法治论丛）》2011 年第 6 期，第 106—111 页。

科建设、学术评价与发展及学校发展等方面的重要作用，积极探索"教授治学"的有效途径，确保教授在教学、学术研究和学校管理等工作中作用的充分发挥，同时鼓励积极探索学术委员会作用发挥机制。① 这是中华人民共和国成立以来首次在国家文本中明确提到"教授治学"的国家文件，与之前文件相较，更加注重学术委员会实际作用的发挥。

2011 年 11 月，教育部发布《高等学校章程制定暂行办法》，强调"章程应当明确规定学校学术委员会、学位评定委员会以及其他学术组织的组成原则、负责人产生机制、运行规则与监督机制，保障学术组织在学校的学科建设、专业设置、学术评价、学术发展、教学科研计划方案制定、教师队伍建设等方面充分发挥咨询、审议、决策作用，维护学术活动的独立性；章程应当明确学校学术评价和学位授予的基本规则和办法；明确尊重和保障教师、学生在教学、研究和学习方面依法享有的学术自由、探索自由，营造宽松的学术环境"。② 大学章程上的规定，无疑为学术委员会制度的建立和作用发挥提供了坚实的保障。

随着党的十八届三中全会召开以来，为全面推进教育领域综合改革和推进国家治理体系和治理能力现代化，2014 年 1 月，教育部颁布《高等学校学术委员会规程》，明确规定学术委员会是学校"最高学术机构"，对高校学术事务有"决策、审议、评定和咨询"等职权，校级党政领导和职能部门的领导参与委员会的人数，要少于总人数的四分之一，不担任上述两种职务的专任教授，参与人数则不得少于总人数的一半。③ 同时还对委员会成员的产生方式、职责权限、工作制度等细则作了详细规定，并要求实施本科以上教育的高校，在 2014 年底之前完成本校学术委员会章程的制定及委员会的组建或改组工作，保障学术委员会制度的顺利运行。《高等学校学术委员会规程》是中华人民共和国成立后首部明确诠释高校学术委员会制度的国家规范，第一次明确提出了学术委员会是高校学术管理体系中的最高权力机构，详细规定了其对学术

① 《国家中长期教育改革和发展规划纲要（2010—2020 年）》，http://old. moe. gov. cn/publicfiles/business/htmlfiles/moe/moe_838/201008/93704. html(阅读时间：2017 年 10 月 15 日)。
② 《高等学校学术委员会规程》，http://old. moe. gov. cn//publicfiles/business/htmlfiles/moe/s7964/201402/xxgk_163994. html，2014 - 1 - 2(阅读时间：2017 年 10 月 21 日)。
③ 《高等学校学术委员会规程》，http://old. moe. gov. cn//publicfiles/business/htmlfiles/moe/s7964/201402/xxgk_163994. html，2014 - 1 - 2(阅读时间：2017 年 10 月 21 日)。

事务"决策"的审议、评定和咨询权。《高等学校学术委员会规程》的刚性规定,直接催生和推动了各高校学术委员会制度的建设进程。由此,我国高校学术委员会制度建设进入到加速发展时期。各高校学术委员会纷纷改组、重建并修订章程,到 2014 年底,国内实施本科教育以上的高校均已初步完成了学术委员会章程的修订和委员会的改组工作。①

---

① 雷雨:《我国高校学术委员会制度变迁研究》,陕西师范大学 2015 年,第 31—37 页。

第六章

从统一考试与录取、统包统分到自主招生、自主择业

　　2014 年 8 月 18 日,习近平总书记主持召开中央全面深化改革领导小组第四次会议并发表重要讲话,指出:"考试招生制度是国家基本教育制度。总体上看,我国考试招生制度符合国情,同时也存在一些问题。必须通过深化改革,促进教育公平、提高人才选拔水平,适应培养德智体美全面发展的社会主义建设者和接班人的要求。深化考试招生制度改革,总的目标是形成分类考试、综合评价、多元录取的考试招生模式,健全促进公平、科学选才、监督有力的体制机制,构建衔接沟通各级各类教育、认可多种学习成果的终身学习立交桥。考试招生制度改革要在充分论证搞好顶层设计的基础上,试点先行,分步实施,有序推进。"①

　　招生考试与就业制度关涉高等教育的入口和出口,不仅关乎千家万户的利益以及社会的和谐与稳定,而且制约高等教育有序运行和社会功能的实现。改革开放 40 年来,为适应经济社会与高等教育发展需求,高等学校招生就业制度经历了重大而深刻的变化。从招生考试制度来看,改革开放之初,高校招生都是实行全国统一命题、统一时间考试,虽然实现了分数面前人人平等,却忽视了地区之间教育发展水平的差异。为突破"一刀切"制度带来的弊病,高等学校招生考试权力从中央下放到地方,地方政府在高等学校招生考试组织方面具有了一定自主权。上海于 1987 年、北京于 2002 年率先实行了高考自主命题,"统一考试,统一录取"的方式被打破,随后其他部分省份也陆续实行了自主命题。各省份还因地制宜地探索了"会考加高考"、"学业水平考试制度"、"3 + X"、"新高考制度"等多样化的招生和录取方式。与此同时,伴随着高校办学自主权的逐步扩大,1993 年上海工业大学在全国率先实行自主招生。随后一些高校也开始实行了自主招生考试,从而改变了过去一考定终身的招生方法。"推荐—免试"的入学办法、放宽招生考试年龄限制、"阳光考试"与多主体监督等一系列政策的实施,

---

① 《习近平:促进教育公平　深化考试招生制度改革》,http://news. china. com. cn/txt/2014-08/18/content _33271883. htm(阅读时间:2017 年 10 月 13 日)。

使得高校招生考试制度开始呈现出开放性与多元参与的特征。

与招生改革同时进行的是就业制度改革。高等教育发展的适应性特征在人才培养的输出口——就业制度的改革发展中得到了集中的体现。改革开放40年来,从计划经济遗留的"统包统配"制度过渡到面向市场人才需求的"双向选择,自主择业"制度,就业过程从一定程度上的"被支配"走向"自主支配"。这种顺应需求而对高校毕业生就业制度及其相关配套制度进行的调整,有效地促进了毕业生充分、合理就业,有助于形成"位得其人,人尽其才,适才适所,人事相宜"的和谐局面。[1] 招生考试制度改革与就业制度改革"一进一出"相结合,是构建良好的高等教育生态的必要条件。改革开放以来的上述两方面的改革,提高了人才选拔的灵活性、适应性和社会主体的选择性,增强了高等教育乃至经济社会发展的活力。

一、 从统一考试、录取到下放命题权、自主招生

中华人民共和国成立之初,百事待兴,为尽快恢复教育秩序,中央人民政府提出"维护原校,逐步改善"的原则,各高等学校仍沿旧制,单独招考。此后又尝试过区域的联合和统一招考,直至1952年建立全国普通高校统一招生考试制度。[2] 教育部于1952年颁布的《关于全国高等学校1952年暑期招收新生的规定》,标志着全国统一考试制度的正式确立。其特点是:国家对招生名额严格控制;考试环节统一操作,国家对招生日期、考试科目、报考条件、政治审查标准、健康检查标准等录取原则都做出统一规定;考试的命题、参考答案和评分标准的制定工作,也由全国高等学校招生委员会统一组织。国家与地方在考试决策上完全是一种制定与执行的关系。[3] 此后十四年中,招生考试主要采用了"统一考试,统一录取"、"统一考试,集中录取"、"统一考试、分批录取"三种形式[4],虽然在选拔标准和录取办法上有所变化,但统一高考的模式基本没变。不过,上述招生考试制度因"文革"而中断,直到改革开放后才得以重建,并在不

① 李文辉等:《工作分析与岗位设计》,中国电力出版社2014年版,第24页。
② 刘海峰:《高校招生考试制度改革研究》,经济科学出版社2009年版,第22页。
③ 应望江:《中国高等教育改革与发展30年(1978～2008)》,上海财经大学出版社2008年版,第169页。
④ 马文卿、刘文超:《中国高考走向》,山东人民出版社2002年版,第8—9页。

断的改革之中实现了发展和优化。

（一）恢复和重建统一招生考试制度（1977—1985 年）

"文革"结束后，教育改革怎么搞，大学怎么办，成为全社会关注的焦点之一。1977年第三次政治复出的邓小平主动请缨，主管科学和教育。1977 年 5 月，尚未复出工作的邓小平就曾尖锐地指出："同发达国家相比，我们的科学技术和教育整整落后了 20年。科研人员美国有 120 万，苏联 90 万，我们只有 20 多万，还包括老弱病残。"[①]1977年 8 月，在邓小平主持召开的科学和教育工作座谈会上，谈到招生制度问题，专家们畅所欲言，其中武汉大学化学系副教授查全性的发言最具有代表性。他指出，"招生是保证大学质量的第一关，当前新生质量没有保证，其原因之一是中小学的质量不高，二是招生制度有问题，主要矛盾还是招生制度，不是没有合格人才可以招收，而是现行制度招不到合格的人才"。[②]

在会议要求恢复高考的呼吁下，1977 年 10 月 12 日，国务院正式批转了教育部《关于一九七七年高等学校招生工作的意见》。《意见》首先对中华人民共和国成立以来高校招生工作所取得的成绩进行了肯定，痛批了"文化大革命"时期"四人帮"及其同伙对高校招生工作的严重干扰与破坏，提出了必须全面贯彻党的教育方针，认真进行文化考试，择优录取，为建设社会主义现代化选拔人才。《意见》对高校招生制度的重大改革主要表现在：(1)招生对象的改革。扩大了招生对象的范围，将往届高中毕业生列入对象范围，并特别提出注意招收"六六、六七届"高中毕业生。(2)招生对象条件的改革。首先在政治条件上主要看个人的政治表现，这是对长期实行的"阶级路线"和"唯成份论"的破除和果断的调整；其次在文化条件上变革了"文革"中上大学"初中毕业即可"的规定，普遍提升了对招生对象的文化要求。(3)考试内容科目。考试分为文理两类。文科考试科目：政治、语文、数学、史地；理科考试科目：政治、语文、数学、理化。报考外语专业的加试外语。由省、市、自治区拟题，县（区）统一组织考试。(4)招生考试组织与管理。改变了"文革"中实行的"自愿报名、群众推荐、领导批准，学校复审"的

---

① 刘克选、方明东：《北大与清华：中国两所著名高等学府的历史与风格（下）》，国家行政学院出版社 2011版，第 83 页。

② 郝瑞庭：《教科文的春天——科教文化界的拨乱反正》，安徽人民出版社 1998 年版，第 19 页。

办法,转而"根据德、智、体全面衡量,择优录取的原则,实行自愿报名、统一考试、地市初选,学校录取,省、市、自治区批准的办法"①。

在邓小平的亲自主持下,1977年冬恢复了中断10年的高考。全年有570万人报考参加高考,当年全国高等学校录取新生27.3万人;大半年后,即1978年的夏天,全国有610万人报考,录取40.2万人,同时还有6.35万人报考研究生,1.07万人获得了深造机会。冬夏两季,全国共有约1180万名青年参加了高考,这是当时世界考试史上人数最多的考试。② 随着"计划经济为主、市场调节为辅"的经济体制改革的开展,1984年多部委联合颁发了《高等学校接受委托培养学生的试行办法》,由此形成了以国家任务招生为主、以招收委培学生和自费生为辅的高校招生录取的双轨制。③

《关于一九七七年高等学校招生工作的意见》确立了之后高校招生考试制度的基本形式,还提及地方政府和高校在招生考试中的角色问题,比如"学校录取,省、市、自治区批准",但招生计划及其分配、命题等方面的主要权限依然在中央政府。重建后的招生考试制度在发挥量才选人功能同时,也存在集中统一过多、地方和高校缺乏自主性、制度弹性不足等问题。

(二) 推行毕业会考制度,实行"学校负责、招办监督"的录取体制(1985—1992年)

高考恢复之初,沿袭"文革"前单一计划的招生体制,实行计划招生,统招统分。但这一制度割裂了高校与用人单位的直接联系,一定程度上造成人才培养难以满足社会对人才的需求,浪费了人力资源。1985年颁布了我国教育体制改革的重要文件《中共中央关于教育体制改革的决定》,其中明确提出要改革高校招生的计划制度,扩大高校的办学自主权,规定"要改变高等学校全部按国家计划统一招生"的办法,要求继续推进并逐步扩大用人单位委托学校培养学生,使之成为国家招生计划的重要补充,并且指出"在执行国家的政策、法令、计划的前提下,高等学校有权在计划外接受委托培养

---

① 张乐天:《恢复高考的意义诠释》,《南京师大学报(社会科学版)》2007年第6期,第74—78页。
② 中国当代史研组:《国史读本》,经济管理出版社2011年版,第190页。
③ 陈浩、马陆亭:《中国教育改革大系(高等教育卷)》,湖北教育出版社2016年版,第246页。

学生和招收自费生"。^① 这些规定有力地扩大了高校的办学自主权,并且引领了此后招生制度改革的基本方向。

在考试设置和考试科目方面,这一时期也进行了有益的探索。其一是建立了会考制度。1986 年,国家教委提出要:"改革高考的分类和科目设置,必须首先解决高校招生考试与高中毕业考试混同的弊端,使二者分立,各司其职。初步设想是:在各省(市、自治区)高中会考基础上,举行高校招生考试。"^②此后,高中会考与高校招生考试逐渐挂钩。1990 年原国家教委颁布《关于在普通高中实行毕业会考制度的意见》,决定从 1990 年起用两年左右的时间有计划地在全国逐步实行高中毕业会考制度。^③1983 年,浙江省重点中学开始实行会考试点;1985 年,上海率先试行全市统一的高中毕业会考制度。1990 年毕业会考制度在全国逐渐推开,到 1992 年除西藏外会考制度在全国范围内全面推行。其二是地方开始进行个别化的考试方式的改革与试验。1985 年,上海市尝试将高考与会考结合起来,在会考基础上高考科目方案相应的调整为语文、数学、外语三个科目为必考科目,选考的 1 门科目则据高校的规定从政、史、地、理、化和生中选择,共六种选择方式,并于 1989 年 7 月正式实行,称为"上海方案"。因上海方案涉及科目少,且录取工作复杂,没有在全国推广。湖南、云南和海南于1991 年开始实行"三南"方案的改革。这一方案的优点是文理划分清晰且重视学生个性发展,但更容易造成偏科问题,也没有得到推广,不过也为之后的考试改革提供了有益的经验借鉴。

在录取体制上,扩大了高校在录取方面的自主权,实现了从省级"招办负责"到"高校负责"的转变,优化了招生录取的权利、责任及监督关系,为高校实行全面考核、择优录取扫清了障碍。改革开放后,为贯彻"德智体全面考核,择优录取"的原则,逐步扩大高校招生自主权。1984 年教育部对"统一录取体制"进行了调整试验,并在 1985 年开始实行,即采取"根据志愿,比例投档"的办法,增加了 20% 的投档比例,不过这难以满

---

① 《中共中央关于教育体制改革的决定》,http://old. moe. gov. cn/publicfiles/business/htmlfiles/moe/moe_177/200407/2482. html(阅读时间:2017 年 10 月 15 日)。

② 《中国普通高中会考(学业水平考试)大事记》,http://ahsxzsq. blog. sohu. com/303817291. html(阅读时间:2017 年 10 月 13 日)。

③ 《国家教委关于在普通高中实行毕业会考制度的意见》,http://blog. chinalawedu. com/falvfagui/fg22598/37029. shtmlhttp://ahsxzsq. blog. sohu. com/303817291. html(阅读时间:2017 年 10 月 13 日)。

足特殊系科、专业的选择,且录取审批权仍在省招办。1987 年出台了《关于扩大普通高等学校录取新生工作权限的规定及其实施细则》,对录取体制做了进一步改进,并命名为"学校负责,招办监督",较大幅度地调整了高校录取工作的权限关系:一是高校可在最低录取控制线以上决定调阅考生档案数;二是录取与否由学校决定;三是遗留问题由学校处理,实现了权力与责任的统一;四是省招办有权监督整个录取过程,并纠正高校录取中的不当行为。[1]"学校负责,招办监督"的录取体制于 1987 年被写入《普通高等学校招生暂行条例》,至今沿用。

此外,这一时期还开展了关于保送生制度的尝试。保送生制度是指由确定的中等学校推荐、保举成绩优秀或有特长的学生,经高等学校考核同意,免于他们参加全国统一高考而直接进入高等学校学习的制度。[2] 保送生制度本质上是试图突破以分取人、促进素质教育、扩大高校招生自主权以及保障部分行业性专业人才培养的一种高校招生方式,其目的在于弥补高考单一化评价录取在人才选拔方面的功能性缺陷。[3] 从 1984 年试点推行以来,保送生制度在丰富考试形式、不拘一格选拔人才等方面作出了重要贡献,但在具体实践中,由于制度上保送标准弹性较大等原因致使其成为腐败的"温床",直接影响到招生考试的公平。这也是此后的招生制度改革努力解决的问题。

(三) 实行招生计划并轨,开展自主招生试点(1992—2002 年)

1992 年 10 月,党的十四次全国代表大会确立了建立社会主义市场经济体制的改革目标,标志着我国改革开放和现代化建设进入新的阶段。这加速了社会各领域的改革进程,高校招生考试制度改革也进入深化阶段。

随着 1985 年以来计划外调节招生的比例不断扩大,到 1992 年计划外招生已经达到招生总计划的 40%。1993 年 2 月出台的《中国教育改革和发展纲要》进一步明确了实现国家任务计划和调节性计划相结合的办法,规定"调节性计划由学校及其主管部

---

① 马文卿、刘文超:《中国高考走向》,山东人民出版社 2002 年版,第 8—9 页。
② 郑若玲:《保送生制度:异化与革新》,《教育发展研究》2002 年第 6 期,第 43—46 页。
③ 李木洲、刘海峰:《多元分解:保送生制度改革之道》,《中国高教研究》2011 年第 12 期,第 19—21 页。

门根据社会需求和办学条件确定"。① 1993 年 12 月,国家教委印发了《关于加强普通高等学校招生计划管理工作的通知》,提出要逐步改变由国家统一计划招生的制度,赋予地方、高校在招生方面更多的自主权。② 同年,全国的调节性计划招生比例进一步提高到 50%。这种"双轨制"加大了高校扩招的力度,减缓了升学压力,有助于挖掘高校的办学潜力,调动高校人员的积极性,优化资源配置,但也出现了"分不够钱来凑"的现象,容易滋生腐败的问题,并且造成了同一学校同一专业的学生经济待遇、录取资格、文化程度的参差不齐。

1994 年,针对招生中"双轨制"所产生的有关问题,在调研的基础上,国家教委印发了《关于进一步改革普通高等学校招生和毕业生就业制度的试点意见》,提出在招生中实行国有任务和调节性两种计划形式在录取时采用同一分数线的"并轨",决定取消过去几年间形成的不同分数标准和收费标准的招生方式,重新实行统一的分数线和收费标准。③ 此后通过试点推行,到 1997 年所有院校全部实行招生计划并轨。

1998 年 8 月,《高等教育法》以法律的形式明确规定了高校享有招生自主权,其中包括自主制定招生计划、评价标准、招生政策、招生办法等。此后,作为行使高校办学自主权的重要形式的自主招生的试点工作也得以开展。20 世纪 90 年代初,上海市教育局为扩大高校招生自主权,在上海工业大学(现上海大学的前身之一)先行试点,进行"自主招生"。与以往招生不同,上海工业大学在招生过程中有较大的自主权,设立独立于统一高考的招生评价标准。1993 年,上海市有 7 所高校在上海市政府及教育部门的批准下开展了自主招生的试点。1994 年,上海市试行自主招生的高校增加到 17 所,且颁布了《关于 1994 年上海市扩大普通高校自主招生改革试点的意见》,对考试科目、录取标准和录取办法等做了具体规定。但当时的试点主要为上海市地方推行的,招生范围也主要局限在上海市,涉及和影响范围小。④ 全国范围内的高效自主招

---

① 《中国教育改革和发展纲要》,http://www.moe.cn/jyb_sjzl/moe_177/tnull_2484.html(阅读时间: 2017 年 9 月 15 日)。

② 《关于加强普通高等学校招生计划管理工作的通知》,http://law.lawtime.cn/d505693510787.html(阅读时间:2017 年 10 月 13 日)。

③ 《关于进一步改革普通高等学校招生和毕业生就业制度的试点意见》,http://www.chinalawedu.com/falvfagui/fg22598/57666.shtml?1454420445068(阅读时间:2017 年 10 月 13 日)。

④ 樊本富:《中国高校自主招生研究》,华中师范大学出版社 2010 年版,第 100 页。

生试点则始于 2001 年,江苏省东南大学、南京理工大学和南京航空航天大学 3 所高校率先获教育部批准开始自主招生改革试点。

此外,考试科目方面改革的主要特征是进一步增强了考试科目的可选择性。1992年 7 月,国家教委出台了《关于普通高中毕业会考基础上高考科目设置的意见》,确立了"3 + 2"的高考科目设置方案,即语文、数学和英语均为必考科目,按文理科分别加考政治、历史和物理、化学。"3 + 2"方案在一定程度上减轻了学生负担,促进了学生全面发展,但由于不考生物和地理,影响了后续的学习和研究工作,在实施中遭到了来自生物、地理专业的有关人员的批评。1997 年国家教委讨论实行"3 + X"的高考科目设置方案,较"3 + 2"更加灵活,经逐步试验推广,到 2002 年 31 个省、市、自治区全部实行了该方案。[1]

(四) 逐步下放命题权,扩大自主招生试点(2002 年至今)

在高等教育大众化时期,一方面学生来源和需求日趋多元,另一方面经济社会发展的需求也越来越复杂化。面对这两方面的调整,这一时期的高校招生考试制度改革在完善和创新之中,愈益走向多元和自主。

在逐步下放命题权的过程中分省命题是高校招生考试制度的一项重要改革。继上海试点高考自主命题之后,2002 年北京也开始自主命题。2004 年教育部决定开始试行"统一考试、分省命题"制度,但须以教育部所颁布《普通高等学校招生全国统一考试大纲》为命题、审题和评价依据。到 2006 年,全国(除港澳台)实行分省命题的省、市、自治区已达 16 个。2006 年,教育部颁发《普通高等学校招生全国统一考试分省命题工作暂行管理办法》,是当时为止国家层面制定的唯一一份专门指导和管理高考命题工作的法规性文件,也标志着分省命题制度性架构的建立。[2] 这种格局一直延续到2014 年。分省命题对于推进招生考试制度改革的探索、丰富招生考试形式起到了重要作用,同时推动了素质教育的实施,一定程度上保障了考试安全。但分省命题在运行过程中也暴露出一些问题,如不同省市的教学方案及考试内容存在差异,导致学生

---

[1] 别敦荣、杨德广:《中国高等教育改革与发展 30 年(1978—2008)》,上海教育出版社 2009 年版,第 26—27页。

[2] 何东昌:《中华人民共和国重要教育文献:2003—2008》,新世界出版社 2010 年版,第 1041 页。

知识结构存在偏差,从而给普通高校的新生统一教学造成困难;有的省份"考查内容对于教材的依赖程度非常高,甚至硬性规定将所有版本教材内容的交集部分作为命题点"①,容易导致应试教育的倾向、考试成本加大等问题。考虑到以上问题,2014 年《国务院关于深化考试招生制度改革的实施意见》提出自"2015 年起增加使用全国统一命题试卷的省份"的改革要求。② 有关分省命题省市积极响应,纷纷申请使用由教育部考试中心命制的全国卷考试。经教育部统筹安排,2016 年高考使用全国卷的省份达到 26 个,覆盖全国考生总人数的 80% 以上。③

在考试科目设置方面,也从以往的统一局面发展为多种模式并存的局面。虽然做出了诸多探索,但依然没有解决学生偏科、知识体系不完整以及"一考定终身"的问题。2013 年《中共中央关于全面深化改革若干重大问题的决定》明确提出:"探索全国统考减少科目、不分文理科、外语等科目社会化考试,一年多考。"④2014 年《关于深化考试招生制度改革的实施意见》提出要"保持统一高考的语文、数学、外语科目不变、分值不变,不分文理科,外语科目提供两次考试机会"⑤,由此开启了新一轮改革。2017 年 6月,作为全国性高等教育考试招生制度综合改革试点地区,上海、浙江迎来了新高考的第一届毕业生。"新高考"实施后,学生的高考成绩由"两依据一参考"构成:"两依据"指统考和学业水平考试,"一参考"则是综合素质评价。统考保持原高考的语文、数学(不分文理)、外语科目不变,分值不变,但外语科目提供两次考试机会。而学业水平考试则不分文理,由学生根据自身特长和报考高校要求,从思想政治、历史、地理、物理、化学等科目中选择 3 门,同样提供两次机会。在具体的科目选择方面,上海市实施"6选3",在政治、历史、地理、物理、化学、生物 6 门传统科目中自由搭配 3 门,而浙江省则

---

① 王生:《内容选取与考查方式的差异——全国卷与地方卷的对比之一》,《历史教学月刊》2015 第 11 期,第 11 页。

② 《国务院关于深化考试招生制度改革的实施意见》,http://www. gov. cn/zhengce/content/2014-09/04/content_9065. htm(阅读时间:2017 年 10 月 13 日)。

③ 《国务院关于深化考试招生制度改革的实施意见》,http://www. gov. cn/zhengce/content/2014-09/04/content_9065. htm(阅读时间:2017 年 10 月 13 日)。

④ 《中共中央关于全面深化改革若干重大问题的决定》,http://www. gov. cn/jrzg/2013-11/15/content_2528179. htm(阅读时间:2017 年 8 月 27 日)。

⑤ 《关于深化考试招生制度改革的实施意见》,http://www. gov. cn/zhengce/content/2014-09/04/content_9065. htm(阅读时间:2017 年 10 月 13 日)。

实施"7选3",除传统的6门科目外,还增加了信息技术与通用技术课。①

相较于以往的"3+X",新一轮高考改革扩大了学生自主选择的权力和空间,英语考试给出的二次考试机会,是对"一考定终身"招生考试制度的重大突破。重视平时学习与学业水平考试的质量,有利于淡化急功近利的应试考试模式,更有利于推动学生的全面发展。浙江省将技术科目作为选考科目,也体现出了对职业教育的重视。

另一项重要的改革是自主招生试点的扩大。2003年3月,教育部办公厅发布了《关于做好高等学校自主选拔录取改革试点工作的通知》,决定将北京大学、中国人民大学、清华大学等22所大学列入自主招生试点范围。2005年12月26日,教育部办公厅发布《关于进一步做好高等学校自主选拔录取改革试点工作的通知》,决定自2006年起将有资格进行自主选拔录取改革试点的高校扩充至53所,且在招生计划数量上放宽了5%的界限,指出"考生人数较多且生源质量好的高校可以有所扩大";在录取工作上,规定"生源所在省级招办可将入选考生档案先于试点高校所在批次录取开始前投给有关高校";此外,艺术特长生等特殊类型招生不再列入自主选拔录取范围。②

《关于做好2008年高等学校自主选拔录取改革试点工作的通知》则将2008年具有自主招生资格的院校扩充到了68所,而且提出"有免费师范生招生任务的试点高校,自主选拔录取计划应主要招收免费师范生"。在招生要求和程序上,符合试点高校自主选拔录取条件的考生,由所在中学或专家推荐,也可本人自荐向试点高校提供材料;试点高校在确定可以参加本校组织的相关测试的生源范围时,要向高中新课程实验省区适当倾斜,要向扎实推进素质教育的地区或中学适当倾斜,要向在创新实践或学科专业方面表现突出的考生适当倾斜;已开展自主选拔录取试点满三年且管理规范严格的高校,对审查、测试中在创新实践或学科专业方面表现突出的少数特别优秀的入选考生,可参考其高考成绩、中学学业及综合素质等情况决定是否向省级招办申请破格投档予以录取。③

---

① 李思文:《新高考元年!科目不再分文理 打破批次录取》,http://edu.qq.com/a/20170610/005503.htm(阅读时间:2017年10月13日)。

② 《关于进一步做好高等学校自主选拔录取改革试点工作的通知》,http://www.moe.gov.cn/srcsite/A15/moe_776/s3110/200512/t20051226_79737.html(阅读时间:2017年10月13日)。

③ 《关于做好2008年高等学校自主选拔录取改革试点工作的通知》,http://www.moe.gov.cn/srcsite/A15/moe_776/s3110/200711/t20071130_79734.html(阅读时间:2017年10月13日)。

2012 年 12 月 12 日,教育部发布了《关于进一步深化高校自主选拔录取改革试点工作的指导意见》,明确指出自主招生对象为"具有学科特长和创新潜质的优秀学生"。在考核方式上,《意见》提出要"注重以面试为主考查学生的素质和能力","要充分发挥学科专家的作用,不断探索完善科学、有效、规范的面试考核方式,包括口试、现场演示等。确有必要进行相关学科笔试的高校,笔试科目原则上为一门,不超过两门,主要考查考生学科特长基础"。在具体实施中,《意见》提出讲求程序公开,体现兼顾公平,"在保证选拔质量的基础上,向扎实推进素质教育的地区和中学,以及中西部地区、农村地区中学的申请考生适当倾斜。"①此后,教育部副部长杜玉波在自主招生工作会议上进一步强调,"对于没有学科特长和创新潜质不足、仅是学业突出的学生,不再作为自主选拔录取改革试点的生源主体,这部分学生可以通过高考录取体系择优录取"。②

在自主招生过程中,各高校发挥主体性,进行了诸多探索。如复旦大学和上海交大从 2006 年开始进行"自主选拔录取改革试验",以面试作为考生录取的主要依据,高考只作为参考。2010 年,清华大学等 5 所高校首次推出"五校联考"的形式进行招生,随后形成了"华约"、"北约"、"卓越联盟"、"京都联盟"等多校联考形式。

2014 年 12 月,继国务院颁布《关于深化考试招生制度改革的实施意见》之后,《关于进一步完善和规范高校自主招生试点工作的意见》颁布,从考试时间、规模、考试方式及考试管理等各方面对自主招生工作做了进一步规范。在考试时间上,以往自主招生都是每年 12 月份开始报名,1 月份资格初审并公布复试名单,2 月底至 3 月初考核,4 月底至 5 月初公布合格考生名单。根据《意见》要求,改为考生 3 月份报名,4 月份资格初审并公布复试名单,考核及合格名单公示工作需安排在高考后到填报志愿前进行。在招生数量上,明确提出"严格控制自主招生规模",要求高校要"明晰试点定位,主要选拔具有学科特长和创新潜质的优秀学生"。在初审方式上,"试点高校不得向中学分配推荐名额",高中生只要符合高校自主招生简章选拔要求,都可以提出申请。

---

① 《关于进一步深化高校自主选拔录取改革试点工作的指导意见》,http://www.moe.gov.cn/srcsite/A15/moe_776/s3110/201212/t20121212_150771.html(阅读时间:2017 年 10 月 13 日)。

② 杜玉波:《着力选拔学科特长和创新潜质的优秀学生——教育部副部长杜玉波在高校自主选拔录取改革试点会议上的讲话》,《中国教育报》,2013 年 4 月 1 日,第 1 版。

《意见》还明确提出"不得通过'联盟'、'联考'方式进行自主招生"。① 新政策的出台意在回归自主招生本质,选拔具有学科特长和创新潜质的优秀学生。

到 2016 年具有自主招生资格的高校数已达 95 所,当年实行自主招生的高校有 90 所,其中包括 77 所面向全国招生的院校和 13 所仅面向本省招生的院校,2016 年自主招生总人数达 16 000 人左右。② 在报考条件上,各高校都规定报考学生学科特长突出、具备创新潜质,如北京大学 2016 年招生要求考生具备以下条件之一:1. 有发明创造或参加科技类、人文社科类竞赛全国决赛或国际比赛获得优异成绩者;2. 在我校自主招生专业范围内有相关学科特长、创新潜质,并在国内外相关专业学习实践活动中取得优异成绩者;3. 在高中阶段参加全国中学生学科奥林匹克竞赛(数学、物理、化学、生物学、信息学)全国决赛获得优异成绩者。③ 根据考生的初审结果、基础知识能力测试成绩、学科专业能力测试成绩等考核情况,各高校择优认定自主招生入选资格考生、确定降分优惠幅度。

此外,在高职高专领域也实行了自主招生考试改革。高职高专院校的自主招生从 2003 年黑龙江实行省属高校自主招生开始,2004 年江西省有 20 所高职院校进行改革试点,2006 年,北京 3 所、上海 6 所院校试行了自主测试、自主确定入学标准和自主录取的改革,到 2011 年有自主招生资格的高职高专院校达到 1 228 所。④

总之,自主招生考试制度的确立和完善是深化高校招生制度改革的重要举措,是扩大高校办学自主权的重要体现。一方面,高校自主招生的演进是高校权利能力、行为能力和主体性等要素共同作用的结果⑤,能够体现出高校在教育管理体制和筹资体制下面向社会自主办学能力的日趋增强的趋势。在自主招生过程中,高校作为主体,

① 《关于进一步完善和规范高校自主招生试点工作的意见》,http://www. gov. cn/xinwen/2014-12/17/content_2792826. htm(阅读时间:2017 年 10 月 13 日)。

② 《怎样不让自主招生变成"另类高考"》,http://news. youth. cn/jsxw/201704/t20170411_9451641. htm(阅读时间:2017 年 10 月 13 日)。

③ 《北京大学 2016 年自主招生简章》,http://gaokao. eol. cn/bei_jing/dongtai/201603/t20160316_1376433. shtml(阅读时间:2017 年 10 月 13 日)。

④ 《2011 年具有普通高等学历教育招生资格的高职(专科)院校(共 1 228 所)》,http://gaokao. chsi. com. cn/gkxx/ss/201104/20110429/200616008. html(阅读时间:2017 年 10 月 13 日)。

⑤ 阮李全、蒋后强:《高校办学自主权:由来、要素、涵义、走向》,《国家教育行政学院学报》2014 年第 8 期,第 26—31 页。

在自主确定招生方案、考试内容,自行组织考试等方面发挥着主导作用,以政府统一考试为主的多元化、分层次的招生考试制度在探索中日渐形成。另一方面,自主招生考试拓宽了人才选拔的渠道,提升了招生考试的灵活性,有利于选拔优秀创新人才。当然,在自主招生过程中也暴露出了诸多问题,直接影响了自主招生的效果,如高校招生方案同质化、难以摆脱高考约束、自主招生高校主要集中在重点院校或国家示范性高校、自主招生考试制度趋向单一、招考过程中腐败问题频出、农村和偏远地区比例低、中学和学生缺乏诚信等等。①

专栏十二:教育部关于进一步完善和规范高校自主招生试点工作的意见

教学[2014]18 号

各省、自治区、直辖市高等学校招生委员会、教育厅(教委),新疆生产建设兵团教育局,有关部门(单位)教育司(局),各自主招生试点高校:

为贯彻落实《国务院关于深化考试招生制度改革的实施意见》(国发〔2014〕35 号),现就进一步完善和规范高校自主招生试点工作提出如下意见:

一、明确工作总体要求。高校自主招生是我国高校考试招生制度的有机组成部分,是对现行统一高考招生录取的一种补充。进一步完善和规范高校自主招生试点工作,要明晰试点定位,主要选拔具有学科特长和创新潜质的优秀学生。突出问题导向,着力解决自主招生中存在的"掐尖"、"小高考"、影响中学教学秩序等问题。促进科学选才,尊重教育规律和人才成长规律,通过科学有效途径选拔特殊人才。维护公平公正,确保机会公平、程序公开、结果公正。要进一步完善招生程序,合理确定考核内容和形式,规范并公开自主招生办法、考核程序和录取结果,严格控制自主招生规模,2015 年起自主招生考核安排在全国统一高考后进行。

二、完善申请报名和审核程序。考生向试点高校提出申请,考生所在中学(单位)或原毕业中学、社会团体或专家个人等均可实名提供推荐材料并对其真实

---

① 蓝建平:《高校自主招生政策改革问题研究》,华南理工大学 2015 年,第 35—41 页。

性负责。试点高校不得向中学分配推荐名额。考生所在中学（单位）或原毕业中学应依据考生学籍档案、在校表现和高校要求，如实提供考生在高中阶段德智体美各方面发展情况，包括高中阶段课程修习情况和相关成绩、学业水平考试成绩、社会公益活动情况、获奖证书证明以及其他反映学生综合素质发展情况的写实性材料。试点高校要组织相关学科专家认真审核考生提交的申请材料，合理确定参加本校考核的考生名单。在保证生源质量的基础上，向中西部地区、农村地区的申请考生适当倾斜。试点高校应依据相关法律法规、规章和本意见的原则要求，结合实际认真研究制定本校年度自主招生简章，明确申请报名条件、审核办法、考核时间等内容，报教育部备案后向社会公布。

三、合理确定考核内容和形式。试点高校考核要结合本校相关学科、专业特色及培养要求，确定相应的考核内容，重点考查考生的学科特长、创新潜质。考核由试点高校单独组织，不得采用联考方式或组织专门培训。充分发挥学科专家的作用，探索完善科学、有效、简便、规范的考核方式。如需笔试，考试科目原则上一门、不超过两门。考核过程须全程录像，专家名单和面试顺序由抽签随机确定，防止暗箱操作。对偏远、贫困地区考生，试点高校要积极探索选派专家到当地开展考核、实行网络远程视频面试等方式，为考生顺利参加考试提供便利和帮助。

四、规范录取程序和要求。试点高校要根据本校自主招生简章，由校招生工作领导小组集体研究确定入选资格考生、专业及优惠分值。各省级招生考试机构要严格审查考生投档资格。入选考生高考成绩总分录取要求，原则上不应低于考生所在省（区、市）有关高校同批次同科类录取控制分数线。对学科特长或创新潜质特别突出的个别优秀考生，经向社会公示后，由试点高校提出破格录取申请，经生源所在地省级高校招生委员会核准后录取。严格控制自主招生规模，现阶段不扩大试点高校范围和招生比例。

五、自主招生考核安排在全国统一高考后进行。2015年起，所有试点高校自主招生考核统一安排在高考结束后、高考成绩公布前进行。2月底前，试点高校发布年度自主招生简章。3月底前，考生完成报名申请。4月底前，试点高校完成考生材料审核，确定参加学校考核考生名单并进行公示。6月7日、8日，考生参加全国统一高考。6月10日至22日，试点高校完成考核，确定入选资格考生名单、专业及优惠分值，并报教育部阳光高考平台公示。各省级招生考试机构公布高考成绩后，组织本省（区、市）有关考生单独填报自主招生志愿，原则上在本科第一批次录取前完成自主招生录取并进行公示。

六、加强信息公开公示。完善教育部、各省级招生考试机构、试点高校和中学四级信息公开制度。在教育部阳光高考平台建立统一的自主招生信息管理系统，加强对报名、审核、公示各个环节监督管理。中学要公示所有经确认推荐的考生名单及相关材料。试点高校要将参加考核的考生名单、入选资格考生名单、录取考生名单及相关信息，分别在本校、生源所在省级招生考试机构及教育部阳光高考平台上进行公示。公示的考生信息应包括姓名、性别、所在中学（或单位）、享受照顾政策类别、资格条件、测试项目、测试成绩、合格标准、拟录高校及专业和录取优惠分值等。

七、严厉查处各类违规行为。试点高校不得发布未经教育部备案的自主招生简章或进行虚假招生宣传；不得在高考前以任何形式组织与自主招生挂钩的考核工作；高校自主招生工作人员、专家评委不得参与社会机构组织的各类培训、辅导活动；不得以各种形式偏离试点定位进行恶性生源竞争或向考生违规承诺录取；录取时不得突破自主招生计划录取，不得突破经公示的优惠分值录取，不得更改经公示的入选专业录取，不得在发放新生录取通知书或新生入学报到环节更改考生录取专业。省级教育行政部门不得擅自扩大试点高校范围或出台与国家招生政策相抵触的招生办法。省级招生考试机构不得为不符合要求的考生或违反规定程序办理录取手续。有关中学等不得出具与事实不符的考生推荐材料、证明材料等或在考生综合素质档案中虚构事实或故意隐瞒事实。

相关部门、机构和学校建立考试录取申诉、举报机制，及时回应处理各种问题。对违规违纪的部门、机构、学校、考生和工作人员，一经查实，要依据《国家教育考试违规处理办法》（教育部令第33号）和《普通高等学校招生违规行为处理暂行办法》（教育部令第36号）严肃处理。涉嫌犯罪的，移送司法机关处理。

各省级教育行政部门、招生考试机构、试点高校和有关中学要根据本意见精神,加强领导,密切配合,完善制度,协同推进。省级招生考试机构和有关中学要为试点高校提供必要的支持和服务。建立试点高校动态管理机制和准入退出机制,确保自主招生试点工作平稳有序开展。

教育部

2014 年 12 月 10 日

二、 从统包统分到自主择业、自主创业

就业是一种经济现象,事关每一个达到法定年龄和有劳动能力的社会成员的福祉,顺利就业的过程是劳动者得以走上能够带来报酬的工作岗位的过程。1952 年,当时的政务院出台了《关于劳动就业问题的决定》,提出推行劳动力就业由统一介绍转向统一调配。[①] 1955 年以后,中央进一步强调劳动力的统一招收和调配,强化了就业的集中统一管理体制。1981 年中共中央、国务院颁布了《关于广开门路,搞活经济,解决城镇就业问题的若干决定》,开始正式使用"就业"的概念。高校毕业生就业制度的变革是社会就业制度变革的组成部分,因而与社会就业制度改革具有一致性,同时也因大学生特别的身份,使得高校毕业生就业具有特殊性。

在计划经济时代,大学生作为一种稀缺资源,其分配也具有浓厚的计划色彩。中华人民共和国成立初期毕业生就业在"集中使用、重点配备"原则的指导下,服务于全国重点项目的建设。20 世纪 60 年代,随着毕业生规模的扩大,就业的指导原则调整为"统筹安排、合理使用"。[②] 总体上来看,中华人民共和国成立之后的高等学校的毕业生就业实行的是"统包统分"的就业制度。这一制度符合当时的经济社会发展需求,实现了人才供求平衡和人力资源的有效配置,但随着经济发展的变革,这种指令式的计划模式的弊端也越来越明显,用人方和就业者均缺乏自主性的问题尤其显著。随着

---

① 《关于劳动就业问题的决定》,http://www.chinalawedu.com/falvfagui/fg23051/17749.shtml(阅读时间:2017 年 10 月 15 日)。

② 刘俊贤等:《大学生职业规划、就业指导与创业教育》,清华大学出版社 2015 年版,第 134 页。

经济制度改革和整个社会就业制度的变迁,高校毕业生就业制度逐渐转向市场导向的"双向选择、自主择业"制度,将就业和用人的自主权交给毕业生和用人单位。这一改革反映的也是政府向社会放权的过程,其基本特征是逐步面向市场,放开管控。

(一) 从"统包统分"向"双向选择"过渡和探索(1977—1993 年)

1977 年恢复高考后,高等学校也得以正常运行,毕业生就业制度也逐步恢复。1981 年国务院批转国家计委、教育部和国家人事局《关于改进 1981 年普通高等学校毕业生分配工作的报告》,确定在国家统一计划下,根据高校不同的隶属关系,对毕业生分配实行"抽成调剂,分级安排"的办法。具体来说,(1)国家教委直属院校面向全国培养人才,毕业生由国家本着"加强重点,调剂质量"的原则统一分配,对学校所在地区需要的毕业生,给予适当留成;(2)中央其他部门下属的院校主要为本系统、本行业培养人才,毕业生原则上在本系统、本行业内分配,根据需要,部分毕业生也可实行国家抽成分配,同时适当照顾学校所在地方的人才需求;(3)省、自治区、直辖市主管的院校毕业生,原则上由地方自行分配,国家根据需要也可对某些专业的毕业生适当抽调。[①]

1983 年,国务院批转了国家计委、教育部、劳动人事部《关于 1983 年全国毕业研究生和高等学校毕业生分配问题报告》,决定实行学校与用人单位直接见面的就业办法,即"供需见面",使培养、分配与使用更好地结合起来。清华大学等一批高校率先开展了毕业生和用人单位供需见面的活动。这种供需见面、政策公开的做法,打破了多年来就业政策、就业计划的神秘性,使毕业生不再感觉被蒙在鼓里,从实质上已经接近于双向选择就业方式。[②] 1984 年党的十二届三中全会作出关于经济体制改革的决定,为我国社会生产力的大发展、为我国社会主义物质文明和精神文明的大提高开辟了广阔的道路。实行经济体制改革以后,人才的重要性得到了更充分的认识,而要解决人才问题,就必须使教育事业有更大的发展。

1985 年《中共中央关于教育体制改革的决定》的发布,标志着我国从计划导向到市场导向高校毕业生就业制度改革方向的正式确立。为贯彻《决定》精神,1989 年国

---

① 杨放:《教育法规全书》,南海出版公司 1990 年版,第 1121 页。

② 曾湘泉等:《变革中的就业环境与中国大学生就业》,中国人民大学出版社 2004 年版,第 27—28 页。

务院批转了国家教委、国家计委和财政部提出的《高等学校毕业生分配制度改革方案》，即"中期改革方案"，提出将毕业生计划分配就业制度逐步改为社会选择就业制度。① 当年，100多所国家教委直属院校和机电部、北京市等部委、省市所属高校在招生时宣布当年招生的学生于1993年毕业时将按照该方案就业。方案的实行将竞争机制引入高等教育体系，有利于调动广大学生学习的积极性，增强高等学校主动适应经济和社会发展需要的活力与动力，同时有助于促进用人单位尊重知识、珍惜人才和社会各方面关心、支持教育事业。② 这一改革对中华人民共和国成立30多年来的高校毕业生就业分配制度作出了重大的历史性突破。

（二）"双向选择、自主择业"制度的建立(1993—2001年)

1993年《中国教育改革和发展纲要》提出：改革高等学校毕业生"统包统分"和"包当干部"的就业制度，实行少数毕业生由国家安排就业，多数由学生"自主择业"的就业制度。《纲要》要求：近期内，国家任务计划招收的学生，原则上仍由国家负责在一定范围内安排就业，实行学校与用人单位"供需见面"，落实毕业生就业方案，并逐步推行毕业生与用人单位"双向选择"的办法，委托和定向培养的学生按合同就业，自费生自主择业；随着社会主义市场经济体制的建立和劳动人事制度的改革，除对师范学科和某些艰苦行业、边远地区的毕业生，实行在一定范围内定向就业外，大部分毕业生实行在国家方针政策指导下，通过人才劳务市场，采取"自主择业"的就业办法。③ 2000年，教育部决定将以往的毕业生就业"派遣证"改为"报到证"，这标志着"双向选择、自主择业"的高校毕业生就业制度的正式确立。期间，国家还出台了一系列其他关于就业制度改革的重要文件，确保了"双向选择，自主择业"就业制度改革的稳步推进。④

① 《国务院批转国家教委关于改革高等学校毕业生分配制度报告的通知》，http://www.people.com.cn/item/flfgk/gwyfg/1989/112701198942.html(阅读时间：2017年10月15日)。
② 孙霄兵：《常用教育法律法规》，教育科学出版社2010年版，第315页。
③ 《中国教育改革和发展纲要》，http://www.moe.edu.cn/jyb_sjzl/moe_177/tnull_2484.html(阅读时间：2017年9月15日)。
④ 中国高等教育学会：《改革开放30年中国高等教育发展经验专题研究(1978—2008)》，教育科学出版社2008年版，第284页。

期间,国家教委《关于 1995 年深入进行普通高等学校招生和毕业生就业制度改革的意见》对毕业生就业制度的细节问题做了进一步规定,指出原则上要在本系统、本行业范围内自主择业,并在条件成熟后逐步过渡到大多数毕业生自主择业。[①] 1997 年,国家教委《普通高校学校毕业生就业工作暂行规定》提出,供需见面和双向选择活动是落实毕业生就业计划的重要方式,制订就业计划的原则是:依据国民经济和社会发展的需要,优先保证国防、军工、国有大中型企业、重点科研和教学单位的需要;来源于边远省区的本、专科毕业生,只要是边远省区急需的,原则上回来源省区就业;师范类毕业生原则上在教育系统内就业;定向生、委培生按合同就业;实行招生"并轨"改革学校的毕业生在国家就业政策指导下,在一定范围内自主择业;毕业研究生在国家规定的服务范围内就业;其他类型毕业生按国家有关规定就业。[②] 可以看出,这一时期虽然基本确立了自主择业制度,但仍然带有一定的行政调控色彩。

(三) 鼓励毕业生到基层自主创业、灵活就业(2001—2010 年)

如上文所述,20 世纪末,虽然确立了以市场为导向的"双向选择,自主择业"就业制度,但在我国社会主义市场经济体制尚未完善的情况下,尽管政府将其在毕业生就业中的主导地位逐步让位于市场,但束缚毕业生就业过程的体制性和指令性因素依然存在。随着 2000 年前后高等教育大规模扩招所带来的毕业生数量的急剧增加,已有的毕业生就业制度仍面临很多的问题和挑战,就业制度改革亟需进一步强化市场导向,有选择地进行宏观调控,鼓励高校毕业生到基层和边远地区工作,促进高校毕业生自主创业和灵活就业,协调高校毕业生的充分就业和满足用人单位需求。[③]

2002 年,国务院办公厅转发《关于进一步深化普通高等学校毕业生就业制度改革有关问题的意见》,明确提出了市场导向的就业方针,指出引导和拓宽高校毕业生到基层、到中小企业就业,并就非公有制单位聘用高校毕业生和毕业生就业流动政策作出

---

① 《国家教委关于 1995 年深入进行普通高等学校招生和毕业生就业制度改革的意见》,http://www. chinalawedu. com/falvfagui/fg22598/57334. shtml(阅读时间: 2017 年 10 月 15 日)。

② 《普通高校学校毕业生就业工作暂行规定》,http://old. moe. gov. cn/publicfiles/business/htmlfiles/moe/ moe_621/200409/2721. html(阅读时间: 2017 年 10 月 15 日)。

③ 《中办国办印发〈关于进一步引导和鼓励高校毕业生到基层工作的意见〉》,http://www. moe. edu. cn/jyb_ xwfb/s5147/20170/t20170125_295683. html(阅读时间: 2017 年 10 月 15 日)。

了重大调整。这确立了新世纪以来毕业生就业制度改革的基调。[①] 2003 年,国务院办公厅发出《关于做好 2003 年普通高等学校毕业生就业工作的通知》,初步形成了新时期高校毕业生就业工作的政策框架。[②] 同年,《关于实施大学生志愿服务西部计划的通知》出台,对参加大学生志愿服务西部计划的高校毕业生的就业优惠政策和其他政策支持进行了规定。2005 年的《关于引导和鼓励高校毕业生面向基层就业的意见》提出关于做好引导和鼓励高校毕业生面向基层就业工作的具体意见,如鼓励和支持高校毕业生到基层自主创业和灵活就业、建立高校毕业生就业见习制度、选调生制度等。[③] 可见这一时期的就业政策皆侧重于对毕业生就业的引导和支持,已不再是对就业中的供需双方提出的指令性的规定。

(四) 以创新带动创业,以创业带动就业(2010 年至今)

2010 年前的就业制度改革主要关注的是毕业生与雇主之间的双向选择,2010 年后,国家开始着眼于进一步深化落实和适时调整自主择业制度,并在"以创新带动创业,以创业带动就业"、提升高校对毕业生就业的支持水平等方面出台了一系列有针对性的政策。

2008 年世界金融危机之后,我国经济增长速度逐步放缓,毕业生就业压力增大,高校强化了指导与促进就业的工作力度。新时期的就业制度改革已经不局限于就业过程本身,而是扩展到对高校教育教学的整个过程。其中,最显著的变化是将自主创业作为促进和带动就业的有效途径,鼓励毕业生从事个体经营与自主创业。2010 年 5 月,教育部《关于大力推进高等学校创新创业教育和大学生自主创业工作的意见》提出,加强创新创业教育课程体系和师资队伍建设,建立检测跟踪体系,加强理论研究,加大资金投入,加强创业培训、创业信息、创业基地建设。[④] 同年,人力资源和社会保

---

① 《关于进一步深化普通高等学校毕业生就业制度改革有关问题的意见》,http://old. moe. gov. cn//publicfiles/business/htmlfiles/moe/moe_441/200501/5510. html(阅读时间:2017 年 10 月 15 日)。
② 张仲彬:《明天,我们端什么饭碗 新版就业指导》,清华大学出版社 2004 年版,第 268 页。
③ 《关于引导和鼓励高校毕业生面向基层就业的意见》,http://www. moe. gov. cn/s78/A15/xss_left/moe_780/s3265/201001/t20100128_80084. html(阅读时间:2017 年 10 月 15 日)。
④ 《关于大力推进高等学校创新创业教育和大学生自主创业工作的意见》,http://www. moe. gov. cn/srcsite/A08/s5672/201005/t20100513_120174. html(阅读时间:2017 年 10 月 15 日)。

障部发布了《关于实施大学生"创业引领计划"的通知》，强调要引导大学生创业，以及开展大学生创业培训和提供相关服务。同年 10 月财政部、税务总局、人力资源和社会保障部、教育部联合下发了《关于支持和促进就业有关税收政策的通知》，鼓励大学生以创业带动就业。2012 年 8 月，教育部印发《普通本科学校创业教育教学基本要求》，要求各高校创造条件面向全体学生开设"创业基础"必修课程。①

2013 年，党的十八届三中全会明确提出"使市场在资源配置中起决定性作用"，在就业政策方面，则强调要"健全就业创业体制机制"、"促进以高校毕业生为重点的青年就业"等②。为全面贯彻党的十八届三中全会精神，深化教育领域综合改革，实现高校毕业生更加充分和更高质量的就业，同年 11 月教育部发布了《关于做好 2014 年全国普通高等学校毕业生就业工作的通知》，除对以往的就业政策进行了再次强调外，提出了更多的"特设岗位计划项目"，并首次提出了"建立高校毕业生就业质量年度报告制度"。③

总结上述毕业生就业制度的演进历程，可以看出，在计划经济时代，政府在毕业生就业过程中占据主导，毕业生就业的分配以计划为导向。高等学校则根据政府的计划和指令进行招生和培养，学生毕业后根据政府的计划安排进入用人单位就业，无法决定自身的就业去向。相应地，用人单位无法自主选择毕业生，也难以对高校的招生、培养等环节产生影响。在市场导向的条件下，学生和用人单位成为就业过程的主体。高校学生毕业后进入劳动力市场，与用人单位之间双向选择，并自主择业，用人单位拥有选择毕业生的自主权。同时，高校教育需慎重考虑用人单位的需求，以保证毕业生能够满足用人单位的要求。而政府主要负责做好招生、培养、就业等环节的宏观调控和服务。当然，毕业生就业制度的上述转变，其根本原因是国家经济体制从计划主导向

---

① 秦文献：《高校毕业生就业法律问题研究》，郑州大学出版社 2014 年版，第 23—25 页。

② 《中国共产党第十八届中央委员会第三次全体会议公报》，http://www.xinhuanet.com/politics/2013-11/12/c_118113455.htm(阅读时间：2017 年 10 月 15)日。

③ 新的"特设岗位计划项目"是为配合农业、民政等部门启动实施"农业技术推广服务特设岗位计划"、"社会养老服务事业特设岗位计划"等项目的。"建立高校毕业生就业质量年度报告制度"的具体要求是：从2014 年起，各高校要逐步发布本校的毕业生就业质量年度报告，并在校园网、就业网、全国大学生就业公共服务立体化平台或其他媒体上公布。加强就业状况反馈和引导，将就业状况作为有关经费安排、招生计划安排、学科专业调整、教育教学改革等方面的重要参考，健全专业预警、退出和动态调整机制，及时调减就业率持续偏低专业的招生计划。

市场主导的转变,也有赖于劳动力市场的发育和形成。不过,在劳动力市场存在信息不对称和可能出现"市场失灵"的情况下,政府在毕业生就业中的宏观调控同时是不可或缺的。[①] 上述改革历程具有明显的阶段性特征,这种循序推进的改革政策在顺应了经济社会发展的阶段性需求的同时,也提高了改革的可行性。

---

① 中国高等教育学会:《改革开放 30 年中国高等教育发展经验专题研究(1978—2008)》,教育科学出版社 2008 年版,第 284—286 页。

第七章

从封闭统一到多元开放的高等教育国际化

习近平总书记 2014 年底对留学工作作出重要指示："留学工作要适应国家发展大势和党和国家工作大局，统筹谋划出国留学和来华留学，综合运用国际国内两种资源，培养造就更多优秀人才，努力开创留学工作新局面。"①对外开放是一种国家或地区与外部世界联系的状态，从经济角度来讲是国内资源与国外资源的双向流动、配置。高等教育国际化是高等教育对外开放的产物，是国内高等教育融入国际高等教育体系的具体表现。二战后，在世界格局走向多极化方向发展的形势下，随着国家间外交关系的普遍建立、经济贸易往来增多以及信息化技术发展，高等教育领域重新掀起了国际交流与合作的热潮。当前，高等教育国际化已成为衡量一国教育水平的重要标志。高等教育国际化大致包括三种形式：一是出国留学，包括派遣中国学生和学术人员出国进修或研究和吸引外国学生、教师；二是整合国际维度上高等教育经验，包括引进国外教育经验、教材、教法；三是提供跨国项目合作，与外国、海外机构建立合作伙伴关系。②

从封闭半封闭状态到全面改革开放，从被动应对到主动出击，从"引进来"到"引进来"、"走出去"并重，高等教育领域的国际交流合作是国家对外开放的重要组成部分，是我国与国际社会经济、文化交流以及外交上友好往来的重要表现。随着整个社会对外开放领域的不断扩大、程度的不断加深，高等教育领域亦应明确开放的重要价值和意义，深化对外合作与交流，借鉴吸收国外先进教育教学经验的同时实现"本土化"转变，全面提高我国高等教育实力和国际竞争力，实现高等教育由被动开放到主动融入、由人才输出到人才输入、由学术话语输入到学术话语输出等开放模式的转型③，争取

---

① 郝平：《统筹国内国际两个大局　做好教育对外开放工作》，http://theory. people. com. cn/n1/2016/0915/c83845-28717547. html（阅读时间：2017 年 12 月 21 日）。

② Rui Y, "China's Strategy for the Internationalization of Higher Education: An Overview", *Frontiers of Education in China*, 2014,9(2): 151-162.

③ 阎光才、袁希：《对外开放与高等教育强国的关系内涵》，《比较教育研究》2010 年第 10 期，第 22—26 页。

早日建成跻身世界一流的高等教育,以一流的高等教育为经济社会发展贡献一流的人才、一流的科技、一流的服务,以一流的高等教育支撑我国在激烈的全球竞争中占据优势、立于不败之地。

一、从"一边倒"到"教育要面向现代化、面向世界、面向未来"(1949—1985 年)

改革开放之前,高等教育的对外交流与合作带有很明显的政治色彩,主要表现在开放规模和范围小,交流对象以社会主义阵营国家为主。从 1949 到 1984 年的 30 多年时间里,我国的对外关系经历了一段由"要开放——被迫'一边倒'的半开放——自我封闭——寻求突破"的曲折发展历程。[①] 中华人民共和国成立之初,在美苏争霸对峙的情境下,由于中国采取"一边倒"的外交政策,在高等教育领域主要保持了与"东方阵营"国家的往来。1960 年以后随着中苏关系恶化,加之受国内"文革"的影响,高等教育的国际交流合作一度中断,直到 1970 年代初中美、中日邦交正常化后,高等教育的国际化进程才重新起步。"一边倒"的外交关系致使新中国建立之初高等教育国际化往来以社会主义阵营国家为主,且交流停留在输入国外经验和向国外学习阶段,中国高等教育对国外的影响甚小。

(一)从"一边倒"到寻求全方位高等教育国际交流(1949—1978 年)

中华人民共和国成立之初的留学活动主要在"东方阵营"开展。1950 年 9 月 6 日,中国派出第一批留学生赴波兰、捷克斯洛伐克、罗马尼亚、保加利亚、匈牙利等五国学习。至"文革"前夕,中华人民共和国成立后 16 年里中国共派出留学生 10 670 余名,其中向苏联共派出留学生 8 424 人,向东欧其他社会主义国家派出 1 109 人,有 7 324 人在苏联完成学业,776 人在东欧完成学业。[②] "文革"时期一度中断留学生派出工作,1972 年 9 月,我国恢复了向外派遣留学生工作,主要是面向西方国家进行派遣。为加

---

① 曹普:《论对外开放与中国发展》,中共中央党校 1998 年,第 34—37 页。
② 李敏:《教育国际交流:挑战与应答》,山西出版集团,书海出版社 2009 年版,第 133 页。

强制度建设规范留学生教育,国家先后颁布了《关于1953年选拔留苏预备生的指示》、《留苏预备生选拔办法》《关于今后一个时期留学生工作的意见》《选拔留学生工作的通知》《派赴苏联及各人民民主国家留学暂行管理办法》《关于管理派赴各国留学生的规定》等文件。

在来华留学方面,同样反映了中国"一边倒"的外交策略。中华人民共和国成立初期接受的来华留学生主要来自社会主义国家。1950年初,波兰、捷克斯洛伐克等东欧国家正式向我国提出交换留学生的意向。同年底,我国接受了中华人民共和国成立后第一批33名外国留学生,分别来自东欧的捷克斯洛伐克、波兰、罗马尼亚、匈牙利和保加利亚等五个社会主义国家。[①] 此后,来华留学国家及人数逐渐增多,至"文革"前夕,我国共接受了来自70个国家与地区的7 259名来华留学生,其中绝大部分来自社会主义阵营国家,共有6 591名,占来华留学生总数的90.8%,前五名分别是来自社会主义阵营国家的越南(5 252名)、朝鲜(546名)、苏联(208名)、阿尔巴尼亚(194名)和蒙古(131名)。[②] 在此期间,仅越南来华留学生就占到来华留学生总数的72.4%,主要原因在于1965年越南爆发战争,越南国内高校无法正常上课,经两国政府协商,我国当年共接受了3 092名越南留学生并为其承担了所有费用。[③] "文革"的爆发中断了来华留学教育,从1966年到1972年期间,我国没有招收一个来华留学生。1973年5月,国务院批准了由外交部和国务院科教组联合申请的《关于1973年接受来华留学生计划和留学生工作若干问题的请示报告》,自1966年即中断的来华留学教育工作开始恢复。1973—1977年期间,我国共接受来自69个国家的2 066名来华留学生,来华留学生仍以周边国家为主,但社会主义阵营国家留学生数量不再占绝对优势,来自社会主义国家的来华留学生为570名,比例仅占总数的27.6%;日本、欧美和大洋洲的19个发达国家派遣留学生623名,占同期来华留学生总数的30.2%;来自撒哈拉以南的24个非洲国家向我国派遣了486名留学生,占总数的23.5%。[④] 到1977年为止,我国先后与114个国家建立了外交关系,随着我国外交工作的不断推进,来华留学生教育规模逐

---

① 董泽宇:《来华留学教育研究》,国家行政学院出版社2012年版,第42页。
② 董泽宇:《来华留学教育研究》,国家行政学院出版社2012年版,第42页。
③ 董泽宇:《来华留学教育研究》,国家行政学院出版社2012年版,第43页。
④ 董泽宇:《来华留学教育研究》,国家行政学院出版社2012年版,第42—47页。

渐扩大,从 1950 年的 33 名扩大到 1977 年在国家教委计划内接收了 408 名来华留学生,当年在华留学生总数达到 1 217 人。[①]

(二)"三个面向"的提出与高等教育国际交流的初步发展(1978—1985 年)

1978 年十一届三中全会的召开,将党和国家的重点工作从阶级斗争转移到了社会主义现代化建设上来。此时,周边稳定的环境和外交关系上的突破,为高等教育交流合作工作开展营造了良好的国际环境。国内"解放思想、实事求是"指导方针的确立,也极大地推动了高等教育的国际交流与合作。在以邓小平为核心的党中央领导下,完成了教育领域的拨乱反正,使得教育事业重新步入正常发展轨道。随着 1983 年 10 月邓小平同志提出的"教育要面向现代化,面向世界,面向未来"即"三个面向"方针的确立,我国高等教育国际化工作开始进入新的阶段。

1. 公派留学:"要成千成万地派,不是只派十个八个"

派遣留学生出国是学习国外先进教育经验、提升教育现代化水平的有效途径。1977 年 5 月,邓小平在关于尊重知识、尊重人才的演讲中,提到中外教育客观存在的差距,"现在看来,同发达国家相比,我们的科学技术和教育整整落后了二十年"[②]。正是在邓小平同志的主导下,国家将派遣留学生出国提上了国家战略的高度,由此开启了新时期我国派出留学教育的新纪元。

1978 年 6 月 23 日,改革开放前夕,邓小平同志在听取教育部关于清华大学工作汇报时,做出关于扩大留学生派遣规模的重要指示。他指出:"我赞成留学生的数量增大,主要搞自然科学","要成千成万地派,不是只派十个八个","要千方百计加快步伐,路子要越走越宽","教育部要有一个专管留学生的班子"。[③] 为落实这一指示,教育部于 1979 年在全国 11 家高校建立出国留学人员培训部,负责国家公派出国留学人员的出行前外语培训和思想教育工作。教育部本着"突出重点、统筹兼顾、保证质量、力争

---

① 董泽宇:《来华留学教育研究》,国家行政学院出版社 2012 年版,第 42—47 页。

② 《新中国档案:邓小平作出扩大派遣留学生的战略决策》,http://www.gov.cn/test/2009-09/30/content_1430681.htm(阅读时间:2017 年 11 月 2 日)。

③ 归永嘉、李韶华、雷杰佳:《剑桥学子航空人:中国工程院院士张彦仲》,航空工业出版社 2015 年版,第 112 页。

多派"的国家公派出国留学生选派原则,于当年 7 月 11 日向中央提交了《关于加大选派留学生的数量的报告》,做出了当年至少派遣 3 000 人的计划。[①] 同时,教育部、外交部、科技干部局联合提交的《关于改进出国留学人员工作的请示报告》经国务院批准正式施行,其中有关留学选派的规定如下:一、调整计划,留学人员的选拔应贯彻不拘一格、确保质量的原则。二、今后几年选派留学人员应以培养高等学校师资为主,派出专业以自然科学为主,自然科学专业中又应以技术科学为主。三、学习方式以进修人员和研究生为主。本科生也要派一些,主要学习我国的空白、薄弱学科和外语。四、进一步研究和解决自费留学中存在的问题,充分利用对方提供的经费和方便条件。[②]

可见,邓小平在强调扩大数量的同时,重视派出人员的质量,派出学生以自然科学为主,考虑到成本和效率问题,派出人员以进修人员和研究生居多。这就为改革开放初期留学选派"确保质量,力争多派"的总方针的确立奠定了基调。[③] 此后,派遣留学计划很快进入实施阶段。1978 年 12 月在中美两国尚未正式建交之际,中国向美国派出访问学者 52 名。作为中华人民共和国成立后首批留美学生,这批留美人员是从 1 万余名候选者中精心挑选出来的,具有"年龄较大"、"整体素质高,业务能力强"、"学科集中,全部为理工农医类"等共同特点。[④] 留美学生的派遣,刺激了其他国家与中国开启高等教育留学往来的热情,教育部(国家教委)陆续与英国(1979 年)、埃及(1979 年)、加拿大(1979 年)、荷兰(1979 年)、意大利(1980 年)、日本(1981 年)、法国(1981 年)、比利时(1981 年)、澳大利亚(1986 年)等国政府达成交换留学生协议。[⑤] 1979 年,中国向 32 个国家派出 1 750 名留学人员,虽未达到预期目标,但也是 1978 年的三倍有余。其中,进修人员和访问学者 1 298 人,占 74.2%;研究生 117 人,占 6.7%;本科生 335 人,占 19.1%。其中自然科学类 1 445 人,占 82.6%;语言

① 苗丹国:《出国留学六十年——当代中国的出国留学政策与引导在外留学人员回国政策的形成、变革与发展》,中央文献出版社 2010 年版,第 187 页。
② 苗丹国:《出国留学六十年——当代中国的出国留学政策与引导在外留学人员回国政策的形成、变革与发展》,中央文献出版社 2010 年版,第 187—188 页。
③ 冉春:《留学教育管理的嬗变》,山东教育出版社 2010 年版,第 181 页。
④ 陈学飞:《改革开放以来大陆公派留学教育政策的演变及成效》,《复旦教育论坛》2004 年第 3 期,第 12—16 页。
⑤ 张继玺:《共和国教育 60 年:柳暗花明(1976—1992)》,广东教育出版社 2009 年版,第 140 页。

类 282 人,占 16.1%;社科类 23 人,占 1.3%。1983 年公派留学生人数再次出现增长趋势,达到 2 633 人。①

1983 年邓小平为景山学校题词"教育要面向现代化、面向世界、面向未来"。"面向世界"表达了邓小平对中国教育融于世界的殷切希望:一方面要了解和学习世界各国的先进科学技术和教育经验;另一方面培养学生具备面向世界所需的素质;此外还要使我国的教育达到世界先进水平,立足于世界教育之林。1986 年 5 月,中共中央、国务院发布了《关于改进和加强出国留学人员工作若干问题的通知》,肯定了改革开放以来出国留学教育取得的成效,针对留学派遣计划与国家建设结合不紧密、学用脱节,留学人员思想政治工作薄弱、留学人员回国后未能充分发挥作用等问题,提出了派遣出国留学人员要从我国"四化"建设的实际出发,密切结合我国生产建设、科学研究和人才培养的需要,以解决科研、生产中的问题和增强培养高级人才的能力。出国留学人员工作要做到"按需派遣,保证质量,学用一致;加强对出国留学人员的管理和教育;努力创造条件,使留学人员回国后学以致用,心情舒畅地发挥作用,为祖国建设做出贡献。"同时,《通知》还提出,"鉴于国内高等教育事业已有较大的发展,教学与科研水平都有较大的提高,今后培养研究生应立足于国内,以国内培养为主。因此,公派出国留学人员应在保证质量的前提下,着重派出进修人员、访问学者;除学习语言和个别特殊学科外,一般不派大学本科生;要适当减少攻读硕士学位的研究生,增加攻读博士学位的研究生,并积极开辟中外合作进行科学研究和培养博士的途径"②。

2. 从统一公派到单位自行派遣和个人自费留学渠道的形成

1981 年 1 月,国务院批转教育部、外交部等七个部门联合印发的《关于自费出国留学的请示》,指出"自费出国留学是培养人才的一条渠道。自费留学人员,是我国留学人员的组成部分。从长远考虑,我们的政策和工作应放在争取更多的人学成后回国,为社会主义祖国服务这一基点上。对自费留学人员和公费留学人员在政治上应一视同仁"③。

---

① 苗丹国:《出国留学六十年——当代中国的出国留学政策与引导在外留学人员回国政策的形成、变革与发展》,中央文献出版社 2010 年版,第 187—188 页。

② 张晋藩、海戚、初尊贤:《中华人民共和国国史大辞典》,黑龙江人民出版社 1992 年版,第 1064 页。

③ 廖赤阳:《大潮涌动:改革开放与留学日本》,社会科学文献出版社 2010 年版,第 12 页。

1982 年底,国务院批准了《关于 1982 年选拔出国留学人员计划的请示报告》,提出"要发挥各有关部门和省、市、自治区的积极性,在教育部的统一组织下,有条件的单位可自行向外联系,广开渠道,加快派出速度"。由此,"单位公派留学"成为出国留学的第三条通道。自此,留学派遣在事实上分为国家统一选派、单位自行派遣和个人自费留学三种主要方式,发展轨迹和管理策略也表现出各自不同的特点。①

在认可自费留学的同时,国家对自费留学采取了比较慎重的态度,对其进行了严格的规定和限制。1981 年 9 月,教育部发布的《关于在校研究生自费出国留学问题的通知》规定:"学期间的研究生(包括应届毕业研究生),不得中途停止学习,申请自费出国留学。"②1982 年 3 月和 7 月分别出台了《关于自费出国留学若干问题的决定》和《自费出国留学的规定》,在年龄上对出国留学人员进行限制,规定"出国上大学或读研究生不得超过 35 岁,到国外进修不得超过 45 岁"。③ 1984 年之后,国家逐渐放宽了自费出国留学的年龄限制。1984 年,在检查近几年自费出国留学政策和工作的基础上提出"对自费出国留学,要坚决大胆放开"的要求。同年 12 月由国务院颁布了新的《关于自费出国留学的暂行规定》,第一条便指明:"凡我国公民个人通过正当和合法手续取得外汇资助或国外奖学金,办好入学许可证件的,不受学历、年龄和工作年限的限制,均可申请自费到国外上大学(专科、本科)、作研究生或进修。"④

3. 来华留学:开设短期汉语班、接受自费留学生

1978 年之前,来华留学生规模小、类型单一、生源差、留学层次低;改革开放后,伴随着来华留学政策的调整,开始通过开设短期汉语班和接受自费留学生等方式,逐步壮大了来华留学队伍。⑤ 1978 年暑假,来自法国的 28 名学生自费在北京语言学院参加短期汉语班。由此,中国也开启了来华留学的收费制度。1979 年,中央政府批准的《关于接受自费外国留学生收费标准问题的请示》,第一次规定了自费留学生可以收取

---

① 冉春:《留学教育管理的嬗变》,山东教育出版社 2010 年版,第 182 页。
② 中华人民共和国卫生部科学教育司:《医学教育资料选编(4)1981—1982》,中华人民共和国卫生部科学教育司 1982 年版,第 95 页。
③ 冉春:《留学教育管理的嬗变》,山东教育出版社 2010 年版,第 184 页。
④ 中国法制出版社:《教育法配套规定》,中国法制出版社 2004 年版,第 137 页。
⑤ 张继玺:《共和国教育 60 年:柳暗花明(1976—1992)》,广东教育出版社 2009 年版,第 146—151 页。

费用,并规定了数额标准,包括学费、教材费、住宿费等。① 鉴于所收学费偏低,不足以支付留学生开支,1980、1985 年又两次调整了收费。1981 年自费生为 1 809 人,首次超过了获得奖学金人数 1 631 人。② 当然,这一时期的自费生主要是指短期来华国际学生。

1983 年教育部颁布《为外国人举办短期学习班的有关规定》,指出把高校举办外国人短训班的审批权下放到省、直辖市、自治区政府主管部门,并进一步规定高等学校有直接从国外招收外国学生参加短期班的权利,提出"为确保短训班的学员的来源,学校可直接与外国有关单位签订协议"。③ 1985 年发布的《关于进一步办好为外国人举办短期培训班的几点意见》,则使国内具有条件的高等学校都有了为外国人举办短期培训班的权利:"除综合大学、师范学院和外语学院外,具备师资条件的其他高校也可以举办汉语培训班";同时还扩大了短期培训班的教学内容,除汉语外"可以根据学校的特点,举办中国历史、文学、书法、古建筑、法律、中医(针灸)、音乐、舞蹈、戏剧、绘画、武术等多种形式的短训班"。④

4. 对外合作办学

改革开放后,中国开始探索各种形式的对外合作办学活动。最初的合作主要是在我国政府和高校与联合国的有关组织及美国、英国、德国、法国、加拿大、澳大利亚等发达国家的教育机构之间开展。⑤ 如 1979—1980 年,我国与联合国开发计划署签署了"加强北京外国语学院"、"加强部分重点大学的人才培养和研究"等四个合作项目,随后双方又分别于 1987 年和 1990 年签署了有关高等教育合作协议;1983 年,教育部、司法部及北京大学、中国人民大学、武汉大学、吉林大学、北京政法学院、华东政法学院的代表和美国美中法学教育交流委员会、福特基金会的代表签订了"中美法学教育合作项目";1984 年,中国与美国福特基金会组织签订了"中美经济学教育项目",旨在通过中美双方少数大学之间进行合作的方式,加强中国高等学校经济管理专业,以提高中

① 中华人民共和国财政部办公室:《一九七九年财政规章制度选编(下册)》,中国财政经济出版社 1981 年版,第 186 页。
② 刘扬、王怡伟:《我国的来华留学教育政策与实践》,《高教发展与评估》2011 年第 6 期,第 73—80 页。
③ 国家教委办公厅:《普通高等教育法规文件选编》,北京师范大学出版社 1988 年版,第 444 页。
④ 于富增、江波、朱小玉:《教育国际交流与合作史》,海南出版社 2001 年版,第 243 页。
⑤ 林金辉、刘志平:《高等教育中外合作办学研究》,广东高等教育出版社 2010 年版,第 24—27 页。

方学校的教师水平和中方学校自己培养人才的能力，项目的主要内容之一就是双方合作举办经济学培训班；1980 年代中期，中国人民大学和复旦大学分别与美国教育机构合作开设了经济与法律方面的培训课程；由中美双方政府和学校共同投资兴建的南京大学—约翰·霍普金斯大学中美文化中心也于 1986 年 9 月正式成立等。[①]

此外，该时期我国还针对第三世界国家展开援助性合作办学。以上海市为例，在 1978 年到 1984 年间，上海市承担了对塞舌尔共和国的安塞罗亚莱高级中学援建、为也门共和国萨那中等专业技术学校提供大学教师和技工、援助加蓬教育部等工作。[②]援建工作受到了被援建国政府和人民的好评，扩大了我国高等教育影响力，同时对我国与发展中国家外交关系的巩固与发展作出了积极贡献。[③]

二、 放权与规范，全面推进高等教育对外开放（1985—2000 年）

1985 年至 2000 年间，世界格局总体稳定，1991 年苏联解体后，世界进入"一超多强"的多元发展格局，中国国际关系也进入了新的历史时期，不仅与印度、俄罗斯等周边国家建立或恢复了外交关系，而且西方国家也相继取消了对我国的制裁，与我国的政治、经济、文化教育交往重新步入正常发展轨道。国内外环境以及外交、经济、政治等领域的发展都为我国高等教育对外交流与合作工作的开展奠定了基础和基调。

1985—2000 年间的高等教育国际化改革围绕放权与规范展开。1985 年《关于教育体制改革的决定》规定我国高等院校："有权利用自筹资金，开展国际的教育和学术交流。"[④]由此，高校逐渐获得了国际化方面的自主权利。此外，随着中央和地方高校隶属关系的调整与变化，权力也向地方政府下放。高等教育国际合作与交流管理权力的下放调动了地方和高校的积极性，直接促进了高等教育国际合作与交流的繁荣。在权力下放的同时，国家也对高等教育国际合作与交流工作加强了制度和规范建设。

---

① 卫道治：《中外教育交流史》，湖南教育出版社 1998 年版，第 369—379 页；田正平：《中外教育交流史》，广东教育出版社 2004 年版，第 1055—1058 页。

② 上海高等教育志编纂委员会：《上海市高等教育志》，上海市社会科学院出版社第 2010 版，第 530 页。

③ 薛卫洋：《中国高等教育国际化研究(1978—2012)》，华东师范大学 2013 年，第 29—30 页。

④ 《中共中央关于教育体制改革的决定》，http://old. moe. gov. cn/publicfiles/business/htmlfiles/moe/moe_177/200407/2482. html(阅读时间：2017 年 10 月 15 日)。

（一）出国留学步入法制化、规范化阶段

1986 年 12 月,国务院批转原国家教委《关于出国留学人员工作的若干暂行规定》的通知,即著名的"107 号文件"。它是我国第一份公开发表的、全面阐述出国留学教育政策的法规性文件。文件提出:我国公民出国留学是我国对外开放政策的组成部分,必须长期坚持有计划地发展各种形式的出国留学;出国留学工作应密切结合国内生产建设、科学研究和人才培养的需要;应坚持博采各国之长的原则,兼顾基础学科和应用学科,以应用学科为重点;应坚持"按需派遣,保证质量,学用一致"的方针。①

1992 年以后随着对外开放的深入开展,我国出国留学也步入法制化、科学化和规范化阶段。针对 1989 年以后出现的留学生学成后滞留不归的现象,1992 年 8 月,国务院办公厅发出了《关于在外留学人员有关问题的通知》,明确把"支持留学,鼓励回国,来去自由"作为我国出国留学工作的总方针。② 1993 年 2 月制定的《中国教育改革和发展纲要》专门指出要"进一步扩大教育对外开放,加强国际教育交流与合作",而且要"根据'支持留学,鼓励回国,来去自由'方针,继续扩大派遣留学生"。③ 1994 年 7 月,国务院发布《关于〈中国教育改革和发展纲要〉的实施意见》,提出对留学教育体制进行深入调整,包括改革来华和出国留学生的招生管理办法,建立国家留学基金委员会,使来华和出国留学生的招生、选派和管理走上法制化的轨道等。④ 1995 年,出国留学工作被写入《中华人民共和国教育法》,"中国公民出国留学、研究、进行学术交流或者任教,依照国家有关规定办理"⑤。1999 年 1 月,教育部颁布实施了《中华人民共和国高等教育法》,在赋予高校独立法人地位外,还将自主开展对外交流与合作的权力下放给了高校,指出:"高等学校按照国家有关规定,自主开展与境外高等学校之间的科学技

---

① 辽宁省教育厅:《现行教育法律法规规章汇编(上)》,吉林人民出版社 2013 年版,第 461 页。

② 中央纪委办公厅:《廉洁从政行为规范》,中国方正出版社 2012 年版,第 1072 页。

③ 《中国教育改革和发展纲要》,http://www. moe. edu. cn/jyb_sjzl/moe_177/tnull_2484. html(阅读时间:2017 年 9 月 15 日)。

④ 《关于〈中国教育改革和发展纲要〉的实施意见》,http://old. moe. gov. cn/publicfiles/business/htmlfiles/moe/moe_177/200407/2483. html(阅读时间:2017 年 11 月 4 日)。

⑤ 《中华人民共和国教育法》,http://www. moe. edu. cn/s78/A02/zfs__left/s5911/moe_619/201512/t20151228_226193. html(阅读时间:2017 年 11 月 4 日)。

术文化交流与合作"。① 总之，相关法律、法规的出台，为高等教育国际化的推进提供了规范和保障。

（二）市场发育，自费留学条件逐步放宽

随着市场经济的发展和完善，自费留学成为出国留学的主要形式。为鼓励自费出国留学，国家教委于 1993 年颁布《关于自费出国留学有关问题的通知》，规定中等学校毕业生、在校自费大学生出国留学不收取高等教育培养费，并规定博士毕业研究生自费出国做博士后研究不收取高等教育培养费。② 由此，从 1990 年开始针对大专以上学历的自费出国留学人员收取高等教育培养费的历史结束。随着自费留学人数增多，申请和办理过程中"信息的不确定、手续繁杂、经验的不足"等成为多数申请人都要面对的棘手问题，为自费留学申请者提供全面或称综合性服务的市场需求逐渐扩大。由于法律约束欠规范，加之行业的自律性不强，出现了一批非法中介机构，欺诈行为屡见不鲜。从 20 世纪 90 年代，国家就开始对出国留学中介机构进行管理，采取了严格禁止的方式。公安部于 1993 年 2 月 25 日印发了《关于不得为私自组织招收的自费留学人员签发护照的通知》，要求各地公安机关要坚决执行 1987 年 8 月 21 日由国家教委和公安部联合印发的《关于国内外组织和个人不得擅自在我国招收自费留学人员的通知》的规定，严格审批制度，对未经批准私自招收自费留学生的行为应予取缔，不得颁发护照。③ 1993 年 4 月 16 日，国家教委、公安部和外交部即联合印发《关于制止盲目组织自费生赴独联体国家学习问题的通知》，认定组织自费生赴独联体国家学习是培养人才和扩大就学的一个渠道；要求对在资格和程序方面不符合规定的"赴独联体国家招生机构"进行检查或取缔；强调获准赴独联体国家的招生机构要严格按照有关规定的设置的条件（即有场所、不营利、不跨省、签协议等）开展咨询和招生事务。④ 1999

① 《中华人民共和国高等教育法》，http://www. moe. gov. cn/s78/A02/zfs_left/s5911/moe_619/201512/t20151228_226196. html（阅读时间：2017 年 11 月 22 日）。
② 何东昌：《中华人民共和国重要教育文献(1976—1990)》，海南出版社 1998 年版，第 3530 页。
③ 苗丹国：《出国留学六十年——当代中国的出国留学政策与引导在外留学人员回国政策的形成、变革与发展》，中央文献出版社 2010 年版，第 404 页。
④ 苗丹国：《出国留学六十年——当代中国的出国留学政策与引导在外留学人员回国政策的形成、变革与发展》，中央文献出版社 2010 年版，第 404 页。

年 6 月 17 日教育部、公安部和国家工商管理总局联合印发了关于发布《自费出国留学中介服务管理规定》的通知,随后于 1999 年 8 月 24 日,以《教育部第 5 号令》的形式对外公布了《自费出国留学中介服务管理规定》[1],以《教育部第 6 号令》的形式对外公布了《自费出国留学中介服务管理规定实施细则(试行)》。[2] 前者共 16 条,涉及留学中介机构的基本定性、申办条件、审批程序与服务范围等政策原则;后者设有总则、申办、运营、备用金使用、监督管理与附则共 6 章 32 条。上述规定和实施细则为自费出国留学中介市场的有序开辟和规范管理奠定了一定的政策基础,并初步确立了相应的管理体系。[3]

(三) 来华留学生教育工作逐步走向成熟

供需两个方面共同构成推动跨国学生流动的因素:需求方指学生及家长,供给方则为在全球范围内吸引有天分的年轻学子的高等教育机构。[4] 随着中国经济发展、对外交往范围的扩大以及高等教育竞争力的提升、来华留学制度的健全,尤其是高校在来华留学生招录和培养方面自主权的获得,我国来华留学生教育工作逐步走向成熟。

1985 年 10 月,在国务院批转国家教委等部门制定的《外国留学生管理办法》中明确指出:各个院校在完成国家任务的前提下,可以通过校际联系或其他途径接受外国留学生。此外,《外国留学生管理办法》还赋予高校表彰留学生的权力以及部分处分犯错误留学生的权力:给留学生勒令退学和开除学籍处分的,经学校的上级主管部门审核,报国家教育委员会批准,其他处分由学校决定。[5] 1987 年以后把勒令退学或开除学籍处分的权力归还给学校,不需要再报国家教委审批,而由学校自己决定。1989年,教育部正式出台《关于招收自费外国留学生的有关规定》,高校可以接收自费来华

---

① 国务院法制办公室:《中华人民共和国教育法典》,中国法制出版社 2014 年版,第 471 页。
② 国务院法制办公室:《中华人民共和国教育法典》,中国法制出版社 2014 年版,第 471—472 页。
③ 苗丹国:《出国留学六十年——当代中国的出国留学政策与引导在外留学人员回国政策的形成、变革与发展》,中央文献出版社 2010 版,第 378—420 页。
④ Findlay A M, "An Assessment of Supply and Demand-side Theorizations of International Student Mobility", *International Migration*, 2011, 49(2): 162 - 190.
⑤ 国家体委科教司:《现行高等体育教育文件选编》,北京体育学院出版社 1993 年版,第 596—606 页。

留学生,并由学校自主决定招收来华国际学生的数量,不占用国家下达的计划招生指标。由此,高等院校招收自费来华国际学生有了政策法规上的依据,从而也大大提高了高校招收留学生的积极性。同年,原国家教委还把接受国际学生院校的审批权下放给省、市、自治区教育主管部门。①

2000 年,教育部印发了《高等学校接受外国留学生管理规定》,指出:"高等学校依照国家有关法律、法规和规章制度对外国留学生进行教育和管理"、"高等学校具体负责外国留学生的招生、教育教学及日常管理工作","外国留学生的录取由高等学校决定"、"高等学校招收外国留学生名额不受国家招生计划指标限制"等。②《规定》的颁布,将来华留学生教育中招生、教育、教学、管理等方面的权限从政府转移到了高校手中,调动了高校发展来回留学工作的积极性。③ 至此,我国高校已完全具备对外国留学生的管理权。与此同时,高校也开始进入了国际留学生市场,要面对世界留学生市场的竞争。随着我国高校自身的不断发展,其在国际高等教育市场中的竞争力和影响力越发凸显。1978 年,中国接受外国留学生的高校仅有 35 所,1990 年增加到 110 所,1999 年增加到 350 多所。④

(四) 中外合作办学的调整和规范时期

这一时期对中外合作办学的调整和规范主要体现在《关于境外机构和个人来华合作办学问题的通知》、《中外合作办学暂行规定》等文件上。经过规范,到 21 世纪初,我国高等教育领域的中外合作办学基本形成非学历教育与学历教育同步发展的格局。非学历教育方面,中外合作办学的项目数量剧增,办学领域扩大;学历教育方面,形成涵盖本科、研究生(硕士、博士)整个高等教育学历层次。

1988 年,天津财经学院与美国俄克拉荷马州城市大学(Oklahoma City University)合作举办的 MBA(工商行政管理硕士)项目,成为我国第一个被批准授予国外学位的

---

① 吉艳艳:《近四十年间来华国际学生教育研究(1973—2013)》,华中师范大学 2016 年,第 73—94 页。
② 国务院法制办公室:《中华人民共和国教育法典(第 3 版)》,中国法制出版社 2016 年版,第 485 页。
③ 薛卫洋:《中国高等教育国际化研究(1978—2012)》,华东师范大学 2013 年,第 65—68 页。
④ 崔庆玲:《国际留学市场中来华留学教育发展研究》,黑龙江教育出版社 2012 年版,第 207 页。

中外合作办学项目。[①] 进入 20 世纪 90 年代,国外高等教育机构与我国高校之间直接开展的合作办学项目显著增加,金融、财会、国家税法等市场经济需要的专业成为合作办学的首选和热点。其他的合作办学热点专业还有现代设计、艺术装潢、科技英语、计算机、服装设计、护理、MBA 等,合作办学机构大多集中在北京、上海、广州、深圳、海南等经济较发达省市。截至 1994 年末,据 20 个省、自治区、直辖市的不完全统计,经批准设立的中外合作办学机构已达 70 个。其中,实施高等学历教育机构 20 个,高等非学历教育机构 20 多个,中等专业技术学院及职业培训机构 10 多个,还有一部分是合作举办的中、小学和幼儿园。[②]

　　1993 年原国家教委颁布了《关于境外机构的个人来华合作办学问题的通知》,提出"积极慎重、以我为主、加强管理、依法办学"的原则。[③] 1995 年 1 月 26 日由原国家教委颁布了《中外合作办学暂行规定》,就中外合作办学的意义和必要性、原则、范围、主体、审批权限和审批程序、办学机构的领导体制、学位文凭证书的管理等问题做出了明确规定。[④] 中外合作办学活动从此被纳入了正式部门规章的管理体系中。1996 年 1 月 22 日,国务院学位委员会颁发了《关于加强中外合作办学活动中学位授予管理的通知》,对在我国设立的中外合作办学机构授予中国学位和境外学位,以及我国在境外设置的中外合作办学机构授予中国学位进行了详细的规定[⑤],意在规范中外合作办学中的学位授予工作,同时对我国高等教育领域中外合作学历教育的发展起到了积极的推动作用。[⑥] 这一文件的实施也标志着我国政府对中外合作办学机构和项目的学位管理初步制度化、法制化。[⑦] 1998 年制定的《高等教育法》将开展对外交流的自主权下放到高校,明确"高等学校按照国家有关规定,自主开展与境外高等学校之间的科学技术文化交流与合作"[⑧]。

---

① 林金辉、刘志平:《中外合作办学中优质高等教育资源的合理引进与有效利用》,《教育研究》2007 第 5 期,第 36—39 页。
② 季明明:《中国教育行政全书》,经济日报出版社 1997 年版,第 1633 页。
③ 程良龙:《中外合作办学历史·政策·现状》,北京交通大学出版社 2014 年版,第 80 页。
④ 黄雨三:《成功学校办公室管理规章制度全书(下卷)》,宁夏大地音像出版社 2003 年版,第 1439 页。
⑤ 王剑波:《跨国高等教育与中外合作办学》,山东教育出版社 2012 年版,第 300 页。
⑥ 薛卫洋:《中国高等教育国际化研究(1978—2012)》,华东师范大学 2013 年,第 29—30 页。
⑦ 王剑波:《跨国高等教育与中外合作办学》,山东教育出版社 2012 年版,第 189 页。
⑧ 熊丙奇:《南科大能否走通"自授学位"之路》,《同舟共进》2011 年第 4 期,第 19—21 页。

三、 开放与深化，加快推进高等教育国际化进程（2000 年至今）

在经济全球化不断深入发展的背景下，中国政府于 1986 年正式向关贸总协定提出"复关"的申请，但未能成功。1995 年，中国由"复关"谈判转为申请"入世"谈判。2001 年 11 月 10 日下午，在世贸组织（World Trade Organization，WTO）多哈会议上中国被批准加入该组织。世贸组织的加入给中国经济社会发展带来了全方位的变革，也推进了高等教育发展，尤其是高等教育国际化的进程。

"服务贸易总协定"（The General Agreement on Trade in Services，GATS）是世贸组织最重要的法律框架，也是世贸组织成员所必须遵守的国际规则。教育服务部门是"服务贸易总协定"所规定的成员国市场准入的 12 个基本服务部门之一。世贸组织统计和信息系统局（SISD）将教育服务分为初等教育服务、中等教育服务、高等教育服务、成人教育服务和其他教育服务五类。[1] 具体在高等教育领域的表现形式分别是：远程教育、留学生教育、中外合作办学和境外办学、教师和专家的国际流动。[2] 加入世贸组织为我国高等教育参与全球竞争与合作提供了广阔的平台和良好的发展环境。

2010 年 6 月 21 日，中共中央政治局审议通过《国家中长期教育改革与发展规划纲要（2010—2020）》，把提高质量作为教育改革发展的核心任务，提出全面提高高等教育质量，加大教育开放力度，加强国际交流与合作，加快创建世界一流大学和高水平大学的步伐，鼓励学校优势学科面向世界，支持参与和设立国际学术合作组织、国际科学计划，支持与境外高水平教育、科研机构建立联合研发基地，引进国外优质教育资源，在国际交流与合作中需要提高交流与合作水平。[3] 党的十八大以来，国家提出了一系列关于中华民族复兴的计划和构筑"中国梦"的蓝图，高等教育国际化更是成为国家构筑"中国梦"的重要依托。通过国际化，不断促使高校提升自身教育水平、科研水平、社会

---

[1] 赵素平：《GATS 框架下我国教育服务贸易发展战略——结合上海市为例的研究》，浙江工商大学 2008 年，第 14—19 页。

[2] 李航敏：《中国高等教育服务贸易发展研究》，《国际经济合作》2014 第 4 期，第 83—86 页。

[3] 《国家中长期教育改革和发展规划纲要（2010—2020 年）》，http://old. moe. gov. cn/publicfiles/business/htmlfiles/moe/moe_838/201008/93704. html（阅读时间：2017 年 10 月 15 日）。

服务水平,培养更多通晓中外文化、认同中国社会主义价值观的国际化精英人才,对于我国传统文化、核心价值观的推广,以及国际地位的提升发挥着重要作用。进入 21 世纪以来,把握机遇,应对挑战,以社会发展、国家富强为基石和动力,充分发挥高校作为办学主体的积极性,调动市场资源,加强国家监管和调控,高等教育国际化实现了从"引进来"到主动"走出去"的转变,出国留学、来华就学、中外合作办学等各方面迅速发展。

(一) 公派留学:规模与质量并重

进入新世纪,公派出国留学的发展具体表现为质量的提高,规模的扩充,结构的更加合理,项目的更加多样化。2002 年颁发的《国家公派留学人员奖学金资助标准》提高了留学人员奖学金标准,平均增幅为 40%;新标准已接近甚至超过当时国外部分发达国家的奖学金水平,实现了历史性的突破,彻底改变了过去"轮流调整、苦乐不均、幅度偏小、周期较长"的落后政策,是改革开放以来我国公派留学奖学金资助额度提高幅度最大、惠及留学国别最多的一次。[①] 2010 年 9 月,教育部、财政部联合印发《关于调整国家公派留学人员奖学金资助标准的通知》,提出综合考虑物价上涨、公派留学人员生活需要、国家财力等状况,决定加大人才培养力度,再次提高公派留学人员奖学金。自 2010 年 9 月 1 日起,正式实行新的国家公派出国留学人员奖学金资助标准,新标准较原标准平均提高约 40%。自 2011 年 7 月 1 日起,国家公派出国教师生活待遇也得到提高,新标准较原标准提高约 90%,极大地改善了公派留学教师的学习条件。[②]

自 2005 年开始,国家进一步调整了国家公派出国留学的选派方针和资助政策,将每年的 3 000 多人派遣计划扩大到每年的 7 000 多人。2012 年教育部印发了《国家教育事业发展第十二个五年规划》,计划到 2015 年国家每年公派出国留学规模将达到 2.5 万人,实则到 2016 年公派留学人数已达 4.63 万,大大超出了计划规模。[③] 在选派范围方面,涉及到高等教育的诸多阶段和层次,包括高级研究学者、访问学者、博士后、

① 苗丹国:《中国出国留学政策的沿革与培养和吸引留学人才的政策取向》,社会科学出版社 2006 年版,第 48—50 页。
② 财政部行政政法司:《行政政法财务和资产管理工作手册》,中国财政经济出版社 2011 年版,第 678 页。
③ 《中国公共管理年鉴》编委会:《中国公共管理年鉴》,中国财政经济出版社 2013 年版,第 142 页。

博士研究生、联合培养博士生、硕士研究生、硕士插班生、本科生、本科插班生、进修生、短期研究生、大学预科生等。在学科方面,确定了公派留学资金重点支持的七大领域,分别为:通信和信息技术、农业高新技术、能源与环境、生命科学和人口健康、工程科学、应用社会科学、材料科学和新材料以及我国加入世界贸易组织急需的相关学科,满足了社会发展对高层次人才培养的需求。[1]

　　"三个一流"的选派方针形成,标志着公派留学质量的提高。2003 年 7 月 16 日,在教育部部长专题办公会议上,周济部长提出对国家公派留学实施"三个一流"的选派方针,即"选拔一流的学生、派往国外一流的学校、师从世界上一流的导师",以此来提高公派留学质量,逐渐建立起"机制合理、渠道多样、规模扩大、层次提高"的工作格局。[2]同时,在扩大规模、提高质量的要求下,留学项目逐渐增多:2003 年设立了"高级研究学者"和"研究生选派"两个公派留学类型;2005 年 1 月 9 日,国家留学基金管理委员会设立"长江学者和创新团队发展计划"、"新世纪优秀人才支持计划"入选者出国研修项目和"青年骨干教师出国研修项目";2007 年 1 月 5 日,国务院又批准设立"国家建设高水平大学公派留学研究生项目"。截止到 2013 年初,在国家留学基金申请网上可查询到的公派出国留学项目(见下表 7 - 1)。[3] 此外,在管理服务方面,不断改进和完善管理工作,寓管理于服务之中,制定了应急机制,应对突发事件的能力增强。

表 7-1　国家公派留学项目名称及数量表

公派留学可申报项目名称	项目数量
国家公派高级研究学者及访问学者(含博士后)项目	38 项
国家建设高水平大学公派研究生项目	106 项
国家公派硕士研究生项目	15 项
优秀本科生国际交流项目	753 项
青年骨干教师出国研修项目	4 项

[1]《中国创新公派出国留学机制　确定重点支持 7 大领域》,http://news. 163. com/06/00617/23/2JRT2CCA0001124J. html(阅读时间:2017 年 11 月 5 日)。
[2] 苗丹国:《出国留学六十年——当代中国的出国留学政策与引导在外留学人员回国政策的形成、变革与发展》,中央文献出版社 2010 年版,第 354 页。
[3] 薛卫洋:《中国高等教育国际化研究(1978—2012)》,华东师范大学 2013 年,第 62 页。

续　表

公派留学可申报项目名称	项目数量
地方合作项目	3 项
西部地区人才培养特别项目	4 项
与行业部门合作项目	8 项
与有关国家互换奖学金计划	76 项
国外合作项目	158 项
国际区域问题研究及外语高级人才培养项目	59 项
艺术类人才培养特别项目	2 项
专门人才培养项目	6 项
非经常性项目	1 项

(二) 自费留学：加大开放与监管

改革开放初期，自费出国留学人员只占小部分，尚不能形成规模。2000 年以来，自费留学生占总留学生的比例为 90% 以上。这与 21 世纪以来国家鼓励自费出国，放宽自费留学条件、取消行政上和经济上对自费出国留学的障碍，取消培养费等政策是分不开的。

为鼓励自费出国留学人员，并予以实际上的支持，国务院于 2002 年 11 月 1 日批复教育部，决定简化对自费出国留学人员审批手续，国家不再收取高等教育培养费，从而彻底废止了这项执行了 12 年的规定。其后，教育部于 2003 年 2 月 12 日印发了《关于简化大专以上学历人员自费出国留学审批手续的通知》，就全国范围内彻底废止向自费留学人员收取高教培养费的政策问题作出详尽安排。《通知》要求：一、自 2002 年 11 月 1 日起，不再向申请自费出国留学的高等学校在校生以及具有大专以上学历但尚未完成服务期年限的各类人员收取"高等教育培养费"，不再对上述人员进行"自费出国留学资格审核"工作，不再要求上述人员向各地出入境管理机关提交《自费出国留学资格审核证明信》。二、根据《决定》的原则精神，各地及各高校应将自 2002 年 11 月 1 日以来收取的"自费留学高等教育培养费"退还当事人或其委托的合法代理人。三、各地及各高校要本着对申请自费出国留学当事人负责的态度，科学、合理、公平、公正地做好相关的工作，以保证此项政策的平稳实施。四、2002 年 11 月 1 日前后涉及的相关事宜，应按照各自的政策界限分别掌握。对规定尚不明确的问题，可先向当事人做好解释工作，同时尽快请示我部，以便统一研究处理。五、各地应妥善安排原自费出国留学资格审核办公室的工作人员。六、各地和各高校要严格按照有关政策规定做好全部善后事宜和档案保存工作。①

为了体现国家对自费留学人员的支持，适当资助其中的优秀者完成学业，奖励他们在学业上取得优异成绩，以增强其回国服务或为国服务的"祖国意识"，教育部于 2003 年 10 月针对在外自费留学人员制定了"国家优秀自费留学生奖学金"政策。该项目起初于 2003 年率先在自费留学美国、日本、英国、法国和德国等五国的学生中进行试点，设计规模为 100 人，实际完成 95 人。② 到 2017 年，奖励规模扩大到 500 人（其中"特别优秀奖"不超过 10 人），在自费留学人员较集中的美国等 33 个国家③实施，截至 2016 年共有 5 415 名在外优秀留学人员获得此项奖学金。④

认可并规范出国留学中介机构。随着对外开放的深入，公民出境交流和活动越来越频繁，为加强对出入境中介机构的管理，国务院于 2000 年 9 月 11 日印发了《关于加强出入境中介活动管理的通知》，规定了留学中介的资格审批、申办条件、管理、监督检查和清理整顿等。⑤ 公安部、教育部、劳动和社会保障部、国家工商行政管理局于 2000 年 11 月 27 日联合印发《关于清理整顿出入境中介机构的通知》，对当前中介机构进行整顿。⑥ 作为回应，教育部国际司和公安部出入境管理局于 2000 年 9 月 22 日印发了《关于暂缓受理、审批自费出国留学机构的通知》，规定暂不受理和审批新的出国留学

---

① 何东昌：《中华人民共和国重要教育文献：2003—2008》，新世界出版社 2010 年版，第 31 页。

② 苗丹国：《出国留学六十年——当代中国的出国留学政策与引导在外留学人员回国政策的形成、变革与发展》，中央文献出版社 2010 年版，第 378—420 页。

③ 具体国别为：美国、加拿大、澳大利亚、英国、法国、德国、日本、俄罗斯、泰国、新加坡、韩国、以色列、南非、挪威、奥地利、芬兰、荷兰、比利时、瑞士、西班牙、爱尔兰、瑞典、丹麦、白俄罗斯、意大利、葡萄牙、新西兰、乌克兰、捷克、波兰、匈牙利、塞尔维亚、保加利亚。

④ 《2017 国家优秀自费留学生奖学金项目启动实施》，http://www.edu.cn/zhong_guo_jiao_yu/guo_ji_he_zuo/lx/201707/t20170714_1540429.shtml（阅读时间：2017 年 11 月 7 日）。

⑤ 国家工商行政管理总局企业注册局：《现行企业登记管理法规文件汇编（下册）》，中国工商出版社 2012 年版，第 896 页。

⑥ 苗丹国：《出国留学六十年——当代中国的出国留学政策与引导在外留学人员回国政策的形成、变革与发展》，中央文献出版社 2010 年版，第 409 页。

机构,并对已有的机构进行规范。① 2002 年先后印发《关于恢复受理自费出国留学中介服务机构资格认定申请的通知》《关于进一步规范自费出国留学中介活动秩序的通知》,组建并完善教育涉外监管机制与机构,以对已经通过审批的 290 多个留学中介组织(2004 年又批准增设 142 个)、52 所外籍人员子女学校和中外合办的教育考试等项目实施动态监督;同时逐步开展了建立"教育涉外服务和监管信息网"、认证并公布境外合法教育机构、建立留学中介行业协会等工作。② 2003 年 6 月,"教育涉外服务和监管信息网"正式运行。2004 年 10 月开始,相关的政策管理机构不再限制自费出国留学中介服务机构跨地区开展业务活动,留学中介机构跨区域经营的限制完全取消。2004 年教育部、国家工商总局制定颁布并推广了《自费出国留学中介服务委托合同(示范文本)》,以维护留学者权益,规范中介组织行为。③ 2016 年颁布《自费出国留学中介服务合同示范文本》,对 2004 年的《自费出国留学中介服务委托合同(示范文本)》进行完善,共计 12 条,新增了退费等条款,进一步细化了服务范围、付费方式、违约条款、争议解决办法等内容。《示范文本》的发布,反映了自费出国留学市场的新变化,进一步明确了留学中介合同双方的权利和义务,有利于推动教育部"放管服"改革工作。④ 截至 2016 年 12 月 20 日,通过教育部认证的自费留学服务中介全国共计达到 586 家,覆盖 30 个省。⑤ 另外通过教育部教育涉外监管信息网(www.jsj.edu.cn)、中国留学网(www.cscse.edu.cn)向社会公布正规外国院校名单。从自费留学中介机构和教育部公布自费留学国家和院校名单的数量,一定程度可以看出 2000 年后我国自费留学需求的兴盛。

　　2011 年,我国成为世界第一大留学生输出国。在留学人员中,自费留学生比例占 90%左右(见表 7-2),形成了多层次、宽领域的对外留学格局;从学历层次上,留学人

---

① 苗丹国:《出国留学六十年——当代中国的出国留学政策与引导在外留学人员回国政策的形成、变革与发展》,中央文献出版社 2010 年版,第 406 页。

② 苗丹国:《出国留学六十年——当代中国的出国留学政策与引导在外留学人员回国政策的形成、变革与发展》,中央文献出版社 2010 年版,第 378—420 页。

③ 周小舟:《中华人民共和国合同范本全书》,中国法制出版社 2016 年版,第 723 页。

④ 《教育部 工商总局关于印发〈自费出国留学中介服务合同示范文本〉的通知》,http://www.chinanews.com/gn/2017/07-10/8273876.shtml(阅读时间:2017 年 11 月 7 日)。

⑤ 《自费出国留学中介服务机构名单》,http://www.jsj.edu.cn/n3/12075/147.shtml(阅读时间:2017 年 11 月 7 日)。

员涵盖了本科、硕士、博士及其他学历人员，涉及学历教育和非学历教育两个层面，其中 2014—2015 年度留美本科生人数达到 124 552 人，首次超越留美研究生人数（120 331 人）；就具体学科专业而言，选择呈现多样化趋势，2015 年数据显示，曾经热门的工商管理及 STEM 学科（如工程科学、计算机与信息科学、工程技术和数学与统计学）的选择热度有所回落；相反，社会科学、外国语言文学、教育学、传播与新闻学和建筑学等学科门类的中国留学生数量逐渐增加。[①]

表 7-2 2000—2016 年公费和自费留学人数　　　单位：万人，%

年份	年度总人数	年度公派人数	年度自费人数	年度自费比例	年度总数增率
2000	3.90	0.70	3.20	82.05	—
2001	8.40	0.80	7.60	90.48	115.38
2002	12.50	0.80	11.70	93.60	48.81
2003	11.73	0.81	10.92	99.09	-6.16
2004	11.47	1.04	10.43	90.93	-2.22
2005	11.85	1.20	10.65	89.87	3.31
2006	13.40	1.33	12.07	90.07	13.08
2007	14.40	1.50	12.90	89.58	7.46
2008	17.98	1.82	16.16	89.88	24.86
2009	22.93	1.92	21.01	91.63	27.53
2010	28.47	2.47	26.00	91.32	24.16
2011	33.97	2.49	31.48	92.67	19.32
2012	39.96	2.51	37.45	93.72	17.63
2013	41.39	2.96	38.43	92.85	3.58
2014	45.98	3.68	42.30	92.00	11.09
2015	52.37	4.19	48.18	92.00	13.90
2016	54.45	4.63	49.82	91.50	3.82

资料来源：根据教育部官方网站（http://www.moe.gov.cn/）公开数据整理。

[①] 王辉耀、苗绿：《国际人才蓝皮书中国留学发展报告（2015）》，社会科学文献出版社 2015 年版，第 12—37 页。

(三) 回国政策：约束与激励并存

留学生学成回国，为建设中国特色的社会主义事业服务是留学工作的重要目标。查阅留学政策文件发现，2000 年以后派出留学政策相对减少而鼓励回国的政策增多。在约束政策方面，我国一直沿用"签约派出，违约赔偿"的政策。国家在制定并执行公派留学派遣政策时，对公派出国留学人员应按规定的年限学习并按期回国做了相应规定。如 2007 年 9 月 26 日由教育部和财政部联合制定印发的《国家公派出国留学研究生管理规定(试行)》要求公派出国的留学研究生学成后需要回国服务两年，如果不遵守，需要偿还所有的资助费用并支付 30％的违约金。[①] 当然，为了鼓励回国，国家不仅对留学回国人员在科研、创业等工作问题上设置了相关资助，而且为其生活提供了诸多保障。

2002 年 5 月 15 日，教育部重新修订了《留学回国人员科研启动基金管理规定》，重申了有关原则性规定：原则上仅资助一次；仅资助 45 岁以下的有博士学历者；申请材料须经专家评审；国际司负责监管。[②] 2003 年 11 月，人事部印发《关于开展高层次留学人才回国资助试点工作的意见》，决定在财政部支持下设立"海外高层次留学人才引进专项经费"，重点引进海外高层次留学人才和急需紧缺人才。[③] 2005 年，人事部印发《关于继续开展高层次留学人才回国资助试点工作的通知》，根据"突出重点、优先支持"的原则，重点资助国内急需发展的信息科学、生命科学、新材料、新能源、先进制造业、航空航天等领域，以及关系国计民生或有重要影响的行业从海外引进的高级专业技术或管理人才。[④]

2000 年 6 月 21 日，科技部、人事部和教育部联合印发了《关于组织开展国家留学人员创业园示范建设试点工作的通知》，指出各地先后创办的 30 多家留学人员创业园为留学人员归国创业创造了良好的环境和条件。为加快留学人员创业园的建设步伐，

---

① 《教育部 财政部关于印发〈国家公派出国留学研究生管理规定(试行)〉的通知》，http://www.moe.edu.cn/s78/A20/s7068/201410/t20141021_178464.html(阅读时间：2017 年 11 月 7 日)。

② 南京艺术学院科研处、研究生处：《南京艺术学院 教师科研手册》，2008 年版，第 111 页。

③ 《企业技术创新政策实用手册》编写组：《企业技术创新政策实用手册》，科学技术文献出版社 2014 年版，第 88 页。

④ 苗丹国：《出国留学六十年——当代中国的出国留学政策与引导在外留学人员回国政策的形成、变革与发展》，中央文献出版社 2010 年版，第 461 页。

决定在现有留学人员创业园基础上联合批准建立一批国家留学人员创业园示范基地，以引导全国留学人员创业园的发展，为留学人员回国创业营造更为有利的条件。[①] 2000年10月26日，教育部颁布《关于确定北京、上海等留学人员创业园为国家留学人员创业园示范建设试点的通知》，提出将于2001年内通过考核验收北京市留学人员海淀创业园、上海留学人员创业园（包括嘉定创业园和张江创业园）等创业园区后，再正式将其确定为"国家留学人员创业园示范建设试点"单位。[②] 2001年1月15日，人事部印发《留学人员创业园管理办法》，在"留创园"的创办原则、建设条件、入园留学人员的资格与认定、服务与管理的运作等方面提出了初步的指导性意见。[③] 2002年8月26日，人事部印发《人事部与地方人民政府共建留学人员创业园的意见》，提出与地方人民政府共建留学人员创业园的重要价值和意义，并就共建园的条件和运作管理进行了说明。[④] 2008年10月，由各创业园和相关企事业单位、机构共同发起，以自愿方式组成的全国性非营利性的社会组织——中国留学人员创业园联盟成立，创业园区建设逐步发展走向发展成熟。[⑤] 据统计，截至2016年底，全国各地挂牌并实际运营的各级各类留学人员创业园总数达到310家，累计孵化企业超过4万家，在园企业超过2.2万家，有超过5.3万名留学人员在园创业和工作。[⑥]

此外，国家专门设立了面向留学归国人员的人才引进项目。2008年，中共中央组织部等多个联合部门印发《引进海外高层次人才暂行办法》，提出要凝聚共识，调动各地各部门的积极性，采取有效措施，在中央、国家有关部门、地方分层次组织实施海外高层次人才引进计划（简称"千人计划"）。同时，要求国家有关部门要继续做好做强

---

① 科学技术部人才中心：《科技人才政策法规选编（中央卷）》，中国科学技术出版社2014年版，第260页。
② 教育部留学服务中心、北京海外学人科技服务中心：《中国留学人员创业年鉴（2007）》，中国财政经济出版社2008年版，第391页。
③ 《人事部关于印发〈留学人员创业园管理办法〉的通知》，http://www.stdaily.com/kjzc/rencai/2017-07/20/content_561777.shtml（阅读时间：2017年11月25日）。
④ 王晓琳：《我国公派留学政策存在的问题及完善对策》，东北大学2013年，第16—18页。
⑤ 《新生代海归创业者们新的喜与忧》，http://finance.sina.com.cn/roll/2016-05-09/doc-ifxryhti4026644.shtml（阅读时间：2017年11月25日）。
⑥ 彭立、李晴晴：《第十八届全国留学人员创业园网络年会成功举办》，http://www.osechina.com/selectArticleById.html?id=159（阅读时间：2017年11月7日）。

"长江学者奖励计划"、"百人计划"、"国家杰出青年科学基金"等人才引进项目。① 随后颁行的《关于为海外高层次人才提供相应工作条件的若干规定》和《关于海外高层次引进人才享受特定生活待遇的若干规定》等政策都为高层次人才回国工作开辟了绿色通道,在出入境、居留以及配偶、子女就业和就学等方面为高层次人才回国工作提供了便利和适当的照顾,明确提出海外高层次人才回国不受用人单位编制、增人指标、工资总额和出国前户籍所在地的限制。②

在一系列措施引导与激励下,进入 21 世纪,尤其是十八大以来,留学回国和出国留学人数增幅的"逆差"现象得到显著改善。到 2015 年,留学回国人员总数超 220 万,占出国总人数的约二分之一。2016 年留学回国人员总数为 43.25 万人,较 2012 年增长 15.96 万人,增幅为 58.48%。出国留学与留学回国人数比例从 2012 年的 1.46:1 下降到 2016 年的 1.26:1,逾八成留学人员学成后选择回国发展。③ 回国人员当中的一些优秀分子因熟悉国际惯例和市场规则,带回了先进的管理理念和经验,成为各级管理岗位上的领军人物。截至 2016 年底,通过"千人计划"引进海外高层次人才 6 074 人,其中创业人才 811 人;十八大以来,通过"长江学者奖励计划"支持高校聘任具有海外工作或学习经历的高层次人才 1 094 人;目前,我国 70% 以上的高水平大学校长、80% 以上的两院院士、90% 以上的长江学者入选者,都有海外学习或工作经历。④

(四) 来华留学:高度重视与深入推进

新世纪以来,随着我国经济实力以及国际地位的提升,在鼓励中国学生走出去的同时,吸收外国学生来华就学,成为推动我国教育国际化、传播和弘扬中华文化、提升中国软实力的重要途径。中国政府适时地调整、制定相关政策和法规(主要政

---

① 《引进海外高层次人才暂行办法》,http://gzgy.lss.gov.cn/art/2015/1/7/art_1161_57141.html(阅读时间:2017 年 11 月 25 日)。

② 苗丹国:《出国留学六十年——当代中国的出国留学政策与引导在外留学人员回国政策的形成、变革与发展》,中央文献出版社 2010 年版,第 425~475 页。

③ 《教育部:逾八成出国留学人员学成后选择回国发展》,http://www.xinhuanet.com/politics/2017-03/01/c_1120552834.html(阅读时间:2017 年 11 月 25 日)。

④ 《中国教育的世界胸怀》,http://www.moe.gov.cn/jyb_xwfb/moe_2082/zl_2017n/2017_zl48/201710/t20171023_317133.html(阅读时间:2017 年 11 月 25 日)。

策和工作理念的变化见表7-3），优化来华留学生的学习环境；通过建立来华留学生教育评估制度、改革奖学金制度、增加来华留学经费等措施，推动来华留学工作的深入开展。

表7-3　21世纪以来我国来华留学教育政策和工作理念的改变①

年份	主要突破	具体政策的调整与突破
2000	突破意识形态	《高等教育接受外国留学生管理规定》第二十四条指出，"政治理论课应该作为学习哲学、政治学和经济学类专业的外国留学生的必修课，其他专业的外国留学生可以申请免修"。
2004	重视质量	《2003—2007年教育振兴行动计划》提出"扩大规模、提高层次、保证质量、规范管理"。注重来华留学生的质量和水平，从追求数量向追求质量转变。
2010	实施国家级规划	实施"留学中国计划"，到2020年实现在全年内地高等学校及中小学校就读的国外留学人员达到50万人，其中接受高等教育的留学人员要达到15万人。使中国成为亚洲最大的留学目的地。
2011	整合服务机制	教育部、国家发展和改革委员会、外交部、财政部等部门成立的来华留学工作部际协调机制把我国来华留学教育的服务水平推上新台阶。
2014	增大财政支出	学费资助标准从一类到三类渐次提高。规定最低资助标准为本科生5.92万元、硕士生7.02万元、博士生8.78万元，最高资助标准为本科生6.62万元、硕士生7.92万元、博士生9.98万元。
2014	来华留学和出国留学并重	习近平总书记强调留学工作要"统筹谋划出国留学和来华留学"。第一次提出了"出国留学与来华留学并重"的留学工作理念，标志着我国来华留学工作的全面升级。
2015	教育理念"市场化"	李克强在政府工作报告中提到教育消费理念。

① 王辉耀、苗绿：《国际人才蓝皮书中国留学发展报告(2015)》，社会科学文献出版社2015年版，第219页。（资料来源：全球化智库(Center for China and Globalization，简称CCG)根据公开相关资料整理。）

1. 加强对来华留学的重视

党和国家领导人历来十分重视来华留学工作。历届党和国家领导人多次在重大国际场合,如中非合作论坛(北京)峰会、上海合作组织元首理事会、联合国教科文组织全面教育高层会议、中欧领导人会晤联合声明等,以及其他双边和多边高层往来的活动当中,亲自宣传中国政府的来华留学政策。十八大以来,新一届党和国家领导人更加重视来华留学工作,将来华留学与派送留学生出国放到了同等重要的位置上。2014年12月,全国留学工作会议召开,这是我国第一次全国性的留学工作会议。会上首次把来华留学工作提升到前所未有的高度。习近平总书记对这次会议专门做了重要指示,强调"统筹谋划出国留学和来华留学,综合运用国际国内两种资源,培养造就更多优秀人才。努力开创留学工作新局面"。[①] 国务院总理李克强在批示中也同样指出,"要以全球视野和改革举措积极推动留学工作跃上新台阶,揽四海英才服务国家建设大局",要求各教育相关部门"进一步完善来华留学管理服务,增进各国人民的交流和友谊"。[②] 随后,国务院副总理刘延东明确提出,"要准确把握留学工作新形势新要求",坚持"出国留学和来华留学并重"[③]。至此,"出国留学和来华留学并重"的理念在我国正式确立。2015年3月,第一届来华留学国际论坛举行,标志着来华留学工作从国家决策层开始向学术、向社会领域延伸。[④] 2016年,中共中央办公厅、国务院办公厅印发了《关于做好新时期教育对外开放工作的若干意见》,强调要改进来华留学教学和管理,提升来华留学人才培养质量,打造"留学中国"品牌。[⑤]

2. 规范来华留学管理工作

进一步明确两级政府及高校权力。2017年颁发了《学校招收和培养国际学生管理办法》,在管理体制方面做出了几方面调整和补充:一是按照教育分级管理、分工负

---

① 新华社:《全国留学工作会议召开 习近平作出重要指示 李克强作出批示》,《留学》2014年第24期,第14页。

② 《习近平对全国留学工作会议作出重要指示强调》,http://politics.people.com.cn/n/2014/1214/c1024-26202991.html(阅读时间:2017年11月7日)。

③ 《习近平:留学工作要适应国家发展大势》,http://fj.people.com.cn/n/2014/1213/c181466-23212093.html(阅读时间:2017年11月7日)。

④ 王辉耀、苗绿:《国际人才蓝皮书中国留学发展报告(2015)》,社会科学文献出版社2015年版,第208—226页。

⑤ 佚名:《做好新时期教育对外开放工作》,《中国高等教育》2017年第20期,第61页。

责的原则,明确国务院教育行政部门统筹管理全国国际学生工作,省级教育行政部门对本行政区域内国际学生工作进行指导、协调和监管。二是规定国务院和省级外交、公安等行政部门按照职责分工,做好国际学生的相关管理工作。三是明确由学校具体负责国际学生工作。① 权力的下放和政府职能的转变调动了地方政府和高校在加强来华留学工作的积极性,促进了来华留学工作的开展。

规范建设,带动来华留学工作规模扩大和质量提升。2004 年 2 月,教育部发布的《2003—2007 教育振兴行动计划》中提出按照"扩大规模、提高层次、保证质量、规范管理"的原则,在扩大来华留学生规模的同时,提高来华留学生培养的质量。② 2010 年 9 月出台《留学中国计划》提出:到 2020 年,全年在内地高校就读的外国留学人员达到 50 万人,其中接受高等学历教育的留学生达到 15 万人;同时还针对来华留学工作存在的主要问题和矛盾,凝炼了来华留学的 16 字工作方针,即"扩大规模,优化结构,规范管理,保证质量"。③ 为了监管英语授课质量,鼓励有条件的高校为外国留学生开设外语,特别是英语专业课,2007 年 8 月,教育部发布《来华留学生医学本科教育(英语授课质量控制标准暂行规定)》。④ 此外,为加强留学工作的信息化建设,2004 年 9 月,在全国启用来华留学信息管理系统,实施"走出去"战略,指导教育部直属外事单位到国外举办中国教育展暨来华留学说明会,开拓来华留学新渠道。2006 年在全国范围内推广来华留学生信息管理系统。

3. 完善来华留学奖学金

为吸引外国学生来华就读,国家根据物价水平等状况,提高和完善了奖学金制度。2011 年,由教育部牵头制定的《关于"十二五"期间进一步扩大中国政府奖学金规模的报告》受到中央的重视,随后教育部联合财政部制定了"中国政府奖学金增长进程规划

---

① 《教育部有关负责人就〈学校招收和培养国际学生管理办法〉答记者问》,http://www.edu.cn/edu/jiao_yu_bu/xin_wen_dong_tai/201706/t20170605_1521947.shtml(阅读时间:2017 年 11 月 7 日)。

② 《国务院批转教育部 2003—2007 年教育振兴行动计划的通知》,http://old.moe.gov.cn//publicfiles/business/htmlfiles/moe/moe_4/200501/5323.html(阅读时间:2017 年 11 月 7 日)。

③ 佚名:《〈留学中国计划〉解读》,《教育与职业》2013 年第 13 期,第 46—47 页。

④ 王丽萍等:《改革教学模式　提高留学生医学汉语学习积极性》,《卫生职业教育》2015 年第 8 期,第 61—62 期。

表"。① 2014年,教育部、财政部等进一步完善了来华留学生的政府奖学金资助体系,明确并细化了资助标准。根据新标准,从2014年9月起,资助标准将按照学科门类分为三个档次,每个档次都确定了最高和最低的资助标准。其中最高标准为本科生6.62万元、硕士生7.92万元、博士生9.98万元;最低标准为本科生5.92万元、硕士生7.02万元、博士生8.78万元。② 与以前相比,新的分类标准更科学、更方便操作,奖学金的额度与国际水平进一步接轨。除了"优秀生奖学金"、"外国汉语教师短期研修奖学金"、"HSK优胜者奖学金"、"中华文化研究奖学金"和"长城奖学金"(为联合国教科文组织)等国家层面的专项奖学金外,我国许多地方政府也纷纷采取措施,或设立地方政府奖学金,或增加奖学金额度,以吸引来华留学生。比如,江苏政府设立了"茉莉花"留学奖学金;浙江省从2013年开始将来华留学生奖学金总额增加到每年1 000万元;为了更好地支持国际友好城市学生来成都留学,四川省成都市出台了《成都市国际友好城市留学生政府奖学金项目管理暂行办法》,政府每年拨500万元作为奖学金。地方高校为了吸引更多的优秀外国留学生,提升学校的国际影响力,也纷纷设立了奖学金制度,如由清华大学、复旦大学、四川大学、华东师范大学和浙江师范大学共同成立的"金砖国家大学联盟",以奖学金形式支持金砖国家学生来华留学。③

经过发展,来华留学规模增大。2012年留学人员数量较2000年扩大了近6倍,达328 330人次,分布在31个省、自治区、直辖市的690所高等院校、科研院所和其他教学机构。到2016年,中国成为亚洲最大留学目的国,2016年来华留学生达442 773名,比2012年增长了35%,分布在31个省、自治区、直辖市的829个单位学习。从结构上看,自费留学生比例增长迅速,2016年来华自费生为393 751人,占总数的88.93%(见表7-4)。生源结构多样化,到2016年,有205个国家和地区的学生来华留学,占世界总国家和地区数的84.02%。来华留学生涉及地域广,其中,亚洲来华留学人数最多(264 976人),其次是欧洲(71 319人),大洋洲人数(6 807人)最少。"一带一路"战略沿线64个国家在华留学生数达207 746人。中国能够接收来华留学生的省

---

① 王辉耀、苗绿:《国际人才蓝皮书中国留学发展报告(2015)》,社会科学文献出版社2015年版,第215页。
② 王辉耀、苗绿:《国际人才蓝皮书中国留学发展报告(2015)》,社会科学文献出版社2015年版,第215页。
③ 王辉耀、苗绿:《国际人才蓝皮书中国留学发展报告(2015)》,社会科学文献出版社2015年版,第208—226页。

份和学校逐步增多,由 2004 年的 420 所,增加到 2016 年的 829 所,十三年来年均增幅为3.80%。留学人员不再以短期进修和学习语言为主,学习专业和获得学位的比例增大,2016 年来华学习汉语的人数占总来华留学人数的 38.2%,比 2012 年的 53.5%下降了 15.3%。①

表 7-4　2005—2016 年自费来华留学情况　　　　　　单位:%

年份	总人数	自费留学人数	奖学金留学人数	自费留学人数占比
2005	141 087	133 959	7 128	94.88
2006	162 695	154 211	8 484	94.79
2007	195 503	185 352	10 151	94.81
2008	223 499	209 983	13 516	93.95
2009	238 184	219 939	18 245	92.34
2010	265 090	242 700	22 390	91.55
2011	292 611	266 924	25 687	91.22
2012	328 330	299 562	28 768	91.24
2013	356 499	323 177	33 322	90.65
2014	377 054	340 111	36 943	90.20
2015	397 635	357 035	40 600	89.79
2016	442 773	393 751	49 022	88.93

资料来源:根据教育部官方网站(http://www.moe.gov.cn/)公开数据整理。

(五)合作办学:规范与落实并重

加入 WTO 以来,我国高等教育领域中外合作办学方面的深化发展,主要体现在法制化建设和落实政策力度增强两个方面。这一时期中外合作办学层次明显提高,项目数量剧增,出境办学得到大发展。

---

① 《"一带一路"沿线国家来华留学生数据增幅明显》,http://www.moe.edu.cn/jyb_xwfb/xw_fbh/moe_2069/xwfbh_2017n/xwfb_170301/170301_mtbd/201703/t20170302_297943.html(阅读时间:2017 年 11 月 7 日)。

1. 加强对中外合作办学与交流的统筹

国家始终鼓励中外合作与交流,并以法律文件的形式加强对合作办学等工作的规范。2003年发布的《中外合作办学条例》第3条规定:"国家鼓励引进外国优质教育资源的中外合作办学。国家鼓励在高等教育、职业教育领域开展中外合作办学,鼓励中国高等教育机构与外国知名的高等教育机构合作办学。"①根据《条例》的精神,教育部于2004年制定发布《中外合作办学条例实施办法》,将中外合作办学分为组织和项目两种,对中外合作办学机构的设立、组织与活动等做了进一步细化办法规定:中外合作办学机构不得设立分支机构,不得举办其他中外合作办学机构;中外合作办学机构的校长或者主要行政负责人依法独立行使教育教学和行政管理职权;中外合作办学机构的名称应当反映中外合作办学机构的性质、层次和类型,不得冠以"中国"、"中华"、"全国"等字样,不得违反中国法律、行政法规,不得损害社会公共利益。不具有法人资格的中外合作办学机构的名称前应当冠以中国高等学校的名称;学费收入按25%的比例提取发展基金,用于中外合作办学机构的建设、维护和教学设备的添置、更新等。②

2010年7月,《国家中长期教育改革和发展规划纲要(2010—2020年)》指出:"引进优质教育资源。吸引境外知名学校、教育和科研机构以及企业,合作设立教育教学、实训、研究机构或项目。鼓励各级各类学校开展多种形式的国际交流与合作,办好若干所示范性中外合作学校和一批中外合作办学项目。探索多种方式利用国外优质教育资源。吸引更多世界一流的专家学者来华从事教学、科研和管理工作,有计划地引进海外高端人才和学术团队。引进境外优秀教材。"③2012年6月教育部印发《国家教育事业发展第十二个五年规划》,除强调《纲要》中的内容之外,又增加了"积极探索中外合作办学新模式"、"完善中外合作办学质量保障、办学评估、财务监控、信息披露和

---

① 《中华人民共和国中外合作办学条例》,http://old.moe.gov.cn//publicfiles/business/htmlfiles/moe/moe_861/200506/8644.html(阅读时间:2017年11月7日)。

② 《中华人民共和国中外合作办学条例实施办法》,http://old.moe.gov.cn//publicfiles/business/htmlfiles/moe/moe_861/201412/xxgk_180471.html(阅读时间:2017年11月7日)。

③ 《国家中长期教育改革和发展规划纲要(2010—2020年)》,http://old.moe.gov.cn/publicfiles/business/htmlfiles/moe/moe_838/201008/93704.html(阅读时间:2017年10月15日)。

学生投诉等机制"、"研究制定外籍教师聘任和管理办法"等内容。① 2016 年初,中共中央办公厅、国务院办公厅印发《关于做好新时期教育对外开放工作的若干意见》,要求"完善体制机制,提升涉外办学水平",对搞好中外合作办学提出了具体要求和部署。② 2016 年 7 月,教育部印发《推进共建"一带一路"教育行动》的通知,提出要实施"丝绸之路"合作办学推进计划,倡议沿线国家之间开展高水平合作办学。③ 2017 年 1 月 22 日,教育部印发《2017 年工作要点》,将"加快修订《中外合作办学条例》及其实施办法"作为年度重点工作。④ 这些政策法规都显示了政府支持开展中外合作办学的意愿。

　　2. 推动政策落实,加强评估

　　2013 年 1 月,教育部国际合作与交流司印发了《中外合作办学评估方案(2013)》,随后,教育部以临近办学期限的机构和项目为主,选取北京、江苏、浙江、上海等省市、地区 143 个办学单位的 346 个机构和项目展开评估。⑤ 2013 年 6 月,教育部学位与研究生教育发展中心下发《关于推荐中外合作办学评估专家人选的通知》,开始筹建"中外合作办学评估专家库"。⑥ 2013 年 9 月,教育部首次以中外合作办学为主题召开新闻发布会,介绍中外合作办学发展有关情况,并发布《〈教育规划纲要〉实施三年来中外合作办学发展情况》。⑦ 2013 年 12 月,《教育部关于进一步加强高等学校中外合作办学质量保障工作的意见》发布;2014 年 3 月,教育部学位与研究生教育发展中心发布《中外合作办学评估方案(2014)》;同年 4 月下发了《关于 2014 年中外合作办学评估有关工作的通知》。2015 年,教育部连续下发《关于开展 2015 年中外合作办学评估工作

---

① 《国家教育事业发展第十二个五年规划》,http://www. gov. cn/gongbao/content/2012/content_2238967. htm(阅读时间:2017 年 11 月 7 日)。

② 《中办国办印发《关于做好新时期教育对外开放工作的若干意见》》,http://www. moe. edu. cn/jyb_xwfb/ s6052/moe_838/201605/t20160503_241658. html(阅读时间:2017 年 11 月 7 日)。

③ 康乐、李福林:《"一带一路"教育行动中教育援助可持续模式探析》,《高校教育管理》2018 年第 2 期,第 17—24 页。

④ 《教育部 2017 年工作要点》,《人民教育》2017 年第 5 期,第 26—32 页。

⑤ 《关于印发〈中外合作办学评估方案〉的通知》,http://wsb. njxzc. edu. cn/69/5f/c3615a26975/page. htm (阅读时间:2017 年 11 月 7 日)。

⑥ 《关于推荐中外合作办学评估专家人选的通知》,http://www. cdgdc. edu. cn/xwyyjsjyxx/zlpj/zwhzbxpg/ wjtz/277577. shtml(阅读时间:2017 年 11 月 7 日)。

⑦ 佚名:《教育规划纲要实施三年来中外合作办学发展情况》,《课堂内外·教研论坛》2013 年第 9 期,第 11—14 页。

的通知》《中外合作办学评估方案(2015)》《关于 2015 年中外合作办学评估具体实施工作的通知》等三个文件,开始对招生有效期截至 2016 年底的中外合作办学机构和项目进行评估。由此可见,这一时期加强了对中外合作办学政策落实的评估,着力提升中外合作办学质量。①

在政策的推动下,各高校积极开展与国外院校合作办学,并在实践中探索出不同类型的合作模式,如"1+3"、"2+2"、"3+1"等培养方式,同时开展了在中国设立独立学校、联合学院或系、双学位项目、项目合作、中国大学设立海外分校等实践。② 孔子学院创建工作也取得了显著成效:2008 年 2 月 25 日,由中国国家汉语国际推广领导小组办公室与英国伦敦南岸大学合作建设的世界上第一所中医孔子学院——伦敦中医孔子学院正式成立;2013 年 6 月 19 日,"孔子新汉学计划"启动;2014 年 9 月 27 日,成功举办首个全球"孔子学院日"。③ 境外办学也有了突破性进展,2002 年 10 月 30 日,中国高校在海外的第一个研究生院——上海交通大学新加坡研究生院成立;厦门大学马来西亚分校 2016 年正式招生,迈出了中国知名大学办海外分校的第一步。④ 为加强中国高校在海外分校工作的管理,2003 年 2 月 1 日,教育部《高等学校境外办学暂行管理办法》颁布并施行;2016 年,《关于做好高等学校赴境外办学有关工作的通知》颁布。

经过深度开放与发展,我国中外合作办学实现了数量提高与质量提升。到 2017 年 4 月 19 日,经审批的各类中外合作办学项目和机构共有 2 539 个,包括本科以上层次项目和机构 1 248 个,高职高专层次项目和机构 928 个,高等教育领域项目和机构占总数的 85.70%。⑤ 中外合作办学方式得到各高校及整个社会的认同并逐步推广,涌现出了深圳北理莫斯科大学、浙江大学爱丁堡联合学院等一批示范性高水平中外合作办

---

① 任峰:《高等教育国际化背景下中外合作办学政策实施研究》,河南大学 2016 年,第 13—14 页。
② 刘伟:《中国高校国际化合作的五种模式浅析》,《世界教育信息》2008 年第 9 期,第 84—86 页。
③ 黄进:《社会主义核心价值观的"内省"与"外化"》,江苏人民出版社 2015 年版,第 47 页。
④ 《厦大马来西亚分校举行开学典礼 中国首所海外分校开始办学》,http://www.guancha.cn/Education/2016_02_23_351864.shtml(阅读时间:2017 年 11 月 7 日)。
⑤ 《建设"一带一路"中国教育做了啥》,http://edu.people.com.cn/n1/2017/0421/c1053-29226861.html(阅读时间:2017 年 11 月 7 日)。

学项目。据调查显示,江苏省40％的家长希望通过中外合作办学圆孩子的"出国梦"。①

　　中外合作办学不仅意味着"引进来",更要"走出去",我国的境外办学近年来开始起步。截至2015年12月31日,全国经审批机关批准设立或举办的境外办学机构和项目共有103个,其中机构5个,分别是老挝苏州大学、厦门大学马来西亚分校、云南财经大学曼谷商学院、北京语言大学东京学院和北京师范大学—英国卡迪夫大学中文学院。② 国家间文凭、学历、学位认证成为推进高等教育国际化的重要抓手。截止到2017年4月,我国已先后与46个国家和地区签订了学历学位互认协议,其中"一带一路"国家24个,欧盟成员国19个。③ 孔子学院与孔子学堂在全球发展迅速,孔子学院的办学质量不断提升,服务范围不断扩大,儒释道"三教"建设有了新进展。到2016年12月,已建成了覆盖140个国家的511所学院和1 073个课堂,共有翻译中外专兼职教师4.6万人,各类面授学员155万;共出版《汉语图解词典》《汉语800字》等工具书达64个语种,研发本土汉语教材累计达2 000多册;网络孔子学院汉语文化课程30多万节,网络注册学员59.7万;中外双方经费投入比例为1∶1.65,中外企业和社会各界捐赠支持孔子学院折合1 000多万美元;示范孔子学院达到43所,在典型引路方面发挥了重要作用。④

专栏十三：中外合作办学——西交利物浦大学

　　西交利物浦大学位于江苏省苏州市,是经中国教育部批准、由西安交通大学和英国利物浦大学合作创立的,拥有中华人民共和国学士学位和英国利物浦大学学位授予权的中外合作大学。

　　2004年9月,西安交通大学与利物浦大学签订协议合作成立西交利物浦(国际)大学;2006年学校正式成立。2010年获准授予利物浦大学研究生学位,2012

---

① 《我国中外合作办学达2 403家 不出国也能圆"留学梦"》,http://edu. people. com. cn/n1/2016/0721/c1053-28571307. html(阅读时间:2017年11月7日)。
② 张东:《对外开放 百花争春香满园》,http://paper. jyb. cn/zgjyb/html/2017-03/10/content_473843. htm(阅读时间:2017年11月7日)。
③ 《我国已与24个"一带一路"国家签订学历学位互认协议》,http://edu. people. com. cn/nl/2017/0420/c1053-29222991. html(阅读时间:2017年11月9日)。
④ 《孔子学院年度报告》,http://www. hanban. edu. cn/report/(阅读时间:2017年11月9日)。

年教育部同意学校实施英国利物浦大学硕士和博士学位教育。

据 2016 年 9 月学校官网显示,学校分为南北两个校区,共 610 亩,建筑面积 40.7 万平方米,拥有 50 余万册图书;共有 10 000 多名本科生和研究生、来自 50 多个国家和地区的 450 余名教师;开设 14 个院系、32 个本科专业,开设研究型硕士学位点 4 个、全日制授课型专业硕士学位点 24 个、非全日制授课型专业硕士学位点 9 个,14 个院系开设有博士生项目。

办学历史

2004 年 9 月,西安交通大学与利物浦大学签订协议合作成立西交利物浦(国际)大学。

2005 年 8 月,教育部批准筹建西交利物浦大学。

2006 年 5 月,西交利物浦大学正式揭牌成立。9 月,西交利物浦大学招收首届本科学生 160 余名。[2]

2007 年 9 月,招收第二届本科学生 570 余名。

2008 年 9 月,招收第三届本科学生 730 余名。

2009 年 9 月,招收第四届本科生 1 000 余名。

2010 年 8 月,西交利物浦大学首届本科生毕业,96% 赴海外攻读硕博士研究生,其中 10% 就读世界十大名校(据英国《2010 泰晤士报》排名)。9 月,招收第五届本科学生 1 700 余人,其中 50 余名为国际学生。10 月,获准授予利物浦大学研究生学位。

2011 年 6 月,西交利物浦大学科研发展基金启动,首批基金共计 600 万元。7 月,五周年庆典举行,西交利物浦大学教育发展基金会揭牌成立;同月,西交利物浦大学第二届本科生毕业典礼举行;8 月,招收第六届本科生 2 200 余人。

2012 年 5 月,教育部下发《教育部关于同意在西交利物浦大学实施英国利物浦大学研究生教育项目的批复》(教外综函[2012]21 号)的函,同意西交利物浦大学实施英国利物浦大学硕士和博士学位教育。7 月,西交利物浦大学第三届 649 名学子毕业。8 月,西交利物浦大学招收第七届本科生 2 200 余人。

2013 年 6 月,来自电子与电气工程系的程适完成论文答辩,成为西交利物浦大学和利物浦大学合作培养的第一位博生研究生。

2014 年 4 月,启动自主招生。6 月,中外合作大学联盟在西交利物浦大学宣布成立。学校与昆山杜克大学、宁波诺丁汉大学、上海纽约大学、温州肯恩大学、香港中文大学(深圳)6 所具有独立法人资格的中外合作大学组成联盟第一届理事会。

2015 年 5 月,西交利物浦大学附属学校成立。7 月,西交利物浦大学与苏州工业园区签署合作协议共建科技创新平台。

2016 年 7 月 26 日,学校在苏州庆祝建校十周年。

教学质量

学校多个学科获得国际专业组织认证,包括西浦国际商学院获得国际高等商学院协会 AACSB 认证、西浦会计专业获得英国 CIMA 认证、澳大利亚 CPA 认证、土木工程专业获得英国 JBM 认证等。

育人模式

学校改变传统教育模式,建立以学生为中心的教学体系,并致力于帮助学生在大学实现:培养学生的独立精神和责任感,训练学生发现问题、解决问题、学习以及跟别人合作的能力;培养学生的批判性思维和跨学科创造性解决问题的终身学习能力;提倡兴趣导向,为学生提供自由转专业的机会,并辅之四大导师体系(即学术导师、学友导师、生活导师、校外导师),引导学生实现"幸福生活、成功事业"的目标。

学制 & 学位

"2 + 2"模式:前两年在西交利物浦大学学习,后两年在利物浦大学完成学业。"4 + X"模式:学生在西交利物浦大学完成学业,后视自身情况可选择留学深造也可直接就业或创业。

两种模式下,毕业生皆可获得中国教育部认可的西交利物浦大学本科学位证书、毕业证书和全球认可的英国利物浦大学本科文凭。

就业质量

前六届毕业生(2010—2015)中超过 80% 选择继续留学深造,其中 10% 进入

TIMES 世界排名前 10 学府,约 50％进入 TIMES 世界排名前 100 名校,70％以上进入 TIMES 世界排名前 200 大学,近 20％的本科毕业生选择直接就业,就职于世界 500 强、中国财富 500 强等企业。

2015 届毕业生 83.28％的毕业生前往英国牛津大学、剑桥大学、帝国理工大学、美国芝加哥大学、哥伦比亚大学、康奈尔大学,瑞士苏黎世联邦理工学院等继续深造。

在"融贯中西"的教育理念下,西交利物浦大学十年来探索出独具特色的"五星"育人模式和学生发展体系,建立和完善了适合未来社会需要的现代大学管理和运行机制,打造了一支高水平的人才队伍。其独特的大学理念、高水准的人才培养质量和浓厚的国际化特色,得到广泛关注和认可。近年来,每年有八成本科生出国深造,受到哈佛、耶鲁、牛津等世界名校的青睐。作为我国第一所与国外大学强强联合、具有独立法人资格的新型国际大学,该校发展势头迅猛。在校生从十年前的 160 多人飞速发展至注册学生逾万人,被誉为"中外合作大学的标杆"和"中国高等教育改革的探路者"。

独立：做个年轻的成人

一年一度的新生开学典礼,是西交利物浦大学给新生们准备的第一份惊喜。学生代表、教师代表致辞之后,执行校长席酉民将带领管理团队接受全场学生和家长的提问。"去年一共回答了 66 个问题",席酉民坦言,"我们坚持保留这个环节,这就是我们想给新生们上的第一课。在大学要学会独立思考,我们倡导学生从孩子变成年轻的成人。"把学生看成年轻的成人,让他们在自主选择中学会对自己负责,西交利物浦大学走出了一条特色之路。西交利物浦大学从首届学生开始,就允许自由转换专业。但选定了专业,学生们将面对的是近乎严苛的教学质量评价体系。"核心课程不及格要补考,补考不及格要留级。"副校长杨民助说,同样一门课,西交利物浦大学的课时比传统大学少三分之一。在课堂上更侧重于知识体系和应用方向的讲解,基础知识需要学生课前预习掌握"中国学生基础扎实,我们又引入了英国严谨的质量监控体系和美国灵活的教育机制"。

成长：踮起脚看世界

牛津大学两个、帝国理工大学两个、爱丁堡大学 3 个、纽约大学 1 个。这就是西交利物浦大学一个"学霸宿舍"的研究生录取情况。4 名男生，每人都收到多封世界名校的录取通知书。对于成功被多所名校录取，来自徐州的毕然认为，除了宿舍浓厚的出国留学氛围，学校推行的国际化教学让他和舍友受益匪浅。在西交利物浦大学，英语是"第一语言"。课堂授课用英语，完成作业用英语，考试答卷用英语。要实现更高层次的国际化，就必须拥有在国际舞台上有竞争力的师资。从 2014 年起，西交利物浦大学聘请国际猎头公司在全世界范围内觅才。全校 15 个科系的学术带头人，几乎全是国际猎头全球招聘而来。在席酉民看来，要素层面的国际化还只是基础，西交利物浦大学要探索机制层面，如办学理念、培养模式、大学管理、校园文化等的国际化。比如，在中国学习两年，转入英国学习两年的"2 + 2"教育模式、引入工业企业界校外导师等等。

分权：学术不受行政权力干涉

刘刚是一名年轻的博士，2011 年刚进入西交利物浦大学工作就被"推上了"系主任的职位。"在这里很多教授专注学术，不怎么愿意做管理，因为要占用大量时间。比如组织考试、负责课程安排等。"刘刚介绍，"在西浦，教授的待遇具有很强的国际竞争力，收入超过校长也不是个例。"同时，高校行政权力不干涉学术活动，也不决定学术资源的具体分配。包括聘用教师在内的很多事情，都由教授组成的学术委员会做主。"在大多数的学术评审表格上，没有行政人员签字的地方。"西交利物浦大学的资深教授告诉记者。"传统大学组织架构，讲究的是科学管理和层级架构，对应的是工业时代的生产制造企业。如今，网络化的组织讲究个体自发、协同合作。大学也需要在组织架构上进行更新。"席酉民认为，年轻的西交利物浦大学在这方面反而显得幸运，因为没有历史包袱，可以轻装上阵，跨越传统惯性，在历史经验和教训的肩膀上，创造独特的育人模式和大学运行体系。通过充分利用后发优势，探索出一条新的高等教育之路。

高等教育国际化是提升高等教育质量的必经之途，是实现高等教育现代化的应然之需，是深化对外开放格局的必然之求，是以人才和科技为后盾推进中国走向世界的强国行列的实然之择。面向未来，和平与发展仍然是世界两大主题，开放、流动、融通、协作、共享将成为未来发展更鲜明的特色。中国高等教育发展应紧抓未来发展机遇期，提升统筹规划力度，实现均衡开放；引进来、走出去、回得来相结合，进一步提升开放能力和对人才的吸引力；加强制度与法制建设，实现有序开放；增强质量监控和反馈，建立健全国际交流与合作的质量保障体系，充分调动和保障地方政府及高校开展教育国际化的积极性，吸收市场经济中的合理要素，以此吸收国际高等教育发展经验，为我国"一带一路"建设、"大众创业万众创新"行动，为推动中国经济社会现代化的实现提供人才、科技、文化支撑。

第八章

迈向高等教育强国：经验、挑战与展望

习近平总书记在致信庆祝清华大学建校 105 周年时强调："办好高等教育，事关国家发展、事关民族未来。我国高等教育要紧紧围绕实现'两个一百年'奋斗目标、实现中华民族伟大复兴的中国梦，源源不断培养大批德才兼备的优秀人才。"同时，对清华大学和所有"双一流"高校提出了殷切的期望："要坚持正确方向、坚持立德树人、坚持服务国家、坚持改革创新，面向世界、勇于进取，树立自信、保持特色，广育祖国和人民需要的各类人才，深度参与创新驱动发展战略实施，努力在创建世界一流大学方面走在前列，为国家发展、人民幸福、人类文明进步作出新的更大的贡献。"①

改革开放以来，我国高等教育在办学规模、结构、质量和效益等各方面都取得了显著成效，大学的独立法人地位得以确立，其面向社会依法自主办学的格局正在形成，高等教育包括大学的社会适应和自身治理能力明显增强。当前，我国正处于新一轮简政放权的起点上，需要在总结既往改革发展经验的基础上，把综合改革和制度建设协同考虑，充分发挥大学、政府、市场、社会在高等教育发展中的作用，以实现治理能力现代化的目标，完成现代大学制度建设的任务，保障高等教育的科学发展。

一、 高等教育变革与发展 40 年的基本经验

回顾改革开放 40 年来高等教育走过的历程，及时总结高等教育变革与发展中所积淀的宝贵经验，对于今后继续贯彻党的教育方针和科教兴国、人才强国战略，建设高等教育强国，实现中华民族伟大复兴的中国梦，具有非常重要的现实意义。

---

① 《习近平祝贺清华建校 105 周年：办好高等教育事关国家发展》，http://cul. china. com. cn/cswh/2016-04/23/content_8724980. htm(阅读时间：2017 年 12 月 11 日)。

(一) 高等教育改革与发展需要贯彻党和国家的方针政策,坚持正确方向

"改革开放,要永远把政治方向放在第一位。"①改革开放以后,邓小平同志始终强调的一点,是学校应该永远把坚持正确的政治方向放在第一位。② 改革开放进程中,党和国家方针政策的贯彻,使高等教育改革发展思路明晰、方向正确。

在高等教育发展目标方向上,国家始终将高等教育发展作为社会主义现代化建设的重要组成部分,先后提出了"科教兴国"、"人才强国"、"创新驱动发展"等战略,赋予了高等教育事业为社会主义现代化建设培养人才和提供智力支持的重大历史使命。2015 年 12 月,第十二届全国人民代表大会常务委员会第十八次会议决定对《中华人民共和国高等教育法》进行修订,与时俱进地对高等教育"培养什么人、怎样培养人"提出了新要求。③ 修订后的《高等教育法》第四条中关于基本方针部分增加了三项内容:一是增加"为人民服务",二是增加了教育要和"社会实践"相结合,三是在受教育者发展内容方面增加了"美育"。内容上增加了"为人民服务",即是要从价值观念上,引导培养学生摒弃个人功利主义思想,树立人民利益至上的观念;增加了教育要和"社会实践"相结合,从培养内容上规定了教育要与社会需要相适应,扩大应用型人才在人才培养结构中的比重;在培养规格上,要求加强美育。第五条关于高等教育任务的论述,在人才培养目标中,对受教育者"社会责任感"提出了要求。④

在高等教育改革发展的具体策略上,从高等教育布局结构规模调整到"211 工程"、"985 工程"、"省部共建"、"2011 计划"、"双一流建设"、应用型转型发展,从招生考试制度到学费及资助制度再到就业创业制度建设等一系列改革和发展的重大举措,都是在党和国家的教育方针政策的指引下做出的,符合高等教育发展与经济社会发展相协调的改革发展思路。

总而言之,在党和国家正确的教育方针和政策的指引下,中国高等教育已基本明

---

① 中国高等教育学会:《改革开放 30 年中国高等教育改革亲历者口述纪实(1978—2008)》,教育科学出版社 2008 年版,第 11 页。
② 《邓小平文选(第二卷)》,人民出版社 1994 年版,第 104 页。
③ 《中华人民共和国高等教育法》,http://www. moe. gov. cn/s78/A02/zfs__left/s5911/moe_619/201512/t20151228_226196. html(阅读时间: 2017 年 11 月 22 日)。
④ 《全国人大常委会关于修改〈中华人民共和国高等教育法〉的决定》,http://www. moe. edu. cn/s78/A02/zfs_left/s5911/moe_619/201601/t20160125_228815. html(阅读时间: 2017 年 11 月 22 日)。

确了改革和发展方向，初步形成了与经济社会发展相协调，与社会主义市场经济体制、政治体制相适应的高等教育体系。改革开放 40 年来，高等教育工作者秉持"坚持教育为社会主义现代化建设服务、为人民服务"的宗旨，为社会主义现代化建设提供了大批高层次人才和大量高科技智力支持，同时在服务社会的过程中，高等教育自身也获得了发展的强大动力。

（二）高等教育改革与发展需要学习借鉴国外经验，同时与本土实践结合

40 年来，改革开放的环境为中国社会各个领域的全面发展创造了一个前所未有的契机。开放不仅让我们看到了与发达国家高等教育发展间的差距，为我们的改革与发展提供了具体的目标和可借鉴的参照框架，而且为我们参与国际交流，获取国外先进的高等教育理念、思想、内容、制度和人才等资源创造了条件，为我们参与国际高等教育竞争，在学习和交流中寻求自身的发展奠定了基础。因为开放，我们的改革有了明确的方向；因为改革，在经过披荆斩棘、筚路蓝缕的艰辛，收获到开放所结下的丰硕果实后，我们更加坚定了开放的信心。进一步扩大高等教育开放，不仅是建设高等教育强国的必然路径选择，而且也是实施我国科教兴国战略，实现中华民族伟大复兴的唯一道路抉择。[①]

在坚持对外开放方针的实践中，我们也深切体会到，在不断扩大对外开放的进程中，要坚持把学习外国经验与从中国的国情和实际情况出发结合起来。高等教育本身就是外来经验与本土实践汇通的桥梁，遵循高等教育规律的共性且尊重本国发展的实际是高等教育对外开放必须坚持的基本原则和取得成功的必要条件。作为发展中国家，我国高等教育面临着现代化和民族化的双重任务。仅仅强调外来经验借鉴，高等教育的民族特色、本土特色必将日趋淡化甚至消失，高等教育服务本国经济、科技和社会文明进步的能力也会逐渐被削弱甚至丧失。实践也证明，"愈是民族的，愈是世界的"。[②] 但我们必须清醒地意识到，若过分地强调本土化、个性化，或总以特色化来抵制与拒绝外来经验，就会使我国高等教育游离于世界高等教育体系之外，而难以从根

[①] 阎光才、袁希：《对外开放与高等教育强国的关系内涵》，《比较教育研究》2010 年第 10 期，第 22—26 页。
[②] 宋光成：《论"愈是民族的，愈是世界的"》，《四川师范大学学报（社会科学版）》1990 年第 6 期，第 33—40 页。

本上提升我国高等教育的质量和水平。

因此,在推进高等教育开放进程中,我国高等教育改革与发展必须始终立足民族的、本土的优秀成果,坚持以我为主、为我所用,统筹"输入"与"输出",既要从本国实际出发,主动地借鉴外来先进的教育理念和教育经验,引进优质教育资源,促进高等教育改革发展,提升高等教育的国际地位、影响力和竞争力,逐步接近和达到国际公认标准,为国际社会所认可与接受;又要以国际眼光,利用自身特色与优势,主动参与世界高等教育市场的竞争,积极向国外输出高等教育服务,使我们的教育资源能在国外的教育市场中具备竞争力,提高安全高效地利用两个市场、两种资源的能力。此外,还要把握还对外开放的"度",注重本国、本民族、本土文化的传承、保护、创新和发扬,在独立性基础上确保自身文化的存续发展,同时推进世界文化的繁荣。①

立足当前,要紧抓经济社会深入全面开放这一机遇期,将我国高等教育推向世界。《国家中长期教育改革和发展规划纲要(2010—2020年)》有针对性地阐述了加强国际交流与合作、引进优质教育资源、提高交流合作水平等内容;党的十八大报告明确提出,适应经济全球化新形势,必须实行更加积极主动的开放战略;十八届三中全会再次明确提出"以开放促改革"②;自由贸易区战略、"一带一路"建设正稳步实施等一系列国家层面战略规划与部署为高等教育国际化明确了道路、指明了方向。而且,我国参与国际事务的力度与深度的不断加强,国际地位与影响力的提升,这些都将有助于我国高等教育以高昂的姿态走向世界。

(三) 高等教育改革发展需要解放思想、与时俱进、勇于探索、开拓创新

傅高义认为,相较于改革开放而言,对中国发展作出贡献的首先应当是思想解放。因为事先没有人知道做法的效果是好是坏,在改革与发展中需要领导人有头脑、有判断力、勇于去做。③ 中国改革开放40年的历史经验就在于我们所取得

---

① 许悦:《高等教育国际化与本土化的和谐发展之路》,《江苏理工学院学报》2012年第3期,第102—105页。

② 《中共中央关于全面深化改革若干重大问题的决定》,http://www.gov.cn/jrzg/2013-11/15/content_2528179.htm(阅读时间: 2017年8月27日)。

③ 马国川:《看中国》,中信出版集团2015年版,第59页。

的每一项重大突破和重大成就，都是以思想解放为先导的。在思想解放中，教条主义、本位主义、个人主义的约束和禁锢被打破。思想的自由，促进了社会行动的自由，在不断的思考与行动中，改革发展的目标更加明确，改革与发展的道路日渐明晰。①

在高等教育改革发展过程中，都会碰到如何正确确定改革的方向、方针、政策、措施、方法等问题。改革遇到阻力、碰到困难、出现新的问题和矛盾时，都有一个以什么样的思想和精神状态去解决矛盾和困难的问题。改革进行一个阶段后，也都有一个如何看待、如何评价改革成果的问题。这些问题的解决，都必须重视发挥思想观念的先导作用，都必须依靠思想解放的力量。如关乎所有师生员工和广大人民群众切身利益的高等教育体制改革之所以能十分顺利和平稳地进行并取得突破性进展，一方面是由于党中央正确地确立了社会主义市场经济体制的改革道路，正确地确定了高等教育体制改革的方向和方针，另一方面也因为改革过程中，不断推进的思想观念的解放为体制改革的不断深化打下了一个比较好的思想基础。②

当前处在经济社会发展的深度转型期，高等教育改革与发展面临的形式将更加复杂，在这一形势下推进改革与发展，要继续以解放思想为切入点，勇于实践、开拓创新。其中，尤其要抓好领导干部队伍建设，通过对其教育和培训，使高等教育管理者能够立足实际，清晰把握当前高等教育发展现状与问题；能够用理论武装头脑，深入学习党的基本理论、学习专业知识，有科学发展的眼光；能够通过思想观念的解放，把思想观念从不适应、不利于高等教育科学发展的认识中解放出来；能够将科学的、富有创新性的思想观念贯彻到具体的问题解决中来；能够调动和引领高等教育工作者将改革发展事业推向前进。③

（四）高等教育改革与发展需要遵循客观规律，与经济社会变革相协调

高等教育是社会大系统中的子系统，其主要任务是以人才培养、科学研究、社会服

---

① 张成福：《变革时代的中国政府改革与创新》，《中国人民大学学报》2008 年第 5 期，第 1—10 页。
② 中国高等教育学会：《改革开放 30 年中国高等教育发展经验专题研究（1978—2008）》，教育科学出版社 2008 年版，第 17 页。
③ 顾明远：《解放思想是深化教育改革的金钥匙》，《内蒙古教育》2008 年第 23 期，第 33—34 页。

务、文化承等职能发挥来为经济社会发展提供人力资源、科学技术支持以及塑造良好的社会文化环境。改革开放 40 年来高等教育改革与发展的经验表明：高等教育改革与发展需与经济社会发展相协调，既不能超越社会发展阶段，又不能滞后于社会发展。这种适应性表现在：其一，高等教育改革发展的根本原因在于经济及社会条件的变化，经济社会发展促进高等教育发展，高等教育改革与发展是以经济社会发展为前提的，同时又为经济社会发展服务。其二，高等教育改革与发展应积极跟随经济社会的发展而发展，这种改革与发展的任务在于使高等教育的发展更加合乎经济社会发展规律，进而更好地发挥社会服务职能。如果高等教育发展滞后于经济社会发展，必将阻碍经济社会进步。其三，经济社会发展为高等教育改革发展提供了新的契机，并创造了良好的条件。[①]

改革开放 40 年来，高等教育改革与发展始终围绕建立与社会主义市场经济发展相协调的高等教育以及人才培养体系。在高等教育改革发展中逐渐通过调整高等教育管理体制、办学体制、投资体制，改革高等教育招生考试制度、就业分配制度、人事管理制度，调整学科专业门类、人才培养目标、课程教学内容等措施，基本上明确了自身改革发展目标定位，建立起了与经济社会发展相协调的高等教育运行体系，也为推动经济社会发展作出了积极贡献。面向未来，经济社会发展日新月异，需要高等教育遵循经济社会发展客观规律，积极作出适应性调节，一方面紧跟经济社会发展步伐，继续发挥推动经济社会进步的作用；另一方面也需要高等教育能够紧抓经济社会发展机遇，在社会服务职能发挥的同时促动自身发展变革。

(五) 高等教育改革与发展需要加强制度建设，深化体制改革

中国改革开放之所以能够取得成功的关键，是因为正确处理了政府、市场与社会的关系。回顾改革开放 40 年来高等教育的改革与发展，同样得益于抓住了高等教育体制改革这一关键。在《中共中央关于教育体制改革的决定》的指引下，20 世纪 90 年代初，根据中央的有关精神，在深入总结 1980 年代高等教育改革的经验和教训的基础

---

① 杜玉波：《高等教育要更加适应经济社会发展需要》，http://old. moe. gov. cn/publicfiles/business/htmlfiles/moe/moe_176/201407/172243. html(阅读时间：2017 年 12 月 9 日)。

上，"体制改革是关键"被确立为一个重要的原则，并按照建立社会主义市场经济体制的要求，大力推动了高等教育体制改革，使之在世纪之交取得突破性进展，为以后各项改革的不断深化和高等教育事业快速发展扫除了体制性障碍。

我国高等教育长期在高度计划经济体制下运行，形成了适应高度计划经济的体制、机制和理念，其特点是"一包二统"，即一切都由国家包下来，一切都由政府统起来。这里既包括从学校办学宗旨和办学类型与层次的确定，到各个专业的设立、各种教学计划的制订、各门具体课程教学大纲的编写，也包括从对学校规模、教职工总数、干部职数的控制，到每年的招生数、每个调进的教职工的审批和各级干部的任免，还包括从校园规划的审定到每个具体基建项目的审批，有的甚至细到门窗的大小和朝向等等①，学校没有什么办学的自主权。这种体制，不符合教育规律的要求，更不符合建立社会主义市场经济的要求。

《中共中央关于教育体制改革的决定》的颁布确定了高等教育体制改革的正确方向。广大高等教育工作者以极大的热情投入到改革中去，在探索中央、省（自治区、直辖市）、中心城市三级办学体制，扩大高等学校办学自主权，积极拓宽高等教育投资渠道，建立教学、科研、生产三结合（简称"产学研结合"）的联合体，推进高校内部管理体制改革，进行高考招生与毕业生分配制度的改革，实行高等教育自学考试制度，支持社会力量举办高等学校等许多方面做了大量的工作，取得了不小的成绩。但是，由于当时条件的限制，从整体上说，体制改革的推进不太顺利。直到1992年提出了建立社会主义市场经济体制的目标，召开了第四次全国高等教育工作会议以后，高等教育体制改革才得以全面推进。

高等教育改革发展的成功还得益于其推行的渐进性。匈牙利著名经济学家雅诺什·科尔奈（János Kornai）说："中国的发展最具吸引力的、最具示范意义的特征之一是它的试验性。许多国家头脑发热的改革者都希望他们设计的理念能立马见效，并对全国各地都适用。我发现中国通常的行事方法是不一样的。任何的改变通常是先以地方性的创见出现的。之后这些创见会得到较高层领导人的关注和支持，如果觉得它

---

① 中国高等教育学会：《改革开放30年中国高等教育发展经验专题研究（1978—2008）》，教育科学出版社2008年版，第11—12页。

们真的行之有效,还会作为范例向全国各地推广"。① "渐进式"改革被誉为中国改革开放成功的一大利器。高等教育改革同经济社会改革一样,涉及多主体、多要素、多环节、多层次,是一项复杂的工程,在改革发展中也是循序渐进推行的。先改革宏观管理、办学、投资等体制机制,为学校内部改革发展扫清障碍,进而深入学校内部进行管理体制改革与建设。目前,改革已经取得的成效有目共睹,在今后的改革中仍然需要抓住主要矛盾,将改革稳步推进。

(六) 高等教育改革与发展需要整体协同和重点建设"两手"齐抓

改革与发展过程中,政府综合统筹高等教育发展的规模、结构、质量、效益,促进我国高等教育的可持续发展。20 世纪 90 年代初,在制定《中国教育改革和发展纲要》和筹备第四次全国高等教育工作会议期间,学界对我国高等教育体制改革、高等教育发展规模和速度的确定、高等教育布局、学科和层次类型结构的调整、提高教学质量和办学水平、提高办学效益等一系列问题展开了热烈讨论,在高等教育"规模、结构、质量、效益统一协调发展"的发展思路达成了共识。

"规模、结构、质量、效益统一协调发展"的发展思路,是历史经验的总结,符合唯物辩证法,是科学发展的观点。其中,最为突出的是规模与质量的关系,忽视质量的规模发展,或是担心质量受到影响而不能抓住发展机遇以扩大规模,都不能取得良好的发展效果。正确处理规模与结构、规模与效益、结构与质量等的关系,对高等教育的全面发展有重大影响。从系统论观点看,事物的性质不仅取决于数量与质量,也取决于系统结构。如果单纯强调规模的扩大,就可能破坏已有结构上的平衡或加剧结构上原有的不合理状况,不仅无益,反而还可能有害,会浪费宝贵的教育资源和造成许多新的问题。而规模过大或过小,都会损害效益。从理论上说,这是一个如何全面认识规模、结构、质量、效益协调发展的问题,协调发展应当理解为这四个主要方面都不能片面发展,不能忽视其中任何一个因素对全面发展的影响和制约,不能因某一方面的突出发展而限制或妨碍了其他方面的发展。②

---

① 马国川:《看中国》,中信出版集团 2015 年版,第 59 页。
② 方晓东:《中华人民共和国教育 60 年》,湖北教育出版社 2009 年版,第 346 页。

但也不能把"协调发展"理解为"平均发展"或"均衡发展"。在不同时期应当允许根据实际情况在某一方面侧重发展。例如，在世纪之交我们侧重规模发展，而随后则侧重质量提高。协调发展也不等于放弃重点建设，回顾过去高等教育发展成效的取得，"211工程"、"985工程"、"2011计划"等重点项目建设功不可没。

遵循"统筹协调与重点建设"相统一的原则，高等教育在改革与发展的进程中取得了较好的效果。面向新的历史时期，从全面贯彻科学发展观的高度，坚持并继续贯彻这一经验，一方面要响应国家号召，集中力量建设一流学科、一流大学；另一方面，要统筹高等教育区域、科类、形式、层次等方面结构，兼顾规模、公平、质量和效益。唯有重点建设与统筹协调相结合，才能实现真正的可持续发展。

二、 迈向高等教育强国： 机遇、挑战与路径

党的十九大报告明确提出："建设教育强国是中华民族伟大复兴的基础工程，必须把教育事业放在优先位置，深化教育改革，加快教育现代化，办好人民满意的教育。"[①] 建设高等教育强国，既是社会主义现代化强国、教育强国建设的内在之意，也是落实教育先行、加快教育现代化、办好人民满意的教育和实现中华民族伟大复兴的重要途径。我国高等教育正站在一个新的历史起点上，加快从高等教育大国向高等教育强国迈进，是我国经济社会发展进入新常态的必然要求，是应对愈发激烈的国际竞争、进一步增强国家软实力的迫切需要，是解决我国高等教育发展瓶颈问题、进一步提升整体水平的现实选择，是实现国家中长期发展目标的战略举措。

(一) 机遇与挑战：经济全球化、全球治理变革与高等教育发展趋势

1. 全球化带来的机遇与挑战

"经济全球化"这一概念，最早见于1983年哈佛大学商学院教授西奥多·莱维特。1983年，在《哈佛商业评论》发表《全球化的市场》(Globalization of Markets)一文，指出

---

① 《决胜全面建成小康社会，夺取新时代中国特色社会主义伟大胜利——在中国共产党第十九次全国代表大会上的报告》，http://www.gov.cn/zhuanti/2017-10/27/content_5234876.htm(阅读时间：2017年12月11日)。

全球化已然来临,不久之后全球性公司将在世界的每一个角落以同样的方式销售它们的商品与服务。此文一经刊出,便在国际商业界引发了争论,同时也使"全球化"一词被管理学辞典收录。莱维特所提出的全球化,首先指向的是经济的全球化,即资本、商品、劳动力、技术、服务和信息日益加剧的跨国流动。[①]

全球化的核心是经济全球化,其萌芽可以追溯到 16 世纪至 18 世纪的工业革命以后,资本主义商品经济和现代工业、交通运输业迅速发展,世界市场加速扩大,世界各国间的贸易往来大大超过历代水平。20 世纪 90 年代以来,经济全球化得到了迅速的发展,并以科技革命和信息技术发展为先导,涵盖了生产、贸易、金融和投资各个领域,囊括了世界经济和与世界经济相联系的各个方面及全部过程,社会在生产的各个环节(生产、分配、交换、消费)和各种资本形态(货币资本、生产资本、商品资本)的运动超出了国界。由西方国家主导的全球化进程在一定程度上也为发展中国家提供了发展的机遇。在经济全球化进程中,社会分工得以在更大的范围内进行,资金、技术等生产要素可以在国际社会流动和优化配置,由此可以带来巨大的分工利益,推动世界生产力的发展。经济全球化是资源在全球范围内加速流动,发展中国家可以利用这一机会引进先进技术和管理经验,以实现产业结构的高级化,增强经济的竞争力,缩短与发达国家的差距;发展中国家可以通过吸引外资,扩大就业,使劳动力资源的优势得以充分发挥;发展中国家也可以利用不断扩大的国际市场解决产品销售问题,以对外贸易带动本国经济的发展;发展中国家还可以借助投资自由化和比较优势组建大型跨国公司,积极参与经济全球化进程,以便从经济全球化中获取更大的利益。[②] 尽管政治保守主义、贸易保护主义和民粹主义在全球化进程中逐步抬头,全球化正在遭受其最初的引领者、缔造者的西方主要国家的质疑甚至抵制,但毫无疑问,全球化的趋势是不可阻挡的。在以信息、通讯、互联网技术为核心的第四次科技革命的引领下,人类生活呈现出前所未有的一体化进程,技术、市场、共同空间正在促使人类生活超越地区、民族国家的空间界限。

---

① 廖凡:《经济全球化与国际经济法的新趋势——兼论我国的回应与对策》,《清华法学》2009 年第 6 期,第 75—86 页。

② 《马克思主义基本原理概论》,高等教育出版社 2010 年版,第 196—197 页。

2. 全球治理与治理理论的兴起

世界银行 1989 年的报告《撒哈拉以南非洲：从危机到可持续增长》尝试采取讨论"治理"而不是"国家改革"或"社会政治改革"这一技术性的策略转变来集中讨论敏感问题，从而为国际性的银行和机构设定一个相对而言没有攻击性的议题，以免于干涉主权国家内政的嫌疑。[①] 正是以联合国报告为肇始，治理开始被越多越多持新自由主义、新公共管理主义观点的学者所认可和使用，逐渐发展成为解读政府、社会组织与公民和国际关系原则普遍使用的概念与理论，并勾画出了一种同时关乎学术研究与实践倾向的强烈愿景。

实际上，全球治理的提出与随之而起的政府治理的变革、治理理论的发展，恰恰是伴随着新自由主义在全球主要发达国家的兴起逐步产生的。二战后，由于奉行国家干预的凯恩斯主义帮助主要资本主义国家走出了 1929 年开始的经济大萧条，大多数西方民主国家逐步地转向了一种干预性的福利国家：国家服务于满足公民从摇篮到坟墓的需要，官僚系统提供的标准化公共物品和服务相应地不断增长。其结果是，公共部门急剧膨胀，经济的核心部分尤其是公共服务都由庞大的官僚系统所控制。[②] 也正是自二战后，关于代议制民主效率低下、反应迟钝、政策失灵等弊端的批评开始甚嚣尘上。在持自由主义立场的学者们看来，这些弊端的产生正是由于过分依赖官僚精英的知识信息优势而缺乏公民参与尤其是保障公民参与政治生活的制度安排。[③] 他们认为，一旦官僚制所承担的公共责任被简单地化约成统治权力，官僚制的理性精神就开始背离公共责任，乃至造成公共责任的坍塌，从而使现代政治学得以确立的信任这一行政伦理终结。[④]

在传统官僚制运作下的西方政府无力应付自身机构膨胀、财政开支加大的困境，

---

① 辛西娅·休伊特·德·阿尔坎塔拉：《"治理"概念的运用与滥用》，黄语生译，《国际社会科学（中文版）》1999 年第 1 期，第 105—113 页。

② 詹姆斯·马奇、约翰·奥尔森：《新制度主义详述》，允和译，《国外理论动态》2010 年第 7 期，第 41—49 页；何子英：《从凯恩斯主义福利民族国家理论到熊彼特主义竞争国家理论——杰索普论福利国家的危机及其出路》，《马克思主义与现实》2006 年第 6 期，第 20—27 页。

③ 郁建兴、刘大志：《治理理论的现代性与后现代性》，《浙江大学学报（人文社会科学版）》2003 年第 2 期，第 5—13 页。

④ 孔繁斌：《治理对话统治——一个政治发展范式的阐释》，《南京社会科学》2005 年第 11 期，第 62—67 页。

其公共物品供给能力的薄弱又无法满足不断增强的公共需求的情况下,秉持新自由主义经济学、1979 年上台的英国撒切尔内阁和 1980 年上台的美国里根政府,在推进私有化和重塑市场力量的同时,率先开始对公共部门进行改革,实行了不同于政府有限论和以市场解救"政府失灵"的一种公共管理模式。与此前来自理论界的"新公共行政"运动不同,新公共管理运动显然更务求实效也更为激进:"一方面,它从一开始就是实践导向的,侧重于政府和公共组织的内部结构、公共服务的供给方式的根本性改变,而其最终目标则是要减小政府规模、压缩政府活动空间、创新服务供给方法,以更低的费用、更高的效率实现公共目标;另一方面,其价值观预设、理论基础和方法来源与公共行政范式完全不同,它不是要补充和修缮公共行政范式,而是要彻底扬弃公共行政范式,实现范式革命而不是改良。"①其中,由撒切尔内阁主导的英国新公共管理改革,直接目的是减少预算赤字,提高政府效率。该改革分四个阶段:(1)引入私人部门管理技术阶段:撒切尔内阁提出了著名的 3E 标准,即经济(Economy)、效率(Efficiency)和效益(Effectiveness),作为衡量行政管理和公共服务的最终尺度。(2)公共服务私有化阶段:政府规模和活动范围大大缩小。(3)公共服务代理化阶段:决策部门只负责政策制定,不再掌管政策执行。(4)公共和私人部门伙伴关系阶段。② 与撒切尔不同,美国里根政府崇尚市场至上、个人自由和政府最小化,其基本理念是:政府就应像一个大型公司那样予以组织和管理,公共部门和私人部门都需按照同样的经济参数和管理原则进行评价。③ 尽管各国新公共管理运动的规模、深度存在差异,但作为一场世界范围的改革潮流,其主要做法是一致的:(1)调整政府职能:主要是减少对企业和社会的直接干预;通过打破垄断,引入竞争机制,实行公共服务社会化;推行国有企业民营化,从而减轻政府负担,缩小政府规模。(2)创新管理方式:主要是充分借鉴企业管理手段,如项目招投标、质量管理、使用者收费、合同外包、人力资源开发等,实现政府管理创新;运用现代信息技术,推进电子政务,再造政府管理流程;开展政府绩效评估,如英国推行政府公共服务承诺制,美国实行联邦政府绩效管理,都取得积极成效。

① 张钢:《公共管理学引论》,浙江大学出版社 2003 年版,第 54 页。
② 赵艳霞等:《公共管理学》,哈尔滨工程大学出版社 2016 年版,第 45 页。
③ 欧文·E·休斯:《公共管理导论》,张成福等译,中国人民大学出版社 2001 年版,第 6—7 页。

(3)实行分权改革：围绕决策权与执行权的分离，一些国家将政府部门分解成决策部门和具有特定服务功能的执行机构，通过签订责任书等方式，明确执行机构的责任范围、工作目标及考核标准。英国、澳大利亚、瑞典等都采取了相关做法。①

可见，混杂着新公共管理、新制度主义等论调的治理理论，在很大程度上旨在尝试在确立政府权威前提下构建一个由政府、社会组织（个体）组成的对等协商的、过程性的政治与行政结构，乃至提出"自组织网络"来弥补政府权威的过度使用和自由市场的缺陷。治理理论的价值取向就在于消解传统民族国家主权的绝对性，重新解释权威的合法基础，主张经由互动式谈判亦能产生合法权威；排斥传统单一式国家权威体制，明确主张多中心治理观点；打破传统民族国家与国际社会、政治国家与公民社会、公共部门与私人部门、市场与计划之间的二元对立思维；运用社会各行为体间的权力与社会资本，通过参与、谈判和协商式程序技术而最终形成一种自主的合作网络。② 因此，治理理论在一定程度上试图解决民主社会在公民参与和制度效率之间的两难困境，或者说尝试在以代议制为核心的间接民主制度框架内增加直接民主的含量。③ 即如治理理论所主张的，"政府并不完全垄断一切合法的权力，政府而外，社会上还有一些其他机构和单位负责维持秩序，参加经济和社会调节"④。

概览主张各不相同的各类关于治理的主张与理论，首先可以明确的一点是，治理所指是一种统治方式的变革。尤其是新公共管理运动奉行的公共服务外包策略，在用具体的契约取代了普世的社会契约从而实现社会治理体系的结构重组时，把原先界线分明的治理主体与客体间的关系打乱，使治理者与被治理者之间即公私部门之间以及公私部门内部间的界限均趋于模糊。⑤ 其结果是，由此构筑的新的治理框架，使得政府的统治方式不再单纯依靠政府的权威，参与治理的主体不再仅仅限于公共机构，非

---

① 高小平、沈荣华：《推进行政管理体制改革：回顾总结与前瞻思路》，《中国行政管理》2006 年第 1 期，第 9—13 页。

② 黄华：《西方治理理论的价值取向与理论困境》，吉林大学 2006 年，第 5 页。

③ Frissen, *Politics, Governance and Technology: A Postmodern Narrative on the Virtual State*, London: Edward Elgar Publishing Limited, 1999.

④ 俞可平：《治理与善治》，社会科学文献出版社 2000 年版，第 241 页。

⑤ 张康之、张乾友：《民主的没落与公共性的扩散——走向合作治理的社会治理变革逻辑》，《社会科学研究》2011 年第 2 期，第 55—61 页。

公共机构乃至公共机构与非公共机构的合作同样享有决策权,且政府与其他治理主体之间应该是一种平等的关系,通过对话、建立伙伴关系和配置其他主体的资源实现单一中心的政府治理无法实现的公共目标。由此,治理就被解释为一个公私部门之间以协商、合作、伙伴关系、目标认同等互动方式对公共事务进行管理的方式,理想的治理模式则是建立自组织的人际网络、经谈判达成的组织间协调以及系统间调控或驾驭活动组成的合作网络模式。① 合作网络模式最为核心的内涵就是将市民社会部门理解为治理主体,从而在公私部门之间构建分享权力、合作治理的新型关系。② 当然,从政治学的角度看,治理要实现的公共目标与统治所履行的普世契约相同,也在于最大限度地增进公共利益,更好地满足公众的需要。③

当然,从根本上讲,治理及其理论仍然是现代政治理论的直接继承者。治理理论所强调的提高市民社会相对国家而言的自主性,某种程度上体现了古典民主理想和自治精神的复归。作为其核心理念的平等的民主协商,实际上是试图在政府治理与公民个体参与公共生活之间重建一个维度,即更多强调由不同专业、行业或者具有共同目标的不同组织、群体以集体参与的形式与政府共享公共权力,并且参与公共决策过程。当然,治理理论也没有停留于对国家权力进行宪政层面制衡的古典自由主义立场,而是明确提出了多中心治理观点,使得原本专属于官僚系统负责的一些具体的公共事务也不得不向个人和其他组织开放,通过协商合作的方式来共同管理,从而分享国家对内主权中的行政管理权。④

3. 高等教育发展的全球趋势

始于二战后并在 1990 年代后加速的全球化过程,对高等教育的影响,首先表现为工业经济正在向知识经济转变,一些国家转变较快,成为赢家,另一些国家则会成为输家。斯劳特曾运用新自由主义、后凯恩斯主义和后马克思主义对这一现象进行

---

① 鲍勃·杰索普:《治理的兴起及其失败的风险:以经济发展为例的论述》,漆芜译,《国际社会科学杂志(中文版)》1999 年 1 期,第 31—48 页。
② 孔繁斌:《治理对话统治——一个政治发展范式的阐释》,《南京社会科学》2005 年第 11 期,第 62—67 页。
③ 俞可平:《治理与善治》,社会科学文献出版社 2000 年版,引论第 6 页。
④ 郁建兴、刘大志:《治理理论的现代性与后现代性》,《浙江大学学报(人文社会科学版)》2003 年第 2 期,第 5—13 页。

解释，并从经费、国际市场、跨国公司、知识产权等方面进行了阐述。① 从知识的视角，全球化是重组世界经济的重要力量，而知识和信息越来越成为世界经济的主要来源。世界经济重建和关于如何进行教育改革的意识形态在全球范围内的蔓延对世界各国的教育产生了深远影响。影响不仅仅是分权和私有化、择校与问责制，或者测试与评估，而且包括知识的传播方式。② "现代国家对教育的资助旨在培育具有竞争力的劳动力市场和激活国内经济，同时人力资本开发的国家政策更是现代大多数国家教育政策的推动力。"③与此同时，"各国政府通过采取相应措施调整财政、劳动力和工业政策，使政府的一举一动都考虑到世界市场体系的建立，从而形成'制度全球化'的趋势。这种全球化的特征是各国政府的政策和制度的互相影响和趋同，在包括教育、健康和社会福利等公共政策领域确立相近的目标和建立相似的政策执行方案"④。

　　为了推动世界范围内高等教育的发展，从 20 世纪 90 年代以来，联合国教科文组织、经济合作组合、世界银行等国际组织发表了一系列影响各国高等教育政策制定的报告，参与到高等教育的全球治理实践之中。1994 年，世界银行发表《高等教育：不同经验的参考》(Higher Education：Lessons of the Experience)提倡高等教育办学模式和经费来源的多样化。联合国教科文组织于 1995 年发表《高等教育变革与发展政策文件》(Policy Paper for Change and Development in Higher Education)，大力倡导用私人资源来支持高等教育的扩展。经合组织于 1998 年发表《重新定义第三级教育》(Redefine Tertiary Education)，提出应对高等教育的智力模式进行变革，政府角色应由微观治理转变为宏观治理。2000 年，联合国教科文组织和世界银行发表了《发展中国家的高等教育：危机与出路》，指出发展中国家的普遍问题和可能的解决方案，其结论是"没有更多更高质量的高等教育，发展中国家将会发现自身越来越难以从全球性的知识经济中受益"。⑤ 北美自由贸易协定规定，成员国可以在泛北美市场中跨国开

---

① 希拉·斯劳特、拉里·莱利斯：《学术资本主义：政治、政策和创业型大学》，梁骁、黎丽译，北京大学出版社 2008 年版，第 33 页。
② 蒋衡、朱旭东：《当代西方教育与全球化理论研究评析》，《比较教育研究》2010 年 6 期，第 14—19 页。
③ 蒋衡、朱旭东：《当代西方教育与全球化理论研究评析》，《比较教育研究》2010 年 6 期，第 14—19 页。
④ 蒋衡、朱旭东：《当代西方教育与全球化理论研究评析》，《比较教育研究》2010 年 6 期，第 14—19 页。
⑤ 顾建新：《跨国教育发展理念与策略》，学林出版社 2008 年版，第 99 页。

发教育产品,其结果是"教育成了政府交给北美资本利益的又一公共机构"。① 另外,世贸组织在推动全球高等教育贸易的自由化中发挥着极其重要的作用。其服务贸易总协定(GATS)视教育为"市场购买品",进一步确立了教育产业的观念,为跨国教育的发展提供了合法依据;进一步表达的信念是服务贸易的合理自由化将有助于国际服务贸易的增长和世界经济的发展。"在教育领域,GATS 的主要关注点是以市场为导向的高等教育服务贸易投资。"②GATS 以及一系列双边、多边和地区性协议的签署促使各类教育产品和院校进入市场,"保证高等院校或其他教育提供者在任何一个成员国建立分支机构,出口学位课程,以最少的限制授予学位和证书,在国外教育机构投资,为其国外风险投资聘任教师,不受控制地通过远程技术建立教育和培训项目等等"。③ 中国于 2001 年加入世贸组织,在签订的《服务贸易具体承诺减让表》中,承诺有限开放高等教育、成人教育、高中阶段教育、学前教育和其他教育市场;允许中外合作办学,并允许外方获得多数拥有权,但没有承诺给予外方国民待遇;不允许外国机构单独在华设立学校及其他教育机构,④也就是说中国实行的是有条件、有步骤的开放。

　　当前,全球化对高等教育的影响主要表现在世界范围内高等教育贸易的扩张和由此产生的跨国高等教育的蓬勃发展。进入 1990 年代,随着全球化的日益加剧,尽管欧美国家和国际组织对发展中国家的教育援助活动仍然频繁,但已经开始向教育合作和教育国际贸易转变。在这一转变过程中,世贸组织发挥了至关重要的作用。世贸组织的服务贸易总协定对全球高等教育带来了变化:一是促使各国教育开放,拉动教育的跨境扩展和资源交流,加剧高等教育的竞争与合作;二是为社会提供各种新的就业机会和广阔的劳动力市场,使得人们对传统的学术资格、各种专业资格证书及终生教育所需的各种"产品"的需求显著增长;三是使高等教育的产业属性得到凸显,高等教育服务和产品的跨境流动加剧,形成了无边界、跨国界的高等教育市场,使高等教育机构

---

① Currie, Jane and Janice Newson, Universities and Globalization: Critical Perspectives, *Sage Publications*, 1998: 8.

② 周满生:《"教育跨境提供"研究——国际教育服务贸易的最新进展及相关政策解析》,《教育发展研究》2005 年第 5 期,第 28—31 页。

③ 菲利普·阿尔特巴赫:《高等教育与 WTO: 全球化横冲直撞》,史春梦译,《中国高教研究》2001 年第 7 期,第 28—29 页。

④ 赵凤文:《参与中外合作办学应对 WTO 挑战》,《中国成人教育》2005 年第 3 期,第 35—36 页。

也有条件像跨国公司那样在全球范围内结盟并提供高等教育"产品"。①

　　实际上，自 1980 年代，从英国、澳大利亚开始，在推崇市场作用和贸易自由化的新自由主义和新公共管理政策主导下，其教育领域的变革就已经开始出现市场化的趋向：一方面是大幅削减教育财政，另一方面不但开始对本国大学学生收费，而且对国外留学生也从提供奖学金转变到为微额收费直到全额收费，并逐渐将留学生缴纳的学费看作财政创收的重要手段。② 作为较早确立教育为服务贸易和创汇的支柱性产业国家的澳大利亚，为打开国际教育市场，成立了若干或官方或非官方的专门教育推广机构，如 1969 年成立的澳大利亚教育国际开发署（International Development Program，IDP）在全球 19 个国家设立办事处，澳大利亚国际教育基金会（Australia International Education Funds，AIEF）则在海外有近 40 个办事机构，而 1993 年成立的国际教育司（Australian Education International，AEI）在 18 个国家设有海外办公室，代表澳大利亚政府就教育培训相关事宜和其他国家进行谈判协商。进入 1990 年代，澳大利亚政府还为大学的跨国办学活动提供直接的财政支持。1994 年澳政府投入 104 万澳元，支持 26 所本国大学与印尼、泰国、日本、韩国、新加坡、中国的高校共同开展 26 个试验合作项目。2003 年预算中，又专门拨出 1 040 万澳元，以保证和提高澳大利亚高校跨国高等教育活动的质量与水平。而基于教育服务贸易理念的跨国高等教育的推广，也确实给澳大利亚带来丰厚的经济回报。据统计，1993 年澳大利亚的教育出口收入达 30 亿美元，2000 年高等教育的年收入中更是有 10％来自海外留学生学费收入，比 1999 年增长 19％。③

（二）迈向高等教育强国的国家战略

　　教育强则国家强，人才兴则民族兴。习近平总书记指出，"高等教育发展水平是一个国家发展水平和发展潜力的重要标志。"实现中华民族伟大复兴的中国梦，必须有世

---

① 顾建新：《跨国教育发展理念与策略》，学林出版社 2008 年版，第 204—205 页。

② 栗晓红、姜凤云：《西方关于跨国高等教育的研究：概念与问题》，《北京大学教育评论》2007 年第 2 期，第 120—127，191 页。

③ 王剑波：《跨国高等教育理论与中国的实践》，华东师范大学 2004 年，第 46—47 页。

界一流的高等教育。要"咬定青山不放松",用一流的标准支撑一流的目标。① 截至 2016 年,我国共有各类高校 2 880 所,高等教育毛入学率达到 42.7%,全国各类高等教育在校生总规模达到 3 699 万人,已经是高等教育世界第一大国。② 党的十九大报告明确提出:"建设教育强国是中华民族伟大复兴的基础工程,必须把教育事业放在优先位置,深化教育改革,加快教育现代化,办好人民满意的教育。"③当今世界的综合国力竞争,说到底是人才竞争,人才越来越成为推动经济社会发展的战略性资源,教育的基础性、先导性、全局性地位和作用更加突显。"两个一百年"奋斗目标的实现、中华民族伟大复兴中国梦的实现,归根到底靠人才、靠教育。同时,科学技术迅猛发展,知识更新、人类文明更迭日新月异,未来世界的不确定性增加。纳米、生物、信息、3D 打印、人工智能、新型材料、机器人等重大颠覆性技术的涌现,对传统产业的产品、商业模式和业态产生了深刻的影响,催生出许多新的产业领域。面对新一轮全球科技革命的历史性机遇,谁拥有一流的创新人才,谁就拥有了科技创新的优势和主导权,而一流创新人才的培养在很大程度上要依靠教育。党的十九大报告进一步明确,创新是引领发展的第一动力,是建设现代化经济体系的战略支撑,强调推动互联网、大数据、人工智能和实体经济深度融合,积极实施自主创新战略、原始创新战略和非对称创新战略。创新驱动发展是实现中国 2050 年建成世界科技创新强国的重要基石,唯有努力建设高等教育强国,通过高等教育将人口红利转化为人力资源红利,通过高等教育激发出人的创新意识与创造力,才能有效地释放经济社会的创新活力。

从世界范围内的高等教育强国看,高等教育强国是世界知识创新、科技创新和高等教育创新的"集散地","不仅蕴含着深刻的数量关系和质量内涵,而且渗透着结构优化和功能耦合的内外部规定性"④。从高等教育自身发展看,高等教育强国首先是高

---

① 任立楚:《牢牢把握"五个坚持"迈向世界高等教育强国建设新征程》,《中国高等教育》2017 年第 19 期,第 13—14 页。

② 《2016 年全国教育事业发展统计公报:高等教育毛入学率达到 42.7%》,http://www.xinhuanet.com/ 2017-07/11/c_1121302564.htm(阅读时间:2017 年 12 月 11 日)。

③ 《决胜全面建成小康社会,夺取新时代中国特色社会主义伟大胜利——在中国共产党第十九次全国代表大会上的报告》,http://www.gov.cn/zhuanti/2017-10/27/content_5234876.htm(阅读时间:2017 年 12 月 11 日)。

④ 李枭鹰:《系统科学视野中的高等教育强国》,《复旦教育论坛》2008 年第 6 期,第 23—27 页。

等教育规模较大、高等教育普及率较高；其次是高等教育质量整体上处于世界领先地位，拥有一批世界一流大学和一流学科、专业，科研成果达到国际先进水平；再次是拥有一批杰出的师资，特别是拥有一批具有国际影响的大学校长和教育家，人才培养水平与质量达到世界先进水平；第四是已形成布局合理、开放的高等教育体系，能够全面适应经济社会发展的需要，对经济、政治、文化、科技等发展的贡献率较高；第五是具有在国际上公认的原创性教育理念、先进的管理理念，大学、政府、市场之间建立了良好的生态关系；第六是实现了高等教育公平和机会均等，高等教育选择权不为少数人所掌握，而由拥有平等权利的全体国民共同分享。[1] 其中，高质量应该是高等教育强国的核心特征，主要是看高等教育是否实现了发展人的个性并为个人的发展提供可能，同时又为社会的发展提供高质量的人才，还要看其发展、积淀所形成的文化特征是否内化于该机构所培养的人才的质量中，是否体现在该教育机构在追求理想、应对社会的共同需要中。当然，高等教育强国的最终目标是促进人的全面发展，并在为社会提供高素质人才的基础上，促进经济发展，提升社会的文明程度。[2]

1. 加快一流大学和一流学科建设，实现高等教育内涵式发展

2015 年 8 月，习近平总书记在中央全面深化改革领导小组第十五次会议上强调："要全面贯彻党的教育方针，遵循教育规律，以立德树人为根本，以中国特色为统领，以支撑创新驱动发展战略、服务经济社会为导向。""推动一批高水平大学和学科进入世界一流行列或前列，提升我国高等教育综合实力和国际竞争力，培养一流人才，产出一流成果。"[3]在 2016 年 12 月 7 日至 8 日召开的全国高校思想政治工作会议上，习近平总书记进一步强调，"高等教育发展水平是一个国家发展水平和发展潜力的重要标志。实现中华民族伟大复兴，教育的地位和作用不可忽视。我们对高等教育的需要比以往任何时候都更加迫切，对科学知识和卓越人才的渴求比以往任何时候都更加强烈。党中央作出加快建设世界一流大学和一流学科的战略决策，就是要提高我国高等教育发

---

① 黎琳、李枭鹰：《高等教育强国的基本特征与生发机制》，《现代大学教育》2009 年第 5 期，第 97—101 页。

② 马健生、黄海刚：《试论高等教育强国的概念、内涵与特征》，《国家教育行政学院学报》2009 年第 7 期，第 35—39 页。

③《中央全面深化改革领导小组第十五次会议召开》，http://www.gov.cn/xinwen/2015-08/18/content_2915043.htm(阅读时间：2017 年 12 月 15 日)。

展水平,增强国家核心竞争力"①。

2016 年 10 月,《国务院关于印发〈统筹推进世界一流大学和一流学科建设总体方案〉的通知》正式公布了"双一流"建设方案,明确了加快建成一批世界一流大学和一流学科的目标、任务、时间表和路线图。《方案》明确提出要"全面贯彻党的教育方针,坚持社会主义办学方向,按照'四个全面'战略布局和创新、协调、绿色、开放、共享发展理念,以中国特色、世界一流为核心,落实立德树人根本任务,以一流为目标、以学科为基础、以绩效为杠杆、以改革为动力,推动一批高水平大学和学科进入世界一流行列或前列,为实现'两个一百年'奋斗目标、实现中华民族伟大复兴的中国梦提供有力支撑"②。为此,要统筹推进一流大学和一流学科建设,并且将分三步走:第一步到 2020 年,若干所大学和一批学科进入世界一流行列,若干学科进入世界一流学科前列;第二步到 2030 年,更多的大学和学科进入世界一流行列,若干所大学进入世界一流前列,一批学科进入世界一流学科前列,高等教育整体实力显著提升;第三步到本世纪中叶,一流大学和一流学科的数量和实力进入世界前列,基本建成高等教育强国。

习近平总书记关于教育改革与发展的系列讲话,为建设世界一流大学、一流学科和高等教育强国指明了方向。2016 年 12 月,习近平总书记在全国高校思想政治工作会议上强调:"教育强则国家强。高等教育发展水平是一个国家发展水平和发展潜力的重要标志。实现中华民族伟大复兴,教育的地位和作用不可忽视。我们对高等教育的需要比以往任何时候都更加迫切,对科学知识和卓越人才的渴求比以往任何时候都更加强烈。党中央作出加快建设世界一流大学和一流学科的战略决策,就是要提高我国高等教育发展水平,不断增强国家核心竞争力。""只有培养出一流人才的高校,才能够成为世界一流大学。办好我国高校,办出世界一流大学,必须牢牢抓住全面提高人

---

① 《把思想政治工作贯穿教育教学全过程,开创我国高等教育事业发展新局面》,http://www.moe.edu.cn/jyb_xwfb/s6052/moe_838/201612/t20161208_291306.html,2016-12-8(阅读时间:2017 年 12 月 15 日)。

② 《教育部、财政部、国家发展改革委关于印发〈统筹推进世界一流大学和一流学科建设实施办法(暂行)〉的通知》,http://bgt.ndrc.gov.cn/zcfb/201701/t20170126_837091.html(阅读时间:2017 年 12 月 15 日)。

才培养能力这个核心点，并以此来带动高校其他工作。"①我国的高等教育肩负着建设创新型国家、弘扬社会主义先进文化和提升国民科学道德素养的重要使命，同时也肩负着培养多层次、多类型人才的重要职责，不但要培养掌握高精尖技术的创新人才，也要关注技术人才的培养，引领社会发展的方向。2016年在"全国科技创新大会"和"两院院士大会"上的讲话提出："研究型大学要加强学科建设，重点开展自由探索的基础研究。要加强科研院所和高校合作，使目标导向研究和自由探索相互衔接、优势互补，形成教研相长、协同育人新模式，打牢我国科技创新的科学和人才基础。"②因此，我们应当紧紧抓住新世纪的大好机遇，加快提升自主创新和将研发成果转化为生产力的能力，加大哲学社会科学研究支持力度，完善中国特色哲学社会科学学科体系、学术体系、话语体系，构建中国特色的学术标准和学术评价体系，为建设创新型国家和社会主义精神文明建设贡献力量。同时，在高校布局、结构层次调整和终身教育等方面进行一些深化改革，将其拓展成具有创新意义和价值的重要发展领域。此外，要注意汲取改革开放40年来我国高等教育改革与创新的经验与探索，充分发挥改革中形成的可推广利用的体制机制创新成果。而我国要建设一流大学与一流学科，必须重视我国优秀的历史文化与教育遗产，扎根中国大地办大学。

同时，坚持内涵发展是一流大学的底色。支撑一流大学，学科是基础，人才是关键，这是世界共识。习近平总书记强调，"把人才作为支撑发展的第一资源"。正如清华大学梅贻琦老校长所言"所谓大学者，非有大楼之谓也，有大师之谓也"。我们建设世界一流大学，要立足学科之"根"、人才之"魂"。要鼓励高校多一些安心、耐心、静心，走稳走好内涵发展之路，凝练学科发展方向，打造出更多学科"高地"和"高峰"，稳中求进，逐步提高高等教育重心。"致天下之治者在人才"，要始终把人作为最可宝贵的资源，要有"栽下梧桐树、引得凤凰来"的精神，将人才培养和队伍建设放在更加重要的位置，深化人才评价激励机制为核心的各项用人制度改革，尽一切可能让广大人才特别

---

① 《把思想政治工作贯穿教育教学全过程，开创我国高等教育事业发展新局面》，http://www.moe.edu.cn/jyb_xwfb/s6052/moe_838/201612/t20161208_291306.html，2016-12-8(阅读时间：2017年12月15日)。
② 《习近平出席中国科学院第十七次院士大会、中国工程院第十二次院士大会开幕会并发表重要讲话》，http://news.cntv.cn/2014/06/09/VIDE1402312692641556.shtml(阅读时间：2017年12月15日)。

是青年人才心无旁骛、后顾无忧，为他们投身教书育人和科技创新创造良好条件。①

2. 加快建立中国特色现代大学制度，实现高等教育发展的新跨越

要把立德树人、提高质量贯穿综合改革全过程，推动社会主义核心价值观入脑入心，创新人才培养机制，切实落实人才培养中心地位。要进一步推进简政放权，切实转变政府职能，完善高校内部治理结构，构建现代大学制度。高校要合理定位、特色发展，优化专业结构，防止"同质化"，提高学生就业创业能力。要发挥高校在国际合作、人文交流方面的独特作用。高校统筹协调、形成合力，确保改革沿着正确方向有序推进，实现我国高等教育的新跨越。②

建立具有中国特色的现代大学制度，核心是坚持和完善党委领导下的校长负责制。第二十三次全国高等学校党的建设工作会议 28 日至 29 日在京召开，习近平总书记指出，"办好中国特色社会主义大学，要坚持立德树人，把培育和践行社会主义核心价值观融入教书育人全过程；强化思想引领，牢牢把握高校意识形态工作领导权；坚持和完善党委领导下的校长负责制，不断改革和完善高校体制机制；全面推进党的建设各项工作，有效发挥基层党组织战斗堡垒作用和共产党员先锋模范作用。各级党委和宣传思想部门、组织部门、教育部门要加强对高校党的建设工作的领导和指导，坚持党的教育方针，坚持社会主义办学方向，加强和改进思想政治工作，切实把党要管党、从严治党落到实处。"③建立中国特色的现代大学制度，关键在于制度创新，更要扎根中国大地办大学。2014 年，习近平总书记在北京大学师生座谈会上强调，"办好中国的世界一流大学，必须有中国特色。没有特色，跟在他人后面亦步亦趋，依样画葫芦，是不可能办成功的"，"世界上不会有第二个哈佛、牛津、斯坦福、麻省理工、剑桥，但会有第一个北大、清华、浙大、复旦、南大等中国著名学府"，"我们要认真吸收世界上先进的

---

① 任立楚：《牢牢把握"五个坚持"迈向世界高等教育强国建设新征程》，《中国高等教育》2017 年第 19 期，第 13—14 页。

② 马德秀：《迈向高等教育强国需要关注四个新挑战》，http://www. qstheory. cn/tbzt/tbzt_2014/2014lh/mtpl/201403/t20140312_329565. htm(阅读时间：2017 年 12 月 15 日)。

③ 《习近平：加强党对高校的领导》，http://news. youth. cn/jsxw/201412/t20141230_6371727. htm(阅读时间：2017 年 12 月 15 日)。

办学治学经验,更要遵循教育规律,扎根中国大地办大学"。①

3. 促进教育公平,深化考试招生制度改革

构建公平、科学的教育体制机制是中国教育改革最重要的目标之一。在中央全面深化改革领导小组第四次会议上,习近平总书记指出,"考试招生制度是国家基本教育制度。总体上看,我国考试招生制度符合国情,同时也存在一些问题。必须通过深化改革,促进教育公平、提高人才选拔水平,适应培养德智体美全面发展的社会主义建设者和接班人的要求。深化考试招生制度改革,总的目标是形成分类考试、综合评价、多元录取的考试招生模式,健全促进公平、科学选才、监督有力的体制机制,构建衔接沟通各级各类教育、认可多种学习成果的终身学习立交桥。考试招生制度改革要在充分论证搞好顶层设计的基础上,试点先行,分步实施,有序推进"②。

4. 全面提高高等教育质量,努力形成有利于创新人才成长的育人环境

全面提高高等教育质量,首先是要优化学科专业布局和人才培养机制,适应国家和区域经济社会发展需要,"鼓励具备条件的普通本科高校向应用型转变",重点扩大应用型、复合型、技能型人才培养规模。其次是要全面提升高校教学水平和创新能力,要加快建立高校分类设置、分类拨款和分类评估制度,形成办出特色、争创一流的长效机制。再次是要以支撑创新驱动发展战略、服务经济社会为导向,加强基础研究,注重原始创新,支持高校参与建设一批国家技术创新中心,使若干高校和一批学科达到或接近世界一流水平,提升我国高等教育综合实力和国际竞争力,同时深化高校创新创业教育改革,鼓励以创业带动就业,努力造就大众创业、万众创新的生力军。

全面提高高等教育的核心是提高人才培养的质量。习近平总书记强调,"着力完善人才发展机制。要用好用活人才,建立更为灵活的人才管理机制,打通人才流动、使用、发挥作用中的体制机制障碍,最大限度支持和帮助科技人员创新创业。要深化教育改革,推进素质教育,创新教育方法,提高人才培养质量,努力形成有利于创新人才成长的育人环境。要积极引进海外优秀人才,制定更加积极的国际人才引进计划,吸

---

① 《习近平在北京大学师生座谈会上的讲话》,http://www. china. com. cn/news/2014-05/05/content_32283223_2. htm(阅读时间：2017 年 12 月 15 日)。

② 《习近平主持召开中央全面深化改革领导小组第四次会议》,http://www. gov. cn/xinwen/2014-08/18/content_2736451. htm(阅读时间：2017 年 12 月 15 日)。

引更多海外创新人才到我国工作"①。

提高高等教育质量,关键靠教师。在 2016 年 12 月 7 日至 8 日召开的全国高校思想政治工作会议上,习近平总书记强调"教师是人类灵魂的工程师,承担着神圣使命。传道者自己首先要明道、信道。高校教师要坚持教育者先受教育,努力成为先进思想文化的传播者、党执政的坚定支持者,更好地担起学生健康成长指导者和引路人的责任。要加强师德师风建设,坚持教书和育人相统一,坚持言传和身教相统一,坚持潜心问道和关注社会相统一,坚持学术自由和学术规范相统一,引导广大教师以德立身、以德立学、以德施教"②。2014 年 5 月 4 日,习近平总书记在与北京大学师生代表的座谈中指出:"教师要时刻铭记教书育人的使命,甘当人梯、甘当铺路石,以人格魅力引导学生心灵,以学术造诣开启学生的智慧之门。"③2017 年 1 月 3 日,在人民日报刊发的《习近平首次点评"95 后"大学生》中,习近平总书记提到,"教师做的是传播知识、传播思想、传播真理的工作,是塑造灵魂、塑造生命、塑造人的工作。教师不能只做传授书本知识的教书匠,而要成为塑造学生品格、品行、品味的'大先生'。教师教给学生的知识,多年以后可能会过时,可能会遗忘,但教给学生为人处世的道理是学生一生的财富,会让他们终生难忘。教师要成为学生做人的镜子,以身作则、率先垂范,以高尚的人格魅力赢得学生敬仰,以模范的言行举止为学生树立榜样,把真善美的种子不断播撒到学生心中"④。

5. 牢牢抓住全面提高人才培养能力这个核心点

在 2016 年 12 月 7 日至 8 日召开的全国高校思想政治工作会议上,习近平总书记指出,"我国高等教育肩负着培养德智体美全面发展的社会主义事业建设者和接班人的重大任务,必须坚持正确政治方向","只有培养出一流人才的高校,才能够成为世界

---

① 《习近平主持中共中央政治局第九次集体学习》,http://politics. people. com. cn/n/2013/1001/c1024-23094554. html(阅读时间:2017 年 12 月 15 日)。

② 《把思想政治工作贯穿教育教学全过程,开创我国高等教育事业发展新局面》,http://www. moe. edu. cn/jyb_xwfb/s6052/moe_838/201612/t20161208_291306. html(阅读时间:2017 年 12 月 15 日)。

③ 《习近平在北京大学师生座谈会上的讲话》,http://www. china. com. cn/news/2014-05/05/content_32283223_2. htm(阅读时间:2017 年 12 月 15 日)。

④ 《习近平首次点评"95 后"大学生》,http://cpc. people. com. cn/n1/2017/0103/c64094-28993285. html(阅读时间:2017 年 12 月 15 日)。

一流大学。办好我国高校，办出世界一流大学，必须牢牢抓住全面提高人才培养能力这个核心点，并以此来带动高校其他工作"①。习近平总书记在出席中国科学院第十七次院士大会、中国工程院第十二次院士大会开幕会时讲话中指出，"创新的事业呼唤创新的人才。实现中华民族伟大复兴，人才越多越好，本事越大越好。知识就是力量，人才就是未来。我国要在科技创新方面走在世界前列，必须在创新实践中发现人才、在创新活动中培育人才、在创新事业中凝聚人才，必须大力培养造就规模宏大、结构合理、素质优良的创新型科技人才。要把人才资源开发放在科技创新最优先的位置，改革人才培养、引进、使用等机制，努力造就一批世界水平的科学家、科技领军人才、工程师和高水平创新团队，注重培养一线创新人才和青年科技人才"②。要"推进自主创新，人才是关键。没有强大人才队伍作后盾，自主创新就是无源之水、无本之木。要广纳人才，开发利用好国际国内两种人才资源，完善人才引进政策体系。我曾经讲过，要坚持以用为本，按需引进，重点引进能够突破关键技术、发展高新技术产业、带动新兴学科的战略型人才和创新创业的领军人才。要放手使用人才，在全社会营造鼓励大胆创新、勇于创新、包容创新的良好氛围，既要重视成功，更要宽容失败，为人才发挥作用、施展才华提供更加广阔的天地，让他们人尽其才、才尽其用、用有所成。要完善促进人才脱颖而出的机制，完善人才发现机制，不拘一格选人才，培养宏大的具有创新活力的青年创新型人才队伍。要鼓励人才继承中华民族'先天下之忧而忧，后天下之乐而乐'的传统美德，把个人理想与实现中国梦结合起来，脚踏实地，勤奋工作，把自己的智慧和力量奉献给实现中国梦的伟大奋斗"③。

6. 扎根中国、融通中外、立足时代、面向未来，发展具有中国特色、世界水平的现代教育

习近平总书记在深刻分析世界发展形势的基础上，提出了"人类命运共同体"的主张，论述了教育在为未来社会培养人才、促进人类和平与发展中的作用。他指出，教育

---

① 《把思想政治工作贯穿教育教学全过程，开创我国高等教育事业发展新局面》，http://www. moe. cn/jyb_xwfb/s6052/moe_838/201612/t20161208_291306. html（阅读时间：2017 年 12 月 15 日）。

② 《习近平出席中国科学院第十七次院士大会、中国工程院第十二次院士大会开幕会并发表重要讲话》，http://news. cntv. cn/2014/06/09/VIDE1402312692641556. shtml（阅读时间：2017 年 12 月 15 日）。

③ 《习近平：人才是创新的第一资源》，http://www. chinanews. com/gn/2016/03-03/7782297. shtml（阅读时间：2017 年 12 月 15 日）。

参考文献

中文类

著作：

［1］包金玲：《去行政化：日本教育行政地方分权改革》，西南师范大学出版社 2015 年版。

［2］别敦荣、杨德广：《中国高等教育改革与发展 30 年(1978—2008)》，上海教育出版社 2009 年版。

［3］伯顿·克拉克：《高等教育系统——学术组织的跨国研究》，王承绪等译，杭州大学出版社 1994 年版。

［4］陈浩、马陆亭：《中国教育改革大系(高等教育卷)》，湖北教育出版社 2016 年版。

［5］陈宪：《宏观经济政策与发展规划》，机械工业出版社 2016 年版。

［6］成都师范学院教育科学学院：《教师教育改革与应用型教育人才培养》，西南交通大学出版社 2015 年版。

［7］《邓小平文选(第二卷)》，人民出版社 1994 年版。

［8］董泽宇：《来华留学教育研究》，国家行政学院出版社 2012 年版。

［9］窦衍瑞：《现代大学制度研究》，山东大学出版社 2016 年版。

［10］樊本富：《中国高校自主招生研究》，华中师范大学出版社 2010 年版。

［11］费正清：《费正清论中国：中国新史》，薛绚译，正中书局 1994 年版。

［12］费正清：《美丽中国》，张理京译，世界知识出版社 1999 年版。

［13］顾建新：《跨国教育发展理念与策略》，学林出版社 2008 年版。

［14］顾明远：《世界教育大事典》，江苏教育出版社 2000 年版。

［15］郭大成：《高校领导体制的研究与探索》，北京理工大学出版社 2014 年版。

［16］国务院法制办公室：《中华人民共和国法规汇编(1960—1963、1979—1981)》，中国法制出版社 2005 年版。

［17］国务院法制办公室：《中华人民共和国教育法典》，中国法制出版社 2014 年版。

［18］国务院法制局：《中华人民共和国现行法律行政法规汇编(1949—1994)上册》，中国法制出版社 1995 年版。

［19］郝瑞庭：《教科文的春天——科教文化界的拨乱反正》，安徽人民出版社 1998 年版。

［20］郝维谦、龙正中：《高等教育史》，海南出版社 2000 年版。

［21］何东昌：《中华人民共和国重要教育文献(1976—1990)》，海南出版社 1998 年版。

［22］胡书东：《中国经济现代化透视：经验与未来》，格致出版社，上海三联书店，上海人民出版社 2010 年版。

［23］华中科技大学科协、武汉大学科协：《高等学校科协工作指导手册》，华中科技大学出版社 2015 年版。

［24］黄进：《社会主义核心价值观的"内省"与"外化"》，江苏人民出版社 2015 年版。

［25］季明明：《中国教育行政全书》，经济日报出版社 1997 年版。

［26］教育部法制办公室：《中华人民共和国教育法律法规规章汇编（上）》，华东师范大学出版社 2010 年版。

［27］教育部政策研究与法制建设司：《中华人民共和国现行教育法规汇编：1996—2001（下卷）》，高等教育出版社 2002 年版。

［28］李宏伟：《墨香集》，河南人民出版社 2013 年版。

［29］李化树、杨璐僖：《建设高等教育强国——美国实证研究》，西南交通大学出版社 2012 年版。

［30］李建新：《推进服务型政府建设研究》，湖南人民出版社 2010 年版。

［31］李敏：《教育国际交流：挑战与应答》，书海出版社 2009 年版。

［32］李文辉等：《工作分析与岗位设计》，中国电力出版社 2014 年版。

［33］辽宁省教育厅：《现行教育法律法规规章汇编（下）》，吉林人民出版社 2013 年版。

［34］林金辉、刘志平：《高等教育中外合作办学研究》，广东高等教育出版社 2010 年版。

［35］刘国新、贺耀敏：《中华人民共和国历史长编第四卷（1977—1994）》，广西人民出版社 1994 年版。

［36］刘海峰：《高校招生考试制度改革研究》，经济科学出版社 2009 年版。

［37］刘俊贤等：《大学生职业规划　就业指导与创业教育》，清华大学出版社 2015 年版。

［38］刘克选、方明东：《北大与清华：中国两所著名高等学府的历史与风格（下）》，国家行政学院出版社 2011 版。

［39］刘英杰：《中国教育大事典（1949—1990）（下）》，浙江教育出版社 1993 年版。

［40］刘宇文：《高校办学自主权研究》，湖南人民出版社 2014 年版。

［41］罗纳德·哈里·科斯、王宁：《变革中国：市场经济的中国之路》，徐尧、李哲民译，中信出版社 2013 年版。

［42］马国川：《看中国》，中信出版社 2015 年版。

［43］《马克思主义基本原理概论》，高等教育出版社 2010 年版。

［44］马文卿、刘文超：《中国高考走向》，山东人民出版社 2002 年版。

［45］苗丹国：《出国留学六十年——当代中国的出国留学政策与引导在外留学人员回国政策的形成、变革与发展》，中央文献出版社 2010 年版。

［46］南京艺术学院科研处、研究生处：《南京艺术学院 教师科研手册》，2008 年版。

［47］欧少亭：《教育政策法规文件汇编（第四卷）》，延边人民出版社 2001 年版。

［48］欧文·E·休斯：《公共管理导论》，张成福等译，中国人民大学出版社 2001 年版。

［49］秦文献：《高校毕业生就业法律问题研究》，郑州大学出版社 2014 年版。

［50］全国人大常委会法制工作委员会研究室：《中华人民共和国法律法规及司法解释分类汇编（第 6 卷）》，中国民主法制出版社 2000 年版。

［51］冉春：《留学教育管理的嬗变》，山东教育出版社 2010 年版。

［52］《三中全会以来重要文献选编（上）》，人民出版社 1982 年版。

［53］上海高等教育局研究室、华东师范大学：《中华人民共和国建国以来高等教育重要文献选编（下）》，上海高等教育局研究室 1979 年版。

[54] 上海交通大学校志编纂委员会：《上海交通大学志 1896—1996》，上海交通大学出版社 1996 年版。

[55] 尚晓丽：《西方公共事业管理概论》，新世纪出版社 2015 年版。

[56] 《十三大以来重要文献选编（上）》，人民出版社 1991 年版。

[57] 帅相志：《现代教育管理改革与发展》，山东人民出版社 2006 年版。

[58] 孙绵涛等：《高校学术委员会制度研究》，人民出版社 2015 年版。

[59] 孙群英：《地方高校实践教学管理的研究与实践》，哈尔滨地图出版社 2006 年版。

[60] 孙霄兵：《常用教育法律法规》，教育科学出版社 2010 年版。

[61] 田正平：《中外教育交流史》，广东教育出版社 2004 年版。

[62] 王辉耀、苗绿：《国际人才蓝皮书中国留学发展报告（2015）》，社会科学文献出版社 2015 年版。

[63] 王剑波：《跨国高等教育与中外合作办学》，山东教育出版社 2012 年版。

[64] 王战、潘世伟：《改革再出发　凝聚成共识》，上海社会科学院出版社 2014 年版。

[65] 卫道治：《中外教育交流史》，湖南教育出版社 1998 年版。

[66] 吴德刚：《中国教育改革发展报告——改革开放二十年回顾与展望》，中共中央党校出版社 1999 年版。

[67] 吴敬琏：《当代中国经济改革》，上海远东出版社 2004 年版。

[68] 武力：《中华人民共和国经济史（上）》，中国时代经济出版社 2010 年版。

[69] 杨放：《教育法规全书》，南海出版公司 1990 年版。

[70] 尹青山等：《中国改革开放政策大典》，中国建材工业出版社 1993 年版。

[71] 应望江：《中国高等教育改革与发展 30 年（1978～2008）》，上海财经大学出版社 2008 年版。

[72] 俞可平：《治理与善治》，社会科学文献出版社 2000 年版。

[73] 袁贵仁：《中国教育》，北京师范大学出版社 2013 年版。

[74] 曾天山等：《科教兴国与依法治教——科教兴国与教育创新研究》，大象出版社 2005 年版。

[75] 曾湘泉等：《变革中的就业环境与中国大学生就业》，中国人民大学出版社 2004 年版。

[76] 张诚：《四川大学年鉴 2004》，四川大学出版社 2006 年版。

[77] 张德祥：《高等学校的学术权力与行政权力》，南京师范大学出版社 2002 年版。

[78] 张钢：《公共管理学引论》，浙江大学出版社 2003 年版。

[79] 张继玺：《共和国教育 60 年：柳暗花明（1976—1992）》，广东教育出版社 2009 年版。

[80] 张晋藩、海戚、初尊贤：《中华人民共和国国史大辞典》，黑龙江人民出版社 1992 年版。

[81] 张乐天：《高等教育政策的回顾与反思（1977—1999）》，南京师范大学出版社 2008 年版。

[82] 张晓清：《高等学校党政领导体制研究》，天津人民出版社 2015 年版。

[83] 张应强：《精英与大众：中国高等教育 60 年》，浙江大学出版社 2009 年版。

[84] 中共上海市委党史研究室、上海市现代上海研究中心：《口述上海：改革创新（1978—1992）》，上海教育出版社 2014 年版。

[85] 中共中央党校理论研究室：《历史的丰碑：中华人民共和国国史全鉴（教育卷）》，中共中央文献出版社 2005 年版。

[86] 中共中央马克思恩格斯列宁斯大林著作编译局:《马克思恩格斯选集(第 3 卷)》,人民出版社 1972 年版。

[87] 中共中央文献研究室:《建国以来重要文献选编(第 6 册)》,中国文献出版社 2011 年版。

[88] 中国法律年鉴编辑部:《中国法律年鉴(1989)》,法律出版社 1990 年版。

[89] 中国高等教育学会:《改革开放 30 年中国高等教育发展经验专题研究(1978—2008)》,教育科学出版社 2008 年版。

[90] 中华人民共和国商业部教育局:《教育工作文件汇编》,内部资料 1982 年版。

[91] 中央纪委法规室、监察部法规司:《事业单位工作人员处分暂行规定及相关法规》,中国方正出版社 2012 年版。

[92] 周雪光:《组织社会学十讲》,社会科学文献出版社 2003 年版。

报刊:

[1] 安子明、齐海滨:《制度文本与章程中的学术委员会——高校学术委员会章程之比较》,《上海政法学院学报(法治论丛)》2011 年第 6 期。

[2] 鲍勃·杰索普:《治理的兴起及其失败的风险:以经济发展为例的论述》,漆芜译,《国际社会科学杂志(中文版)》1999 年 1 期。

[3] 别敦荣、郝进仕:《论我国高等教育地方化和地方高等教育发展战略》,《高等工程教育研究》2008 年第 1 期。

[4] 蔡莉:《大学章程建设的十年探索》,《中国教育报》,2015 年 5 月 25 日。

[5] 曹淑江:《高等教育体制分权化改革的理论分析》,《浙江社会科学》2006 年第 1 期。

[6] 柴葳:《构建"政府管教育、学校办教育、社会评教育"新格局》,《中国校外教育旬刊》2013 年第 8 期。

[7] 陈国强:《地方政府对地方高校投资功能的转变》,《时代人物》2008 年第 6 期。

[8] 陈维嘉:《高等教育体制创新与政府行为的调整》,《教育研究》2003 年第 2 期。

[9] 陈学飞:《改革开放以来大陆公派留学教育政策的演变及成效》,《复旦教育论坛》2004 年第 3 期。

[10] 陈章龙:《新时期高校党委领导下的校长负责制研究》,《国家教育行政学院学报》2015 年第 7 期。

[11] 崔锐捷:《深刻领会党委领导下的校长负责制的精神实质》,《光明日报》,2014 年 12 月 18 日,第 7 版。

[12] 杜玉波:《着力选拔学科特长和创新潜质的优秀学生——教育部副部长杜玉波在高校自主选拔录取改革试点会议上的讲话》,《中国教育报》,2013 年 4 月 1 日,第 1 版。

[13] 菲利普·阿尔特巴赫:《高等教育与 WTO:全球化横冲直撞》,史春梦译,《中国高教研究》2001 年第 7 期。

[14] 冯静、蒋柳萍:《地方政府治理创新中的民间组织——基于地方政府创新项目案例的研究》,《理论月刊》2012 年第 9 期。

[15] 高小平、沈荣华:《推进行政管理体制改革:回顾总结与前瞻思路》,《中国行政管理》2006 年第 1 期。

[16] 葛锁网:《改革高等教育管理体制　加强省级政府的决策权、统筹权》,《江苏高教》1993 年

第 5 期。

[17] 管培俊：《党委领导下的校长负责制与现代大学制度》，《中国高等教育》2015 年第 15 期。

[18] 何宇、潘光堂：《高等教育地方分权与地方政府激励关系研究》，《国家教育行政学院学报》2014 年第 4 期。

[19] 何子英：《从凯恩斯主义福利民族国家理论到熊彼特主义竞争国家理论——杰索普论福利国家的危机及其出路》，《马克思主义与现实》2006 年第 6 期。

[20]《华中科技大学学术委员会工作条例（试行）》，《高等工程教育研究》2002 年第 1 期。

[21] 纪宝成：《加快我国高等教育发展的思考》，《郑州大学学报（哲学社会科学版）》2000 年第 3 期。

[22] 纪宝成：《深化高教管理体制改革的思路和目标》，《中国高等教育》1997 年第 10 期。

[23] 季晓南：《国有企业改革 2016 年回顾与 2017 年展望》，《中国经贸导刊》2017 年第 3 期。

[24] 蒋衡、朱旭东：《当代西方教育与全球化理论研究评析》，《比较教育研究》2010 年第 6 期。

[25] 孔繁斌：《治理对话统治——一个政治发展范式的阐释》，《南京社会科学》2005 年第 11 期。

[26] 李航敏：《中国高等教育服务贸易发展研究》，《国际经济合作》2014 年第 4 期。

[27] 李木洲、刘海峰：《多元分解：保送生制度改革之道》，《中国高教研究》2011 年第 12 期。

[28] 栗晓红、姜凤云：《西方关于跨国高等教育的研究：概念与问题》，《北京大学教育评论》2007 年第 2 期。

[29] 廖凡：《经济全球化与国际经济法的新趋势——兼论我国的回应与对策》，《清华法学》2009 年第 6 期。

[30] 林金辉、刘志平：《中外合作办学中优质高等教育资源的合理引进与有效利用》，《教育研究》2007 年第 5 期。

[31] 刘强：《对国有企业改革的思考》，《中国市场》2017 年第 7 期。

[32] 刘伟：《中国高校国际化合作的五种模式浅析》，《世界教育信息》2008 年第 9 期。

[33] 马陆亭：《从高等教育体制改革到现代大学制度建设》，《中国高等教育》2013 年第 21 期。

[34] 马陆亭：《完善高等学校内部治理结构》，《现代教育管理》2014 年第 7 期。

[35] 马陆亭：《我国高等教育管理体制改革 30 年——历程、经验与思考》，《中国高教研究》2008 年第 11 期。

[36] 毛克平：《我国地方政府与地方高校关系问题探析》，《教育与职业》2007 年第 26 期。

[37] 闵维方、陈晓宇：《中国高等教育经费需求与投资体制改革》，《教育研究》1994 年第 12 期。

[38] 阮李全、蒋后强：《高校办学自主权：由来、要素、涵义、走向》，《国家教育行政学院学报》2014 年第 8 期。

[39] 石猛、蔡云、王一涛：《市级行政区域高校分布的基本特征和规律》，《教育评论》2016 年第 11 期。

[40] 史静寰：《现代大学制度建设需要"根""魂"及"骨架"》，《中国高教研究》2014 年第 4 期。

[41] 宋光成：《论"愈是民族的，愈是世界的"》，《四川师范大学学报（社会科学版）》1990 年第 6 期。

[42] 宋妮：《高校丧失自主权 1952 年院系调整回眸》，《国家人文历史》2010 年第 6 期。

[43] 孙景宇、何淳耀：《论对外开放与分权改革的互动》，《当代经济科学》2008 年第 6 期。

［44］ 孙绵涛、王枬：《对我国高等教育体制改革的思考》，《高等教育研究》1993 年第 3 期。

［45］ 王礼鑫、周捷：《北大人事制度改革始末与争论》，《中国制度经济学年会精选论文》2005 年。

［46］ 王生：《内容选取与考查方式的差异——全国卷与地方卷的对比之一》，《历史教学月刊》2015 第 11 期。

［47］ 吴敬东：《完善高校党委领导下的校长负责制的思考与建议》，《湖北社会科学》2016 年第 6 期。

［48］ 辛西娅·休伊特·德·阿尔坎塔拉：《"治理"概念的运用与滥用》，黄语生译，《国际社会科学（中文版）》1999 年第 1 期。

［49］ 许杰：《教育分权：公共教育体制范式的转变》，《教育研究》2004 年第 2 期。

［50］ 薛素林：《高等教育体制的现状及其发展思路瞻望》，《西南民族大学学报（人文社科版）》2005 年第 7 期。

［51］ 阎光才、袁希：《对外开放与高等教育强国的关系内涵》，《比较教育研究》2010 年第 10 期。

［52］ 杨晓慧：《党委领导下的校长负责制：重大意义、基本要求与实践创新》，《思想理论教育导刊》2015 年第 4 期。

［53］ 姚华平：《我国社会管理体制改革 30 年》，《社会主义研究》2009 年第 6 期。

［54］ 叶澜：《深化中国高等学校内部管理体制与运行机制改革的研究报告》，《教育发展研究》2000 年第 5 期。

［55］ 郁建兴、刘大志：《治理理论的现代性与后现代性》，《浙江大学学报（人文社会科学版）》2003 年第 2 期。

［56］ 詹姆斯·马奇、约翰·奥尔森：《新制度主义详述》，允和译，《国外理论动态》2010 年第 7 期。

［57］ 湛中乐：《现代大学治理与大学章程》，《中国高等教育》2011 年第 9 期。

［58］ 张斌贤：《我国高等学校内部管理体制的变迁》，《教育学报》2005 年第 1 期。

［59］ 张康之、张乾友：《民主的没落与公共性的扩散——走向合作治理的社会治理变革逻辑》，《社会科学研究》2011 年第 2 期。

［60］ 张乐天：《恢复高考的意义诠释》，《南京师大学报（社会科学版）》2007 年第 6 期。

［61］ 张亚群：《高考综合改革：改什么，怎么改》，《时事报告》2016 年第 7 期。

［62］ 张钰林：《高校实行"党委领导下的校长负责制"的实践与思考》，《绍兴文理学院学报》2001 年第 6 期。

［63］ 赵凤文：《参与中外合作办学应对 WTO 挑战》，《中国成人教育》2005 年第 3 期。

［64］ 郑贵德、杜希民：《部门所属院校向何处去》，《高等工程教育研究》1995 年第 2 期。

［65］ 郑若玲：《保送生制度：异化与革新》，《教育发展研究》2002 年第 6 期。

［66］ 钟坚：《经济特区的酝酿、创办与发展》，《特区实践与理论》2010 年第 5 期。

［67］ 周光礼：《中国大学办学自主权（1952—2012）：政策变迁的制度解释》，《中国地质大学学报（社会科学版）》2012 年第 3 期。

［68］ 周满生：《"教育跨境提供"研究——国际教育服务贸易的最新进展及相关政策解析》，《教育发展研究》2005 年第 5 期。

［69］ 周新城：《匈牙利经济体制改革的经验教训》，《经济学动态》1987 年第 1 期。

[70] 周玉良：《怎样理解"教育与生产劳动相结合"的真正内涵》，《当代教育论坛》2002 年第 2 期。

[71] 朱家德：《大学治理现代化的困境与超越》，《高校教育管理》2017 年第 5 期。

学位论文：

[1] 曹普：《论对外开放与中国发展》，中共中央党校 1998 年。

[2] 黄华：《西方治理理论的价值取向与理论困境》，吉林大学 2006 年。

[3] 吉艳艳：《近四十年间来华国际学生教育研究(1973—2013)》，华中师范大学 2016 年。

[4] 蓝建平：《高校自主招生政策改革问题研究》，华南理工大学 2015 年。

[5] 雷雨：《我国高校学术委员会制度变迁研究》，陕西师范大学 2015 年。

[6] 刘丹丹：《我国高等学校办学自主权问题研究》，河南师范大学 2015 年。

[7] 任峰：《高等教育国际化背景下中外合作办学政策实施研究》，河南大学 2016 年。

[8] 王春燕：《我国大学学术委员会制度研究》，徐州师范大学 2011 年。

[9] 王剑波：《跨国高等教育理论与中国的实践》，华东师范大学 2004 年。

[10] 王晓琳：《我国公派留学政策存在的问题及完善对策》，东北大学 2013 年。

[11] 吴高峰：《高校与地方政府合作办学研究——以浙江海洋学院与舟山市普陀区人民政府合作办学为例》，华东师范大学 2012 年。

[12] 薛卫洋：《中国高等教育国际化研究(1978—2012)》，华东师范大学 2013 年。

[13] 赵素平：《GATS 框架下我国教育服务贸易发展战略——结合上海市为例的研究》，浙江工商大学 2008 年。

网络：

[1] 《〈关于进一步落实和扩大高校办学自主权　完善高校内部治理结构的指导意见〉解读》，http://www. scedu. net/p/8/? StId = st_app_news_i_x4001_43921.(阅读时间：2017 年 10 月 7 日)。

[2] 《1978 年—2015 年公办普通本科院校更名(合并)情况》，http://www. sohu. com/a/21386902_125911(阅读时间：2017 年 11 月 12 日)。

[3] 《1978 年 3 月 7 日高校恢复职称评定》，http://news. xinhuanet. com/science/2016-03/07/c_135155848. htm(阅读时间：2017 年 10 月 15 日)。

[4] 《1990 年以来高校合并情况》，http://www. docin. com/p－1170998970. html(阅读时间：2018 年 6 月 19 日)。

[5] 《2014 年度来华留学调查报告》，http:gaokao. eol. cn/news/201505/t20150506_1255827. shtml.(阅读时间：2017 年 10 月 26 日)。

[6] 《邓小平：坚持四项基本原则(1979 年 3 月 30 日)》，http://www. people. com. cn/GB/channel1/10/20000529/80791. html(阅读时间：2017 年 12 月 11 日)。

[7] 《关于第六批取消和调整行政审批项目的决定》，http://www. gov. cn/zwgk/2012-10/10/content_2240096. htm(阅读时间：2017 年 8 月 27 日)。

[8] 《教育部有关负责人就〈学校招收和培养国际学生管理办法〉答记者问》，http://www.

edu. cn/edu/jiao_yu_bu/xin_wen_dong_tai/201706/t20170605_1521947. shtml(阅读时间：2017 年 11 月 7 日)。

[9]《教育行政审批项目清理结果》,http://www. moe. edu. cn/jyb_xxgk/gk_gbgg/moe_0/moe_9/moe_36/tnull_481. html(阅读时间：2017 年 8 月 23 日)。

[10]《六所部属师范大学的"十三五"发展指标分析》,http://blog. sciencenet. cn/home. php?mod = space&uid = 2903646&do = blog&id = 1068936(阅读时间：2017 年 10 月 26 日)。

[11]《全面建设中国特色高等教育法律和制度体系》,http://news. cyol. com/content/2016-09/02/content_13854027. html(阅读时间：2017 年 11 月 22 日)。

[12]《四川大学学术委员会成立并召开第一届会议》,http://www. scu. edu. cn/news/xsdt/webinfo/2004/07/1204269553384666. htm(阅读时间：2017 年 10 月 20 日)。

[13]《完善内部治理结构　促进高校科学发展——中组部、教育部负责人就〈关于坚持和完善普通高等学校党委领导下的校长负责制的实施意见〉答记者问》,http://www. qstheory. cn/science/2014-10/17/c_1112663661. htm(阅读时间：2017 年 10 月 1 日)。

[14]《新高考元年! 科目不再分文理　打破批次录取》,http://edu. qq. com/a/20170610/005503. htm(阅读时间：2017 年 10 月 13 日)。

[15]《中国普通高中会考(学业水平考试)大事记》,http://ahsxzsq. blog. sohu. com/303817291. html(阅读时间：2017 年 10 月 13 日)。

[16]《2002 年全国教育事业统计公报》,http://old. moe. gov. cn//publicfiles/business/htmlfiles/moe/moe_413/200408/1553. html(阅读时间：2017 年 9 月 9 日)。

[17]《第九届全国人民代表大会第一次会议关于国务院机构改革方案的决定》,http://www. npc. gov. cn/wxzl/gongbao/1998-03/10/content_1480083. htm(阅读时间：2017 年 9 月 5 日)。

[18]《对省级人民政府履行教育职责的评价办法的通知》,http://www. gov. cn/zhengce/content/2017-06/08/content_5200756. htm(阅读时间：2017 年 9 月 1 日)。

[19]《高等学校学术委员会规程》,http://old. moe. gov. cn//publicfiles/business/htmlfiles/moe/s7964/201402/xxgk_163994. html,2014 - 1 - 2(阅读时间：2017 年 10 月 21 日)。

[20]《高举邓小平理论伟大旗帜,把建设有中国特色社会主义事业全面推向二十一世纪——在中国共产党第十五次全国代表大会上的报告》,http://cpc. people. com. cn/GB/64162/64168/64568/65445/4526285. html(阅读时间：2017 年 9 月 5 日)。

[21]《高校教师职务实行条例》,http://old. moe. gov. cn//publicfiles/business/htmlfiles/moe/s7077/201412/180698. html(阅读时间：2017 年 8 月 17 日)。

[22]《关于高等学校合作办学中有关问题的意见》,http://law. lawtime. cn/d632463637557. html(阅读时间：2017 年 9 月 5 日)。

[23]《关于国家教委直属高等学校深化改革、扩大办学自主权的若干意见》,http://www. chinalawedu. com/falvfagui/fg22598/19350. shtml(阅读时间：2017 年 9 月 15 日)。

[24]《关于国务院授权省、自治区、直辖市人民政府审批设立高等职业学校有关问题的通知》,http://www. gov. cn/gongbao/content/2000/content_60637. htm(阅读时间：2017 年 8 月 23 日)。

[25]《关于恢复和办好全国重点高等学校的报告》,http://www. chinaacc. com/new/63/73/

［60］《中国共产党十七届二中全会会议公报》，http://news.sina.com.cn/c/2008-02-27/190215032320.shtml（阅读时间：2017年12月11日）。

［61］《中国教育改革和发展纲要》，http://www.moe.edu.cn/jyb_sjzl/moe_177/tnull_2484.html（阅读时间：2017年9月15日）。

［62］《中华人民共和国高等教育法》，http://www.moe.edu.cn/s78/A02/zfs_left/s5911/moe_619/201512/t20151228_226193.html（阅读时间：2017年11月22日）。

［63］《中央部委所属高等学校章程建设行动计划（2013—2015年）》，http://old.moe.gov.cn//publicfiles/business/htmlfiles/moe/s5933/201310/xxgk_158133.html（阅读时间：2017年10月15日）。

［64］《2011年具有普通高等学历教育招生资格的高职（专科）院校（共1228所）》，http://gaokao.chsi.com.cn/gkxx/ss/201104/20110429/200616008.html（阅读时间：2017年10月13日）。

［65］《2016年度我国来华留学生情况统计》，http://www.moe.gov.cn/jyb_xwfb/xw_fbh/moe_2069/xwfbh_2017n/xwfb_170301/170301_sjtj/201703/t20170301_297677.html（阅读时间：2017年11月9日）。

［66］《2016年教育蓝皮书：中国民办教育重大变革即将到来》，http://news.ifeng.com/a/20160427/48601394_0.shtml（阅读时间：2017年8月23日）。

［67］《2017 U.S. News世界大学排行榜出炉，110所中国高校上榜！》http://www.sohu.com/a/117572103_508451（阅读时间：2017年11月9日）。

［68］《把思想政治工作贯穿教育教学全过程，开创我国高等教育事业发展新局面》，http://www.moe.edu.cn/jyb_xwfb/s6052/moe_838/201612/t20161208_291306.html，2016-12-8（阅读时间：2017年12月15日）。

［69］《办好高等教育事关国家发展民族未来》，http://news.gmw.cn/2016-04-23/content_19820061.htm（阅读时间：2017年11月22日）。

［70］《北京大学2016年自主招生简章》，http://gaokao.eol.cn/bei_jing/dongtai/201603/t20160316_1376433.shtml（阅读时间：2017年10月13日）。

［71］《大学排行榜，如何建立公信力？》，http://www.sohu.com/a/139335301_675656（阅读时间：2017年8月23日）。

［72］《"服务型政府"》，http://www.ce.cn/xwzx/gnsz/szyw/201106/16/t20110616_22484207.shtml（阅读时间：2017年12月11日）。

［73］《高等教育管理职责暂行规定》，http://www.people.com.cn/GB/jiaoyu/8216/36635/36644/2720318.html（阅读时间：2017年8月21日）。

［74］《高等学校章程制定暂行办法》，http://www.gov.cn/flfg/2012-01/09/content_2040230.htm（阅读时间：2017年9月20日）。

［75］《关于教育，这是习近平的最新思考》，http://news.gmw.cn/2017-01/03/content_23389739.htm（阅读时间：2017年11月22日）。

［76］《关于进一步落实和扩大高校办学自主权完善高校内部治理结构的意见》，http://old.moe.gov.cn//publicfiles/business/htmlfiles/moe/s6529/201412/182222.html（阅读时间：2017年9月20日）。

［77］《关于进一步做好高等学校自主选拔录取改革试点工作的通知》，http://www.moe.gov.

cn/srcsite/A15/moe_776/s3110/200512/t20051226_79737. html(阅读时间：2017 年 10 月 13 日)。

［78］《关于劳动就业问题的决定》,http：//www. chinalawedu. com/falvfagui/fg23051/17749. shtml(阅读时间：2017 年 10 月 15 日)。

［79］《关于做好 2008 年高等学校自主选拔录取改革试点工作的通知》,http：//old. moe. gov. cn//publicfiles/business/htmlfiles/moe/moe_1965/200802/31446. html(阅读时间：2017 年 10 月 13 日)。

［80］《国家教委关于加强普通高等学校招生计划管理工作的通知》,http：//law. lawtime. cn/d505693510787. html(阅读时间：2017 年 10 月 13 日)。

［81］《国家教育事业发展"十三五"规划》,http：//www. gov. cn/zhengce/content/2017-01/19/content_5161341. htm(阅读时间：2017 年 9 月 1 日)。

［82］《国家中长期教育改革和发展规划纲要（2010—2020 年）》,http：//old. moe. gov. cn/publicfiles/business/htmlfiles/moe/moe_838/201008/93704. html(阅读时间：2017 年 10 月 15 日)。

［83］《国务院关于〈中国教育改革和发展纲要〉的实施意见》,http：//old. moe. gov. cn/publicfiles/business/htmlfiles/moe/moe_177/200407/2483. html(阅读时间：2017 年 8 月 21 日)。

［84］《国务院关于深化考试招生制度改革的实施意见》,http：//www. gov. cn/zhengce/content/2014-09/04/content_9065. htm(阅读时间：2017 年 10 月 13 日)。

［85］《国务院关于印发 2015 年推进简政放权 放管结合转变政府职能工作方案的通知》,http：//www. gov. cn/zhengce/content/2015-05/15/content_9764. htm(阅读时间：2017 年 12 月 11 日)。

［86］《国务院批转国家教委关于加快改革和积极发展普通高等教育意见的通知》,http：//www. pkulaw. cn/fulltext_form. aspx? Gid = f02273b152548f09bdfb(阅读时间：2017 年 8 月 23 日)。

［87］《教育部、科技部关于加强高等学校科技成果转移转化工作的若干意见》,http：//www. moe. gov. cn/srcsite/A16/moe_784/201608/t20160819_275699. html(阅读时间：2017 年 11 月 22 日)。

［88］《教育部办公厅关于学习宣传、贯彻实施〈高等学校章程制定暂行办法〉的通知》:http：//old. moe. gov. cn//publicfiles/business/htmlfiles/moe/s5972/201201/129750. html（阅读时间：2017 年 10 月 15 日）。

［89］《决胜全面建成小康社会,夺取新时代中国特色社会主义伟大胜利——在中国共产党第十九次全国代表大会上的报告》,http：//www. gov. cn/zhuanti/2017-10/27/content_5234876. htm(阅读时间：2017 年 12 月 11 日)。

［90］《如何建设职能科学、结构优化、廉洁高效、人民满意的服务型政府?》,http：//politics. people. com. cn/n/2013/0123/c70731-20296100. html. (阅读时间：2017 年 12 月 11 日)。

［91］《习近平：促进教育公平 深化考试招生制度改革》,http：//news. china. com. cn/txt/2014-08/18/content_33271883. htm(阅读时间：2017 年 10 月 13 日)。

［92］《怎样不让自主招生变成"另类高考"》,http：//news. youth. cn/jsxw/201704/t20170411_

9451641. htm(阅读时间：2017 年 10 月 13 日)。

［93］《中共中央关于构建社会主义和谐社会若干重大问题的决定》，http：//www. china. com. cn/policy/zhuanti/sljlzqh/txt/2006-10/18/content_7252302_2. htm(阅读时间：2017 年 12 月 11 日)。

［94］《中共中央关于加强党的执政能力建设的决定》，http：//www. people. com. cn/GB/ shizheng/1026/2809350. html(阅读时间：2017 年 12 月 11 日)。

［95］《中共中央关于全面深化改革若干重大问题的决定》，http：//www. gov. cn/jrzg/2013-11/15/content_2528179. htm(阅读时间：2017 年 12 月 11 日)。

［96］《中共中央关于全面推进依法治国若干重大问题的决定》，http：//www. gov. cn/ zhengce/2014-10/28/content_2771946. htm(阅读时间：2017 年 12 月 11 日)。

［97］《中共中央关于讨论和试行教育部直属高等学校暂行工作条例(草案)的指示》，http：// cpc. people. com. cn/GB/64184/64186/66668/4493470. html(阅读时间：2017 年 12 月 10 日)。

［98］《中国改革开放的历史由来》，http：//www. china. com. cn/policy/txt/2008-10/06/ content_16570783. htm(阅读时间：2017 年 12 月 9 日)。

［99］《中国高校扩招三年大盘点》，http：//www. edu. cn/20021106/3071663_1. shtml(阅读时间：2017 年 11 月 22 日)。

［100］《中国共产党章程(十三大部分条文修正案)》，http：//guoqing. china. com. cn/2012-09/ 05/content_26433548. htm(阅读时间：2017 年 10 月 1 日)。

［101］《中央全面深化改革领导小组第十六次会议召开》，http：//www. gov. cn/xinwen/2015-09/15/content_2932105. htm(阅读时间：2017 年 11 月 12 日)。

［102］《中央全面深化改革领导小组第十五次会议召开》，http：//www. gov. cn/xinwen/2015-08/18/content_2915043. htm(阅读时间：2017 年 12 月 15 日)。

［103］《最新 ESI 大学综合排名百强出炉》，http：//news. cyol. com/content/2017-05/15/ content_16071452. htm(阅读时间：2017 年 11 月 9 日)。

［104］杜玉波：《高等教育要更加适应经济社会发展需要》，http：//old. moe. gov. cn/ publicfiles/business/htmlfiles/moe/moe_176/201407/172243. html(阅读时间：2017 年 12 月 9 日)。

［105］李思文：《新高考元年! 科目不再分文理　打破批次录取》，http：//edu. qq. com/a/ 20170610/005503. htm(阅读时间：2017 年 10 月 13 日)。

英文类

［1］ Albrow, Martin, "The Global Age: State and Society beyond Modernity", *Contemporary Sociology*, 1996, 76(4): 1412 - 1414.

［2］ Bevir, Mark, *Encyclopedia of Governance*, Sage Publications, Inc, 2007: Preface.

［3］ Currie, Jane and Janice Newson, *Universities and Globalization: Critical Perspectives*, *Sage Publications*, 1998: 8.

［4］ Findlay A M, "An Assessment of Supply and Demand-side Theorizations of International Student Mobility", *International Migration*, 2011, 49(2): 162 - 190.

［5］Lauglo. Jon，" Forms of Decentralisation and Their Implications for Education ", *Comparative Education* , 1995, 31(1)：5 - 29.

［6］Parry B，Loomba A,"Colonialism/ Postcolonialism", *Modern Language Review* , 1998,95 (2)：498.

［7］Rui Y, "China's Strategy for the Internationalization of Higher Education：An Overview", *Frontiers of Education in China* , 2014, 9(2)：151 - 162.

图书在版编目(CIP)数据

从高度集中到放管结合:高等教育变革之路/荀渊,刘信阳著. —上海:华东师范大学出版社,2018

(教育现代化的中国之路. 纪念教育改革开放40年丛书)

ISBN 978 - 7 - 5675 - 7708 - 4

Ⅰ.①从… Ⅱ.①荀…②刘… Ⅲ.①高等教育—教育改革—研究—中国 Ⅳ.①G649.21

中国版本图书馆 CIP 数据核字(2018)第 155377 号

教育现代化的中国之路——纪念教育改革开放 40 年丛书

从高度集中到放管结合
——高等教育变革之路

著　　者	荀　渊　刘信阳
组稿编辑	张俊玲
项目编辑	袁梦清
审读编辑	吴飞燕
责任校对	邱红穗
装帧设计	高　山

出版发行　华东师范大学出版社
社　　址　上海市中山北路 3663 号　邮编 200062
网　　址　www.ecnupress.com.cn
电　　话　021 - 60821666　行政传真 021 - 62572105
客服电话　021 - 62865537　门市(邮购)电话 021 - 62869887
地　　址　上海市中山北路 3663 号华东师范大学校内先锋路口
网　　店　http://hdsdcbs.tmall.com

印　刷　者　杭州日报报业集团盛元印务有限公司
开　　本　787×1092　16 开
印　　张　19.5
字　　数　309 千字
版　　次　2018 年 7 月第 1 版
印　　次　2018 年 7 月第 1 次
书　　号　ISBN 978 - 7 - 5675 - 7708 - 4/G · 11115
定　　价　68.00 元

出 版 人　王　焰

(如发现本版图书有印订质量问题,请寄回本社客服中心调换或电话 021 - 62865537 联系)